（2016年6月10日現在）

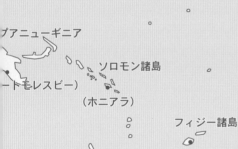

ASIAN SECURITY 2016-2017
Research Institute for Peace and Security

探るアジアのパワーバランス
連携進める日米豪印

年報 [アジアの安全保障 2016-2017]
西原正 監修
平和・安全保障研究所 編

朝雲新聞社

目　次

第1部 展望と焦点

展望　　不安定さを増す地域秩序（西原正）……………………………… 6

焦点1　中東の混迷とアジアの安全保障（古賀慶）………………………14

焦点2　中国夢の盛衰とアジアの安全保障－投資バブルがもたらしたもの
　　　　（津上俊哉）……………………………………………………………23

焦点3　TPP が地域安全保障に及ぼすインパクト（吉崎達彦）…………40

焦点4　防衛装備庁の誕生と進まぬ武器輸出（西山淳一）…………………51

第2部 アジアの安全保障環境（2015 年 4 月～ 2016 年 3 月）

第1章　日　本 ………………………………………………………………64
　　　　経済・内政 …………………………………………………………65
　　　　　足踏みが続く日本経済／アベノミクス「第二ステージ」／野党の
　　　　　迷走／再稼働する原発／選挙制度改革
　　　　外交・安全保障 …………………………………………………… 69
　　　　　戦後 70 年の総括／平和安全保障法制の成立／日米防衛協力のため
　　　　　の指針の改定／足踏み状態の日中関係／日韓関係／日中韓協力／日
　　　　　朝関係／ TPP 交渉
　　　　コラム「外交と食事：日本 日本大使公邸のおもてなし」…………… 89

第2章　米　国 ……………………………………………………………… 90
　　　　内政 ……………………………………………………………………91
　　　　　拡大する国内の亀裂と 2016 年大統領予備選挙
　　　　外交・安全保障 …………………………………………………… 94
　　　　　アジア太平洋海洋安全保障戦略の発表／南シナ海における「航行の
　　　　　自由」作戦の実施／米中間の信頼醸成措置と軍事交流の進展／日米
　　　　　関係：日米防衛協力の指針改定と在日米軍の能力強化
　　　　コラム「外交と食事：米国 大統領主催公式晩餐会～最高のおもてなし」…114

第3章　中　国 …………………………………………………………… 115
　　　　内政 …………………………………………………………………116
　　　　　ピークを迎えた反腐敗闘争／前途多難な政権運営／政権・体制批判

—1—

への強硬な対応

　経済 …………………………………………………………………… 119
　　2015 年経済の概況／金融市場の混乱／共産党中央委員会第 5 回全
　　体会議（5 中全会）／サプライサイド構造改革
　外交 …………………………………………………………………… 122
　　中国外交の分岐点／中朝関係／南シナ海問題と国際仲裁／多国間協議
　軍事 …………………………………………………………………… 130
　　南シナ海「領海化」とその背景／南シナ海「領海化」と対米核抑止・
　　非対称戦／習近平の軍事改革
　香港・マカオ ………………………………………………………… 139
　　揺らぐ「一国二制度」／中国の反腐敗運動の影響でマカオ経済は縮小
　台湾 …………………………………………………………………… 140
　　ペリー級フリゲートの調達／南シナ海への関与強化／中台首脳会談
　　と政権交替
　コラム「外交と食事：中国 おもてなしと情報」 ………………… 144

第 4 章　　ロシア…………………………………………………………… 145

　内政 …………………………………………………………………… 146
　　国内治安引き締め策の継続とプーチンの世界観／クリル諸島（千島
　　列島）社会経済発展プログラムの承認／統一地方選の結果／大統領
　　教書演説
　経済 …………………………………………………………………… 150
　　概要／油価下落の影響／経済制裁の影響／軍事に関わる輸出と連邦
　　予算／ロシア極東の経済状況
　対外政策 ……………………………………………………………… 155
　　ロシア対外政策の基本方向／シリア空爆でかえって強まった欧米と
　　の不信関係／複雑化するトルコ、サウジアラビアとの関係／二転三
　　転するエネルギー政策
　極東政策 ……………………………………………………………… 160
　　対中政策／対朝鮮半島／対日政策
　軍事 …………………………………………………………………… 164
　　国家安全保障戦略の改訂／軍事態勢／軍事支出および装備近代化計
　　画の行方／シリアにおける軍事作戦／治安部隊の再編
　コラム「外交と食事：ロシア 熊のもてなし?―ロシア人のもてなし方」… 170

第 5 章　　朝鮮半島 ……………………………………………………… 171

北朝鮮（朝鮮民主主義人民共和国）……………………………… 172
内政 ……………………………………………………………… 172
　朝鮮労働党36年ぶりの大会開催へ／第7回党大会
外交 ……………………………………………………………… 177
　対米関係／対中関係／対日関係
軍事・安全保障 ………………………………………………… 180
　第4回核実験・衛星打ち上げ／弾道ミサイル開発
南北朝鮮関係 …………………………………………………… 182
　軍事境界線砲撃事件と「8.25合意」／南北当局会談の決裂と開城工
　業団地の閉鎖
韓国（大韓民国）………………………………………………… 186
内政 ……………………………………………………………… 186
外交 ……………………………………………………………… 187
　米韓関係／中韓関係／日韓関係
軍事・安全保障 ………………………………………………… 194
　韓国軍／在韓米軍・米韓連合軍
コラム「外交と食事：韓国 胸襟を開く『潤滑油』」……………… 198

第6章　東南アジア ………………………………………………… 199
東南アジアにおける大国間関係 ……………………………… 200
　対米関係／対中関係／対日関係／軍事力の近代化／ミャンマー
地域協力 ………………………………………………………… 215
コラム「外交と食事：東南アジア ASEAN外交における食事会の位置
づけ」…………………………………………………………… 219

第7章　南アジア …………………………………………………… 220
インド …………………………………………………………… 221
　活発な首脳外交と停滞する国内改革／南部アジア近隣国との関係／
　主要国との関係／日印関係／大地震後のネパールをめぐる中印の動
　き／軍事
パキスタン ……………………………………………………… 231
　内政／対外関係／軍事
アフガニスタン ………………………………………………… 238
　アフガン国会襲撃／タリバン、クンドゥズ制圧／クンドゥズ病院の
　誤爆と米軍の駐留延長

コラム「外交と食事：南アジア カレー料理で豪華なもてなし！」…244

第8章　中央アジア……………………………………………… 245
　　　上海協力機構（SCO）の拡大／OSCEと中央アジア／中央アジアを
　　　狙って競合する中露／安倍首相の中央アジア歴訪
　　　コラム「外交と食事：中央アジア イスラム諸国のウォッカ外交」…252

第9章　南西太平洋　……………………………………………… 253
　　　オーストラリア…………………………………………………254
　　　海軍増強計画―国内建造を重視／ターンブル政権が誕生／ターン
　　　ブル政権の経済実利優先のバランス外交／中国の対豪投資と安全
　　　保障／日豪関係／南シナ海問題／国防白書を発表／次期潜水艦
　　　SEA1000、フランスが受注
　　　ニュージーランド ………………………………………… 269
　　　南シナ海問題で中国に自制を求める／キー首相が訪中
　　　南西太平洋 ……………………………………………… 270
　　　第7回太平洋・島サミット開催／PIF首脳会議開催
　　　コラム「外交と食事：オセアニア 料理今昔物語 食文化をめぐる歴史
　　　的背景と新たな文化外交戦略」………………………………… 272

略語表 ……………………………………………………………… 274
年表（2015年4月〜2016年3月） ……………………………… 278
執筆者一覧 ………………………………………………………… 286
あとがき …………………………………………………………… 287

—4—

第1部

展望と焦点

展望：
不安定さを増す地域秩序

西原　正

（一般財団法人　平和・安全保障研究所　理事長）

　2015 年 4 月からほぼ 1 年間のアジア太平洋地域の安全保障環境の変化を見ると、それ以前の 1 年間よりも厳しくなったと言わざるを得ない。米中間および米露間の大国間関係の悪化がその主たる原因である。中国の南シナ海における一方的な領有権主張と岩礁の人工島化に対して、米国主導の牽制行動が始まり、米中対立は軍事衝突の可能性を高めるに至った。全体として見れば依然として勢力均衡は米国側に有利であるが、南シナ海では逆に中国が有利な立場に立っている。しかし東アジアでは中国はほとんど孤立している反面、オバマ政権のリバランス（再均衡）政策は功を奏しだした。

　ヨーロッパで起きたような「イスラム国」によるテロ活動は、アジアでも予想外の規模で起きた。バンコク、ジャカルタ、ミンダナオ地方が主たる活動地域であり、注目すべきである。

南シナ海係争に見る中国の振る舞い

　中国は南シナ海の「九段線」の内側を自国領と主張し、2013 年頃から 7 カ所の島や岩礁を急速に埋めたてて人工島にし、3,000 メートル級の滑走路などを造成してきた。2015 年 9 月のワシントンにおいて行われたオバマ・習近平首脳会談で、習国家主席は南シナ海の岩礁の人工島化は軍事目的ではないこと、そしてこれ以上の人工島化工事はしないことを明言したとされるが、その直後にも中国の動きに変化がないことが確認され、オバマ大統領は強い不信感と不快感を抱いたとされる。これが 10 月 27 日の米駆逐艦によるスービ岩礁沖 12 カイリ内を意図的に通航する「航行の自由」作戦となった。米国はさらに 2016 年 1 月に第 2

−6−

回目の作戦を敢行した。

　これによって米中関係はさらに緊張度を増した。南シナ海での海軍演習に参加した後、5月初めに香港に入港予定の米空母「ステニス」に対して、中国が入港を拒否したと、米国は4月29日に発表した。米国はその対抗策として2016年に実施予定の太平洋合同演習「リムパック」に中国の参加（2014年に初めて参加）を撤回することを検討しだしたと伝えられた。2016年2月にパラセル（西沙）諸島の中心にあるウッディ島に対空および対艦ミサイルを配備したことが報じられた。また中国は、フィリピンが領有権を主張している首都マニラに最も近いスカボロー岩礁の人工島化を継続している。これが完成すれば、西沙諸島の中心になるウッディ島、西南端のスービ岩礁とスカボロー島で南シナ海の戦略的三角拠点を構築することになる。しかもスカボロー島はフィリピンのスービック湾に近く、米海軍の動きをレーダー監視できるようになる。このことで、南シナ海における米中間の勢力均衡は中国に一層有利になりそうである。

　しかもこの三角拠点は潜水艦基地や空軍基地である海南島によって支えられる。中国がこの一連の基地構築を急いでいるのは、武力行使には弱腰のオバマ大統領の任期中に完成するのが得策と読んでいるからだとの観測が強い。とすれば、ここにオバマ政権のリバランス（再均衡）政策の限界がある。

緊密度を増す中露関係

　オバマ政権のリバランス政策に対抗するもう一つの動きは、中露関係の緊密化である。中露関係は良好な時でも常に相互不信感を秘めているが、2015年には両国は第二次世界大戦勝利70周年記念行事を相互の首脳を招いて大々的に祝った。ロシアは5月8日にモスクワの赤の広場で習近平国家主席らを招き軍事パレードを行い、中国は9月3日に北京でプーチン大統領らを招いて「中国人民抗日戦争勝利70年記念」軍事パレードを天安門広場で実施した。天安門の楼閣で習国家主席の隣にプーチン大統領が並ぶ姿は中露関係の良好さを象徴していた。その反面、G7のいずれの国も欠席した。

　中露関係の良好さは、中国によるロシアのクリミア「併合」支持、シリア空爆支持、

—7—

そしてロシアによる南シナ海問題での中国支持、アジアインフラ投資銀行（AIIB）へのロシア参加、そして米国によるミサイル防衛システム韓国配備への共同反対などにも見られた。ロシアは2015年3月にAIIBへの参加申請をし、はやばやと4月14日に正式メンバーとなった。ロシアは、原油価格の下落やウクライナ問題を抱えて経済情勢が悪化し、極東地域開発促進のためにもAIIBへの参加が必要と判断したのであろう。しかしロシアは戦略的にも重要な中央アジアに対して中国の影響力が拡大することには警戒心を抱いている。

中韓の離反と日米韓の再結集

　AIIBおよび北京の戦後70年記念軍事パレードへの参加はきわめて政治的判断を必要とした。そのことで最も困難な判断を強いられたのは恐らく韓国であった。韓国の朴槿恵大統領は、2013年2月に就任後約1年間は北朝鮮の指導者との信頼関係を通して南北の緊張緩和、ひいては南北統一を達成しようと目論んだようであった。しかしそれが無理だと判断すると、朴大統領は習近平国家主席との信頼関係構築を北朝鮮に対する政治的圧力としようとした。習近平との信頼関係重視策は、2015年3月のAIIB参加決定と同年9月の北京での軍事パレード参加決定をしたことであった。朴槿恵大統領はいずれの場合も米国の強い反対を押し切って、中国寄りの姿勢を選んだ。そこには米韓同盟の姿はなかった。

　しかしながら北朝鮮が2016年1月6日に地下核実験を行い、2月7日に長距離弾道ミサイル発射実験を行った際、朴槿恵大統領は習近平国家主席が強い対北朝鮮制裁を科すことを期待し、電話会談を要請したけれども、習近平は応じなかったと言われる。朴大統領はこうして期待外れの習近平の態度に失望し、中韓関係は2016年初めには急速に冷却化し、逆に米韓関係が寄りを戻すことになった。韓国の対米再接近は北東アジアの安全保障環境を変える重要な動きとなった。

　同年2月7日には米韓が米国の地上配備型迎撃ミサイル（THAAD）の韓国内配備の協議を始めることを発表した。韓国はそれまでは中国の強い反対を考慮して同ミサイルの配備の協議を先延ばしにしていた。3月31日に日米韓首脳会談がワシントンで開かれ、4月19日には日米韓の外務次官が、次回の核実験がな

—8—

された場合の対北朝鮮制裁措置に関して具体的例を取り上げて協議した。また近い将来韓国は環太平洋パートナーシップ（TPP）協定への参加を表明するだろう。この点では朝鮮半島での米中間の勢力均衡は米国に有利に展開し始めた。

オバマ外交の成果、TPPと多国間安全保障協力

　オバマ政権のリバランス外交は初期の期待通りには進んでいないが、2015 年にはいくつかの著しい成果を上げた。その一つは、地域内の 12 カ国で作り上げた TPP である。2013 年から始まった交渉は難航したが、2015 年 10 月 5 日に大筋合意が成立し、2016 年 2 月 4 日に 12 カ国が正式署名して、各国の批准を待つばかりとなった。

　TPP が発足すれば、参加 12 カ国の総人口は約 8 億人、GDP の合計は世界の GDP の約 35％に当たる一大経済圏になる。TPP は関税の撤廃、知的財産の保護、国有企業の改革など広範囲にわたる分野に関しての自由貿易圏となるため、活力ある経済圏が期待できる。米国主導の TPP は中国主導で東アジアの 16 カ国と交渉して構築してきた東アジア地域包括的経済連携（RCEP）との競合関係にあり、TPP の大筋合意が成立した日に発表した声明で、オバマ大統領は「中国のような国に世界経済のルールを作らせてはならない。我々こそがルールを書くのだ」と中国を名指して、TPP の成立を誇った。

　将来 TPP の参加国が増えれば、米国の地政学的地位を一層高めることになる。米中競合の中でアジア太平洋地域における勢力均衡が米国側にきわめて有利な材料となった。ただ TPP の合意が出来たものの、肝心の米国議会には不満が強く、また大統領選挙戦の両党の候補者とも「反 TPP」の立場を競い合っており、TPP 協定が米議会で批准されるかどうかが危ぶまれる状況になっている。

　第二には、中国の海洋進出に対抗して、米国が中国の周辺国の多くと安全保障協力関係を構築したことである。特に米国は日本、オーストラリアとインドに重点をおいてきた。日本に対しては、米国は日米同盟の実施指針となる「日米防衛協力ガイドライン」を 2015 年 4 月に 18 年ぶりに改定し、日本の新たな安保法制に沿ったものとした。オーストラリアに対しては、米国は、米豪同盟の強化を軸に、

同年7月に自衛隊の参加を得て日米豪による合同演習をオーストラリア北部で実施した。9月末には日米印外相会議を始めて開催し、さらに翌月には日米印海上演習を行っている。他方で、米国を支援する目的で、6月には日米印の協議も行われた。2016年4月にターンブル新オーストラリア政権が潜水艦の建造受注国をフランスとしたことは予想外であり、今後の日豪関係に影を落とすかもしれない。

米印は中国の覇権的な海洋進出に対して共通の懸念を持っており、両国の協力関係は急速に進んでいる。米国の武器輸出も増大し、伝統的な露印関係での武器輸出分野に相当食いこんでいる。ただインドの国内事情では陸軍や政府には対米不信がまだ根強く、そうした中では海軍が米国に最も協力的である。しかしインドは米露対立や米中対立の中でバランスをとることに神経を使っている。2015年12月にインドの国防相が訪米した時、米国側が米印合同パトロール案を提案したが、インド側は断わっている。米印の毎年の海軍合同演習「マラバール」には日本を加えることになったのもこのような背景がありそうである。

日米豪印4カ国の戦略対話は2007年に安倍首相の提唱で始まり、オーストラリアの政権交代の折中止になっていたが、2016年3月、米国のハリス太平洋軍司令官が復活を呼び掛けた。米国はインドを加えた4カ国の合同チームで南シナ海を巡回することに関心があるようであるが、インドが参加するかどうかは未定である。

米国はASEAN特にベトナム、フィリピンなどとの関係も緊密にした。米艦はベトナム戦争以後2012年に初めてカムラン湾に寄港しているが、それ以来フィリピンとは米比相互防衛条約（1951年締結）に基づく米比防衛協力強化協定（EDCA）を2014年に締結した。その後同協定の違憲性の疑いが生じていたが、2016年1月フィリピンの最高裁判決より合憲との判決が下りた。米国は中国がスカボロー岩礁を埋め立てて滑走路建設をするのを上空監視するため、A-10攻撃機をフィリピンの基地より飛ばしている。もっとも、2016年5月の大統領選挙で当選した中国寄りのドゥテルテ・ダバオ市長がフィリピンの対米政策を変える可能性が出てきた。

展　望

日中関係改善の兆しは弱い

　2014 年 11 月 10 日に安倍・習近平の短時間の顔合わせがあり、日中関係はや
や改善の兆しが見えたものの、進展らしきものはなかった。2015 年 9 月 3 日に
行われた天安門広場での抗日戦争勝利 70 年記念行事での習近平国家主席の演
説は「日本の軍国主義」という言葉を繰り返し使用し、日本を貶めることを意図
したとの印象を与えた。その 2 週間前の 8 月 14 日、安倍首相が「戦後 70 年談話」
を発表した中で、「尊い犠牲の上に、現在の平和がある。これが戦後日本の原点
であります」と述べた後だけに、日本人には後味の悪い行事となった。安倍談
話は、今後の日本の外交・安全保障政策を進める上での基本理念を示した点で
新安保法制とともに米国をはじめ多くの友邦国から賛同を得たものである。

　その後の日中関係は、南シナ海の緊張を除けば、大きな緊張要因はなく、や
や改善の兆しが見られた。11 月 1 日には、3 年半ぶりに日中韓サミットがソウル
で開催され、安倍首相は「三国間の協力プロセスを正常化できた」と述べた。し
かし 10 月末に米駆逐艦が、南シナ海で「航行の自由」作戦を行い、日本が米国
の取った措置を支持したことで、日中間の対立要因を増やすことになった。

　中国は、日本がフィリピンやベトナムの領有権主張を支持して、巡視艇の提供、
護衛艦や潜水艦の訪問、警戒監視用練習機の貸与、能力構築支援などの関与
をすることに強く反対している。また安倍政権が 2015 年 9 月に国会で成立した
新しい安保法制を利用して自衛隊の海外活動を活発化させることに中国は懸念を
表明している。2016 年 4 月 30 日の北京での岸田外相・王毅外相会談では、南
シナ海の問題で議論の応酬があった。また王毅外相は、日本側に対して、歴史
への反省、「一つの中国」原則の順守、中国脅威論の喧伝控え、中国衰退論の
喧伝控えを要求した。訪日する中国人観光客は多いが、日中関係はまだ脆弱で
ある。さらに日中関係の改善には米中対立の緩和が前提になる。

中国のアジア外交の失策

　アジア太平洋地域の安全保障環境は 1 年前よりも厳しくなっている。その原因
として拡張主義の中国に対するオバマ政権の姿勢が受動的で弱腰であるという

−11−

批判がなされる。その指摘は妥当だとしても、中国のアジア外交は米国に比べればはるかにいくつかの失策を犯した。

　この１年間だけでも、中国は最友好国として扱ってきた韓国の失望を買ってしまった。また中国の強い影響下にあったミャンマーは 2012 年オバマ大統領の訪問を受け入れ、欧米諸国に門戸を開いた。そして 2015 年 11 月には 25 年ぶりに行われた総選挙でアウン・サン・スー・チー率いる野党国民民主連盟（NLD）が圧勝し、民主体制に向かって動いた。さらに台湾が行った 2016 年 1 月の総統選挙では国民は大陸との経済一体化を推進した馬英九・国民党政権を退けて、日米との関係強化を探る蔡英文率いる民進党を選んだ。4 月 12 日台湾は AIIB 加盟交渉を停止した。

　中国は ASEAN の分断化にある程度は成功しているが、肝心のフィリピンやベトナムからは強い批判を受けてきた。フィリピンは中国の主張する「九段線」の合法性に関して常設仲介裁判所に提訴してしまった。そして米比相互防衛条約を基に米比軍事関係の強化を進めている。米軍は以前の基地に戻ってきており、そこから南シナ海の中国の動きを監視している。ベトナムも同様にカムラン湾基地に日米の艦船を寄港させている。インドも同じように見ることができよう。日米豪印という連携関係などは、中国にはできないことである。中国にはこうした友邦国はロシアぐらいである。短期的に中国の拡張主義は成功するとしても、長期的にはうまくいかないと思われる。

2016年の展望

　2015 年の世界経済は原油価格の下落と中国経済の減速で影響を大きく受けたが、国際通貨基金（IMF）のラガルド専務理事は「2016 年 4 月世界経済の見通しはさらに弱くなった」と述べて、1 月に予測した 3.4％の成長率を下方修正することを示唆した。世界経済の鈍い成長を受けて、アジア太平洋地域の経済成長も鈍化しそうである。向こう 5 年間の中国経済の成長率目標は 6.9％で、2016 年の国防費は 6.7％増となり、従来のような 2 ケタ増加ではなくなった。もっとも中国の統計数字はきわめて政治的に操作されているので、経済成長率や国防費は

−12−

実際にはもっと低いと想定すべきであろう。

　2016年のアジア太平洋地域の安全保障環境は一層厳しくなりそうである。特に南シナ海での米中軍事衝突と朝鮮半島での北朝鮮と米韓との軍事衝突の可能性がこれまでより大きくなっている。このことは戦争というよりは意図しない武力接触、小競り合い、事故などが原因となって緊張が拡大するかもしれない。

　南シナ海と並んで東シナ海でも中国側の軍備が増強されている。日本の南西も防空識別圏に接近する中国機に対する航空自衛隊の緊急発進回数がこれまでになく多くなっていることを考えれば、同海域での中国と日米の緊張激化の可能性も軽んじるべきではない。

　アジア太平洋地域の安全保障環境は米中関係によるところが大きい。その意味で、米国の新大統領が誰になり、どんな外交・安全保障政策をとるか、今後の展開に注目したい。

焦点：1
中東の混迷とアジアの安全保障

古賀　慶

（南洋工科大学助教）

はじめに

　現在、アジアの国際政治は過渡期にある。中でも中国台頭によるパワーシフトがアジアの安全保障に及ぼす影響は大きいと見られ、米国によるバランシングが必要不可欠と考えられている。米国の 2001 年以来の中東への長いコミットメントは、アジア諸国に米国のコミットメント低下の認識を植え付けたが、2009 年にジョージ・W・ブッシュ政権からオバマ政権へと移り変わると、米軍を中東から撤退させ、外交の焦点をアジアへ回帰させる「リバランス」を打ち出した。2007－08 年の世界金融危機により米国の力が相対的に衰退したという見方が高まりつつも、アジアにおけるプレゼンスの維持に努めている。ここでは、伝統的な国家対国家のバランス・オブ・パワー基軸の地域政治が主要な見解として存在する。そのため、米中主軸のバランスが維持される限り、中東とアジアの安全保障が切り離されて理解されている。しかし、内戦やテロ組織の要素が加わった中東問題は国際社会において大きな影響力を及ぼしており、これらの影響によって現在のアジアの安全保障を揺らがす可能性がある。

中東問題の長い影

　その要素は大まかに分けて二つある。一つは、米国の「リバランス」政策の持続可能性についてである。確かに米国はアジアを長期的に重要視しており、アジアにおける同盟や経済協力に関するコミットメントを見れば「決してアジアを離れた」ことがないと捉えることもできる [1]。しかし、米国のコミットメントに関する認識は短期的に変動しやすく、中東での混乱によって米国の戦略的関心が高まれば、アジアへのリバランス政策に対して懐疑的になる国も出てくる。そうなると、

それらの国々において戦略修正が行われ、同盟国であれば米国に依存過多にならない政策変更を、ライバル国や敵対国であれば自らの影響力拡大の既成事実化を狙う政策を、それぞれ取る可能性が出てくる。そういった状況が続けば、アジアの勢力均衡は安定を欠き、それに伴い安全保障環境も不安定化する可能性がある。

　もう一つは、国際テロ組織の活動がアジア地域に与える影響である。過去の例を挙げれば、911により、アルカイダ（AQ）の影響力が加速度的に高まり、AQとの繋がりを持つ東南アジア地域のテロ組織は活発化した。例えばインドネシアを中心にテロ活動を行うジェマ・イスラミア（JI）はAQとの関係を基盤に国際ネットワークを拡大させ、2002年と2005年にバリ島で爆破テロ、2003年と2004年にジャカルタで爆破テロと毎年のようにテロ活動を行い、近年では2009年にジャカルタのリッツ・カールトンとJWマリオットホテルにおいて爆破テロを行っている。インドネシア政府は米国・オーストラリアから支援を受けたインドネシアの特殊部隊「Detachment‐88」やその他の対テロ政策強化によってJIの弱体化を図ったが、分裂した組織（セル）はいまだ存在しており、テロの機会を探っている。フィリピンのイスラム過激派組織アブ・サヤフ・グループ（ASG）やマレーシアのサバ地方に拠点を置くダルル・イスラム・サバ（DIS）といった過激派グループも東南アジアには存在しており、中東での「イスラム国」（「IS」または蔑称である「Daesh」とも呼ばれる）の出現によってそれらのグループがテロ活動を活性化させる可能性も出てきている。当然ながら国家を破壊させるほどの大規模テロ活動が成功する可能性は、東南アジアにおいてもきわめて低い。しかしながら小規模・中規模のテロ活動の成功でも、国家機能を一時的に麻痺させ、内部から政治体制を弱体化させる可能性もある。東南アジア諸国連合（ASEAN）メンバー国が国際テロの被害を受けた場合、対テロ政策強化の優先順位は必然的に高まり、コンセンサスを重視するASEAN内の議論においてアジェンダ設定および政策優先度の設定に関して乱れが生じ、現在注目を浴びている南シナ海の領土問題に関してASEANの一体性を以て中国に対応していくことが困難になる可能性もある。

このIS の脅威は特に影響力が高まっており、アジアにも波及している。2015年10月にはバングラデシュにおいて日本人男性が射殺され、「ISIL バングラデシュ」を名乗る組織が犯行声明を出している。2016 年1 月にはジャカルタで爆発・銃撃戦が起こり、「ISIL インドネシア」が犯行声明を出している。また、2016 年4 月には、フィリピンにおいて「ISIL フィリピン」が国軍兵士を約100 名殺害したとの犯行声明があり、一部 ASG のグループが IS に支持を表明していることからもその関連性が疑われている。2015 年10 月には IS が機関誌「ダビク」内で中国人を殺害したことを発表し、12 月には中国語によって中国国内のイスラム教徒に向けジハード（聖戦）を呼びかけるなど、アジアへの影響を高めつつある。現時点においてアジアの被害はヨーロッパ諸国のそれと比べきわめて小規模なものである。したがって、その影響力を過大評価することは危険であるが、ここではIS のアジア安全保障上の影響につき検討していくこととする。

ISのインパクト

　現在は、イラク・シリアにおいて急速にイスラム国の影響力が拡大したことに深い懸念を持った欧米諸国が空爆等によって攻勢に出たため、IS の領土拡大は滞っており、イラク・シリアを主戦場としながらも通常のテロ行為をとおしてヨーロッパやアジア地域へ影響力を行使している。

　IS は、各地域のテロ組織や個人が忠誠を宣誓することを受け、「ウィラーヤ」（Wilayah）と呼ばれる行政区間の管理を任命しており、現在までのその数は11カ国、34ウィラーヤに上ると言われている[2]。これらの国々はアフリカや中東といった諸国であり、比較的テロに脆弱性を持つ東南アジアにおいては正式な「イスラム国・東南アジア」といった区域もなければ、IS がどの東南アジアに対して本格的に影響力を行使していく姿勢を示したという事実はない[3]。しかし、今後は東方への影響力拡大も視野に入れているとの情報もあり、北東アジア・東南アジアにウィラーヤが構築される可能性は否めない[4]。その中で、現在アジアが直面しているイスラム国による脅威には、下記の三つの点が挙げられよう。

　一つ目は、イラクやシリアで戦闘を行ったアジア人の帰還兵による、または IS

のメンバーがアジア諸国に侵入することにより、テロ活動の拠点を構築する危険性である。幸い、現時点で、アジア人が中東での紛争へ関与した数は多いとは言えない。アジアの中で最大と言われているのが、中国、インドネシア、マレーシアであり、低い見積もりでは中国人300人、インドネシア人300人、マレーシア人154人であり、多いところでは北東アジアから約1,000名（中国が大半）、東南アジアからは約800名（インドネシア・マレーシアが大半）との見積もりが出ている。チュニジア等の北アフリカからの参加者のみで約8,000人以上を数えることを考えれば、この数は決して多くはない。しかしながら、アジア人の参加者は時間を追うごとに増える傾向にあり、さらにテロの脅威は少人数でも大規模な被害を与えることが可能である点を踏まえれば、脅威は徐々に高まる可能性がある。マレー語を基盤とし、ISに忠誠を誓う東南アジアのテロ組織「カティバ・ヌサンタラ」（KN）は、シリアにおける東南アジア中心の戦闘グループの帰還兵によってインドネシアに訓練場を設置したと伝えられている。また、北東アジアからの義勇兵は中国のウイグル人が関連していると伝えられているが、彼らは東南アジアを経由して訓練、または帰国しているとも言われており、そうであれば中国政府に対するテロの脅威も高まっていることとなる。

　二つ目は、ISのイデオロギーによる洗脳の危険性である。インドネシア、インド、パキスタン、バングラデシュ、マレーシア、中国を合わせムスリム人口が約7.5億人存在すると言われ、それら教徒が洗脳される可能性が高い[5]。当然、ISの過激思想に賛同する者はきわめて少数であるが、ムスリム人口の絶対数が多いアジアにおいては洗脳される人数も必然的に高くなる。また、少数であったとしても過激思想グループや個人がその信条を基に行動する場合、物理的な被害リスクは避けられない。さらにISは、インドネシア語を含む多言語による「ダビク」の配布やソーシャル・メディアを有効に活用しており、遠隔的に個人やグループに対し過激思想を拡散している。これらの活動が成功すれば、実際にアジア地域に物理的に活動拠点を構築しなくともアジアに拠点を構築していくことができるし、このようなテロ組織は、ISとの繋がりが緩やかであるか、もしくはほぼ存在しないため、追跡が容易ではない。2016年1月のジャカルタ・テロにおいて主要な役

割を果たしたと言われる「ジャマー・アンシャルット・ダウラー」（JAD: Jammah Ansharud Daulah）と呼ばれるテロ組織も、ISへの忠誠を宣誓しているが連携の強度は不明であり追跡には限界もあった。例えば、2015年12月に計画されていたテロ第一波は予防できたものの、第二波であるジャカルタでのテロは予防できなかった[6]。

　三つ目は、ISのブランドが現地テロ組織の支持を集める危険性である。アジアのテロ組織は多くの場合、国家からの独立や自治の獲得といった政治目的を持つものであり、グローバル・ジハード等の世界規模の目的を視野にいれたグループは少ない。しかし、現在ISのブランドは世界各国で通用するため、ISとの提携を銘打てば過激思想グループや個人を呼び込むことができ、組織強化に繋がる。これは、イデオロギーや宗教観以外の組織運営に関する理由であるが、自らの政治目的を追求するためにイスラム国のイデオロギーを利用しようとするグループも存在する。ただし、ISとの繋がりが一度確立されれば時間とともに強化され、組織の拡大はもとより、より洗練されたネットワーク型のテロ活動が計画される可能性もある。インドネシアではJIの創設者であるアブ・バカル・バシルはISの支持を表明しており、また過去にJIに所属し「東インドネシア・ムジャーヒディーン」（MIT）指導者となったアブ・ワーダー（別名「サントソ」）も忠誠を誓い、ISは非公式にインドネシア拠点の指導者として受け入れたという情報がある。さらに、フィリピンではASGの指導者であるイスニロン・ハピロンをフィリピンにおけるISの指導者として認めたとも言われている。それらが事実で、組織間の本格的なネットワークができれば、テロの脅威が今後高まることに繋がる。

　これら三つの要素に加え、現代テロ組織が持つ有意性も脅威の拡大に繋がっている。まず、その組織形態であるが、トップダウンの命令を行うヒエラルキー型の組織ではなく、テロ組織内の核となる「コア」と「セル」が必要な際にコミュニケーションを取り合い、セル同士の協力によって行われる独自の活動もあり、自律性の高いネットワーク型の組織体系となっている。これは組織の機密性を高めることになり、国家がすべてのコアやセルを追跡することが困難となる。さらに、ISのテロ活動は政府要人等を標的にする「ハード・ターゲット」よりも一般市民

焦点1　中東の混迷とアジアの安全保障

を狙った「ソフト・ターゲット」に集中しているため、社会に恐怖を植え付け、穏便派を委縮させる効果を持っている。また、取り締まりを行う政府側にも、イスラム教といった宗教に対する配慮から国内における法体制や法執行が異なり国家間の調整が難しく、情報共有に関しても主権の問題から協力関係の構築に困難が生じ、予防対策に関する国際協力もスムーズにいくとは言い難い。

　繰り返すようであるが、IS の影響力がアジア地域において高まりつつあるとはいっても、現時点で国家の存亡を脅かすようなテロ組織は存在しておらず、テロの脅威は限定的である。アジア地域においては以前より分離主義や過激思想を基盤とするテロ組織が存在しており、テロ行為そのものに関しては IS の影響の有無以前に存在している。そのため、アジア地域における IS の脅威を不必要に誇張することは不安を煽る行為に繋がってしまう。ただし、これは中東における混乱が現状のレベルで推移していくことが前提となっている。逆に中東での状況が悪化し、米国とヨーロッパ諸国の政策調整が混乱し、ロシアとの対立関係が激化し、シリア・イラクにおいて IS の勢力が拡大していくことになれば、上記に述べたような可能性は高くなる。ここでの問題は、中東情勢の動向によっては今後それらのテロ組織がイスラム国の影響力を通じ、ネットワーク化を図り、組織強化を講じ、洗練された大規模テロを計画・実行する可能性が皆無ではないということであり、その可能性を正しく認識することであろう。

アジア安全保障へのインプリケーション

　それでは、IS の脅威がアジアにおいて高まるとすれば、具体的に米中関係、日米関係、東南アジアには如何なる影響が出るであろうか。思考実験的な試みで考えれば、IS の脅威が高まる順序は、東南アジア、特にインドネシア、マレーシア、フィリピンを起点に北東アジアと拡大していくことが考えられる。現在の東南アジアにおいてのテロはもはや「起こるか、否か」の問題ではなく「いつ」起こるかに焦点が当てられていることからも、今後はいかに予防、被害の最小化を図っていくかに政府の焦点が移っている[7]。例えば、イデオロギーによる組織や個人による過激化を防ぐための対応策として、マレーシアは 2016 年 1 月にテロ情報監視セ

－19－

ンターを設立させている。このように東南アジアではテロの脅威認識は高く、上記で述べたようにイスラム国との関連組織が徐々に増え、予防や対策に失敗すれば、東アジアにおける国際テロの拠点となる可能性が高い。

　当然ながら、アジアを含め世界規模でテロの脅威認識が高まれば、911 直後に当初見られたとおり、国際社会は国連や地域組織をとおして、政治的な協調姿勢を取ることが考えられる。アジアにおいては、国連、東アジアサミット、ASEAN地域フォーラムといった安全保障問題を扱う多国間枠組みのみならず、アジア太平洋経済協力（APEC）といった経済フォーラムにおいても対テロ国際協力体制強化の機運は高まるだろう。この点に関しては、米中関係や日中関係を含め、地域ごとでの具体的な協力計画が練られることにも繋がり、一定の効果は得られるかもしれない。しかし、情報共有や法執行といった機能的協力、人権保護等の価値観のすり合わせ、さらにはテロ監視強化等の技術面における資源分配といった調整においては齟齬が生じてくる可能性が高い。例えば、テロの脅威が高まった状況において、中国は新疆ウイグル地区のテロ組織に対する警備を強化する可能性が高い。しかし、現時点でも中国政府は、新疆ウイグル地区、チベット、台湾といった分裂要素を抑え込むことを目的に、国内統一を疎外すると考えられる組織や団体を徹底的に取り締まる傾向がり、その一例として根拠や証拠が薄いにも関わらず東トルキスタン・イスラム運動（ETIM）とイスラム国との関連を強調し厳しい取締りを行っている。状況が悪化し「国際テロ組織」とは言いがたいグループも弾圧することになれば、米国や欧米諸国は人権問題を絡めそのような行為に対し疑問を呈し、政治的な協力関係が滞る可能性もある。

　また、日米関係においても脅威認識の齟齬が米国と日本の間に生じる可能性がある。米国が根本的な問題解決を目指し中東におけるコミットメントを「短期的」に強化し、アジアの同盟国にその資源負担を求めることになれば、日本からの貢献も当然期待することとなる。他方でイスラム人口が少なく、IS に対する脅威が比較的低いと認識された場合、日本は異なる対応をとるであろう。テロ事件が実際に日本で起こり、深刻な脅威として認識されなければ、引き続きその限られた外交・軍事資源を東アジア、特に対中政策に温存し、できるだけ負担を減ら

焦点1　中東の混迷とアジアの安全保障

そうと考え、米国の期待にそぐわないこともありうる。また、2014年7月に集団的自衛権の行使についての制約が新たな政府解釈によって緩和されてはいるものの、テロへの脅威認識が薄い場合には対テロ政策における米国や国際社会との対テロ協力において国内での議論が高まり、スムーズな決断ができるとは言い難い。日米同盟の第一義的な存在意義には日本の防衛が含まれているが、米国の中東関与が高まり、対テロ政策での負担が重くなれば、例えば東シナ海における中国との非軍事的な緊張や衝突といった「グレーゾーン」事態対処において米国からの協力が充分に得られなくなる可能性もあるだろう。

　特に、一方で中国が効果的な対テロ政策を講じ、他方で米国や東南アジア諸国がテロ対策に戦略的焦点を移す必要性ができた場合、東シナ海や南シナ海の問題においては中国のサラミ戦術は加速度的に進む可能性がある。米国のコミットメントが完全に消滅するわけではないにせよ、その相対的な低下が中国を勢いづかせることにもなりうる。米国の同盟国であるフィリピンや、パートナーシップを結ぶベトナムといった国々は劣勢に立たされ、マレーシア、インドネシアといった国々は対テロ政策に優先順位が移行することにより、南シナ海における中国の既成事実化に対処しきれないことに繋がりかねず、アジア地域の安全保障は不安定化する。

　当然、このようなシナリオは極端な事態を想定して成り立っているが、中東の混乱が局地的な緊張や紛争として留まることなく、グローバリゼーションの影響によって他地域へと波及しているため、程度の差はあれ似たような状況は起こりうる。特に、イスラム国のような国際テロ組織のイデオロギーや組織形態の拡散は早く、国家を内部から弱体化させる。幸い、現時点において東南アジア諸国におけるイスラム国の影響力は低いと同時に、マレーシアやインドネシアといった国々はテロ予防策を講じており、大きな事態には至っていない。しかし今後、上記のような地政学的リスクも考慮するならば、アジア全体で予防策を積極的に進めるべきであろう。この予防策は、被害管理に比べてコストパフォーマンスが高いということに加え、将来のアジア安全保障リスクの低減にも繋がる。この点において、日本も例外ではない。自国に対するISの脅威が低いとしても、その影

－21－

響力が高まり地域諸国に被害が及ぶことによってアジア地域の安定を崩し、間接的に自らの安全保障上の国益にかかわってくる可能性がある。日本には国際協力機構（JICA）が進めてきたモロ・イスラム解放戦線（MILF）との和解を進めた「ミンダナオ平和構築セミナー」の実績もあり、この経験を基礎に東南アジア諸国の国内安定に寄与するキャパシティ・ビルディングをさらに進めていくことも日本の安全はもとより地域の安定にも貢献することができるであろう。

(1) 米国のアジア関与は継続して高いレベルを維持しているという見方は、例えば下記の論者によって主張されている。Ralph Cossa and Brad Glosserman, "Return to Asia: It's Not (All) About China," PacNet, January 30, 2012; Kurt Campbell and Brian Andrews, "Explaining the US 'Pivot' to Asia," Chatam House, August 2013, p. 2; "Assessing U.S. Asia Policy," CFR Events, April 20, 2015 [URL] http://www.cfr.org/asia-and-pacific/assessing-us-asia-policy/p36434;

(2) 2016 年 5 月現在のイスラム国のアジア地域における脅威については、下記の文献が詳しい。Rohan Gunaratna, "The Islamic State's Eastward Expansion," *The Washington Quarterly*, vol. 39, no. 1 (2016), p. 49.

(3) Joseph Chinyong Liow, "The ISIS Threat to Southeast Asia: An Assessment," *RSIS Commentary*, April 29, 2016.

(4) Gunaratna, p. 50.

(5) Pew Research Center, *The Future of the Global Muslim Population*, January 2011.

(6) Yang Razali Kassim, "The Jakarta Assault: Pre-empting the Rise of IS Indonesia," *RSIS Commentary*, January 26, 2016.

(7) 例えば、下記の文献を参照。Liow, "The ISIS Threat to Southeast Asia"; Barry Desker, "ISIS' growing influence in S-E Asia," *The Straits Times*, Janaury 19, 2016; "Singapore strongly condemns 'appalling acts' such as Brussels blasts: PM Lee," *Channel NewsAsia*, March 22, 2016.

焦点：2
中国夢の盛衰とアジアの安全保障
― 投資バブルがもたらしたもの

津上　俊哉

（津上工作室代表）

中国経済成長の減速

蹉跌の始まり‐4兆元投資

　中国は 1978 年に改革開放を始めて以降、高成長を長く続けてきたが、高度成長時代は 2000 年代の後半に転機を迎えた。すでに巨大化した中国輸出産業をさらに伸ばすだけの需要は世界中に見当たらなかった。また、一時は無尽蔵に見えた労働力も労働人口が減少に転ずる時期が近付き、2005 年頃から人手不足と人件費急騰が言われるようになった。

　今から思うと、この頃に中速成長時代への移行を始めるべきだったが、2008 年秋に米国リーマンショックを起点に世界経済危機が起きてしまったことは不運だった。「雇用不安による社会の不安定化」を怖れる中国共産党は、経済落ち込みを避けるために「四兆元（の公共）投資」政策を発動しただけでなく、国有銀行にも貸出の大幅増を指令したのだ。

　この 4 兆元投資が著効を示し、2009 年世界経済が金融危機で軒並み喘ぎ続ける中、独り中国だけが劇的な景気回復を果たして世界経済の救世主とまで称賛されたが、一方、空前の金融緩和が製造業の設備投資、不動産投資、地方政府のインフラ投資など、至るところで投資が爆発的に増大する引き金を引くことになった。

投資バブルと後遺症

　この大活況を見た中国では、政府から庶民までが「中成長への移行」とは逆向きに「高成長はまだまだ続く」錯覚に陥ってしまい、都市化と不動産のフィーバー

に代表されるような投資バブルが膨張した。

　グラフ1を見ると、金融緩和度合いを示すM2/GDP比率が2009年以降1.5から1.8に急上昇したこと、さらに固定資産投資額は年々増大し続けて、2015年には2009年からの累計値（円換算）が4,400兆円に達したことを示している。

グラフ1　2009年以降の金融緩和と投資ブーム

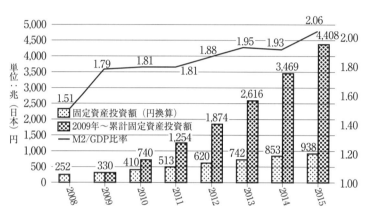

出所：国家統計局「固定資産投資統計」（円換算値は1元＝17円で計算）を基にグラフ筆者作成

　これだけ年々投資を増やしていけば、景気が良くなるのは当然だが、問題はこの資金の大半が借金で賄われたことだ。この結果、グラフ2に示すとおり、2007年にGDPの106%だった企業債務は、2015年には166%へ激増した（実額では3.0兆元から17.4兆元への増加）。

　仮に行われた投資の収益性が高ければ借金は順調に償還されていくが、いまの中国はまったく逆である。製造業の設備投資は過剰設備に化け、不動産投資は中小都市を中心に売れ残りマンションを生み、都市化・インフラ競争に邁進した地方政府は自力では借りた金を返せそうにない。特に特権にあかして莫大な借金をしてきた国有企業や地方政府は厳しい状況にあり、借り換えで債務不履行を免れるだけの「ゾンビ企業」が増えている。

　「ゾンビ企業」の債務は減らないどころか、金利が金利を生んで膨張を続ける。次に述べるように2014年以降は投資が減速し始めたのに、債務/GDP比率の上

焦点2　中国夢の盛衰とアジアの安全保障 ― 投資バブルがもたらしたもの

昇が止まる気配がない（グラフ2）のはこのためである。

グラフ2　中国の総債務とGDP比率の推移

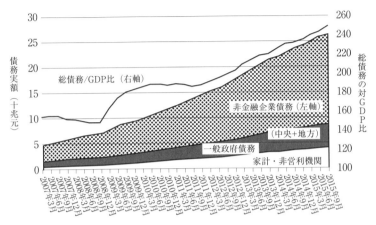

出所：国際決済銀行（BIS）を基にグラフ筆者作成

　このまま投資と借金に依存した成長を続ければ、中国は早晩経済全体が破綻してしまう。とは言え急に投資を削減すれば、今度は反動で深刻なマイナス成長に襲われるという袋小路に嵌まってしまったと言える。

「新常態」
　習近平政権は投資・借金頼みの経済成長モデルを続ける危険を悟って、2014年に、高度成長期は終わった、よって今後は①中高速成長を目指す、②投資に頼らず効率と企業活力を活かした成長モデルに転換することを内容とする「新常態」を宣言して、それ以降は負債を膨張させる景気刺激策を自制してきた。
　しかし、経済減速が続いて2015年夏、2016年初に株価暴落や人民元安騒ぎが起き、石油や鉄鉱石などの価格が暴落して資源国経済にも大きな打撃を与えた結果、世界の中国経済に対する信認は低下した。
　習近平政権はこのことを重く見て、2016年初めから再び投資刺激の姿勢に回帰した。この結果、2016年第1四半期は若干景気が戻る気配も見えた。しかし、

いま投資アクセルを踏んでも中国経済が持続可能な高成長軌道に戻れる可能性
はないどころか、無理をすれば経済が破綻に向かうリスクが高まってしまう。
　そのことを暗示するのが経済の健康度を表す指標である長期金利（国債の利回
り）の推移である（グラフ3）。今の中国は、その姿がバブル崩壊後の日本や米
国とそっくりなのである。

グラフ3　中国はバブル後遺症期3年目

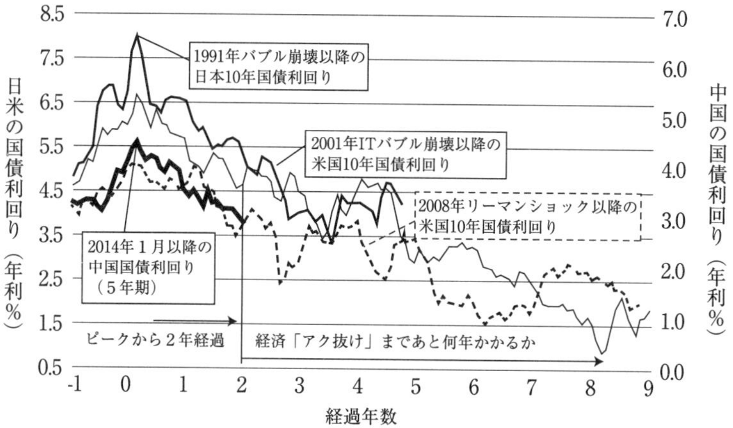

出所：中証指数有限公司、米・日：セントルイス連銀を基にグラフ筆者作成

　このように長期金利がダラ下がりになるのは、バブルで財務が悪化した多くの
企業が投資を抑制して借金を減らそうとするためである。経済がこの状態に入る
と、「バランスシート不況」と呼ばれる不況が長く続く。日米の先例から見て、中
国がこの長いトンネルを脱するにも長い時間がかかることが予想され、期間中景
気を回復させようと無理をすれば回復がかえって遅れ、果ては経済破綻に至るリ
スクを冒すことになる。

供給サイド改革？
　ここまでは深刻な投資バブル後遺症を取り上げたが、中国経済のすべてが悪
い訳ではない。「新常態」下で目指すべき経済政策は2016年3月の全国人民代

表大会（全人代）で、ようやく必要なピースが揃ってきた感がある。

　一つは「大衆創業」、「インターネット＋」といった標語で語られるニュー・エコノミーの育成であり、消費やサービス特にスマホを活用した事業では目に見える成果が出始めているし、南方の深圳などはニューエコノミーの成長のおかげで地域経済が好調である。

　もう一つは、過剰投資・過剰債務で傷んだ国有企業中心のオールド・エコノミーのダウンサイジングを進めることであり、「過剰設備削減」「ゾンビ企業の淘汰」といった標語が掲げられているが、こちらは進んでいるとは言い難い。

　ニューとオールド二つのエコノミーの変化が車の両輪の如く進展すれば、中国経済は面目を一新できるが、国有企業は中国共産党の核心的権益であり、縮小整理を進めることは政治的に容易ではない。特に過剰度合いが深刻で、すでに著しい不況に見舞われている鉄鋼などの基礎素材産業およびその城下町たる地方で、どこまで血の出るリストラが進められるかは、社会の安定を保つ観点からも疑問符がつく。

今後の見通し

　習近平政権は「2020年のGDPと国民一人あたりの平均収入を2010年対比でそれぞれ2倍にする」公約に縛られており、第13次5ヶ年計画（2016年度‐）でも、2020年まで平均6.5％以上の成長達成を公約した。

　しかし、そこで成長牽引が期待されている消費は、過去8％近い成長をしていた時期でも、半分の4％未満分の成長をもたらしたに過ぎない。今後投資が横ばいに推移して成長への影響が±0で推移するとしても、消費だけに6.5％成長の任務を託すのは無理がある。今後、強いデフレ効果を伴う過剰業種の淘汰を進めるのだとしたら、尚更である。

　「デレバレッジを進める必要があるが、景気下支えも政治的に必要」というのは二律背反に聞こえるが、日本のように中央財政が赤字を拡大して景気を下支えすることはなお可能である。中央財政は累積債務への抗堪力が企業よりずっと強いからである。

今後の中国経済について、以下二つのトレードオフ仮説を提示したい。第一は景気下支えをどの程度行うかだ。社会の安定や国際的信認を重く見て強い下支えを行えば、デレバレッジは進まなくなり、中国経済は10年経っても底打ちしないであろう。また、企業負債をさらに膨張させれば経済破綻のリスクを冒すことになる。中央財政なら負債をなお負担できるが、財政が再建困難なほど悪化した日本の轍を踏む覚悟が要る。

　第二はニュー／オールドエコノミー改革の進め具合だ。共産党が傷んだオールド・エコノミーの損失を表に出して整理・縮小することを嫌えば、15年前の日本のように経済活力はいつまで経っても戻ってこない。また、ニュー・エコノミーは、いまはそこそこ成長しているとは言え、国有企業の基幹産業独占を改革しないと経済の主柱を担うまでには至らない。

　総体として、中国共産党は二つのトレードオフのいずれでも、落第点は避けられるかもしれないが、優（80点以上）は取れそうもない。したがって、2020年までの中国経済が第13次5ヶ年計画で公約した平均6.5%以上の成長を達成するのは、到底困難だと思われる。

人口動態

　中国経済のより長期の成長を占うには、人口動態の分析が欠かせない。2015年10月に「一人っ子政策廃止（全面二人っ子政策）」が発表されたが、現状で年間約1,500万人の出生が500万人は増加するという楽観説と200万人前後に留まるという慎重説が唱えられている。

　筆者の計算では、楽観説だと出生率は1.4から1.85に上昇、総人口も7年遅い2030年に14.4億人で減少に転ずる。これは大きな効果であり、楽観派は「中国は深刻な少子高齢化を避けられる」と推測する[1]。

　しかし、いま中国で少子化が進行する最大の理由が一人の子供の養育に金がかかりすぎる風潮・慣行にあることを考えると、規制緩和だけで年間500万人もの出生増は起きないだろう。また、仮に起きると今度は2020年代に被扶養人口が大幅に増加して、労働人口比率が押し下げられる（2027年時点で、元の労

働人口比率予測値が 70.2% だったのに対して、年間出生が 500 万人増加すると 67.0% まで低下と予想)。この結果、経済成長がさらに難しくなるし、家計の貯蓄も消耗が激しくなる。規制廃止の効果を楽観的に見込む識者は、このマイナス効果を失念している。

アジア諸国経済への影響

　これまで世界が見込んできた中国経済の成長が下方修正された場合、世界特に東アジアはどのような影響を受けることになるか。

　グラフ 4 はみずほ総研が世界貿易構造を踏まえたモデルを使って、中国経済成長が 1% 減速した場合に各国が何 % の成長低下をきたすかをシミュレーションした結果である。

　これによると、域内の対中依存度の高さを反映して、東（南）アジア諸国がかなり大きな影響を受ける一方、日本は‐0.2% 程度とあまり大きな影響は受けないという試算結果になっている。

　これに対して、2016 年 3 月にアジア開発銀行がした試算[2]では、中国 GDP 成長率が 2016 年は 6.5%、17 年は 6.3% まで減速する仮定のもとで、アジア途上国の GDP は最大 0.3% 下落、日本もアジア圏全体が大きな影響を受ける結果、欧米よりも大きな影響を受ける、また、仮に中国で金融ショックが起きて景気が急落する（成長率が 1.8% 低下と仮定する）場合、日本とアジア途上国の成長率もそれぞれ 1.5%、1.8% 落ち込むという結果になっている。

　以上は貿易データなどからシミュレーションした結果だが、2016 年初めの中国株下落や元安騒ぎの際に、日本の株式市場が被った大きな影響から考えると、金融チャネルを介した悪影響は実体経済の影響以上かもしれない。特に、今後人民元が大幅に下落したり、中国経済のハードランディングが避けられない見通しになったりすると、リスクの回避先として円が買い進まれて 1 ドル 90 円を再び突破する、これにつられて日経平均も再び 1 万円を割り込む、といった大波を被る恐れがある。事情はアジア経済全体でも同じであり、東アジア経済は、所詮は中国経済と同じ舟の上にあることを銘記すべきであろう。

さらに遠い先に目を転じてみる。本稿は中国経済の成長見通しが中長期的に暗いことを論じてきたが、その事情は、実は多かれ少なかれ他の東（南）アジア諸国でも同じである。

グラフ4　中国経済の成長率が1％減速した場合の各国成長率への影響

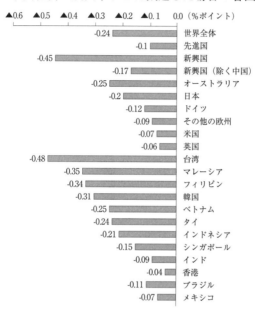

出所：IMF、世銀よりみずほ総研作成
みずほ総研レポート2015/8/27「新興国懸念を高める中国リスク」よりグラフ筆者作成

　それはこれまで近隣アジア諸国が中国高成長の恩恵にとりわけ浴して成長してきたのに、今後は頼みの中国の減速が避けられないこと、そして今後中国で否応なしに進行する少子高齢化は（イスラム圏諸国をやや例外とすれば）他の多くの東南アジア諸国も似たり寄ったりの進行を示すだろうことが理由である。
　かつて「21世紀はアジアの世紀」と言われたが、それは21世紀最初の20年間だけの話ではないか。その後に来るのは「老いていくアジア」（日本総研大泉啓一郎研究員）ではないのか。そうして経済力の衰退が遠くない先に迫りつつあるのに、中国の台頭を契機に、いま東シナ海や南シナ海をめぐって域内の緊張と

焦点2　中国夢の盛衰とアジアの安全保障 ― 投資バブルがもたらしたもの

軍拡競争のリスクが高まっていることは、何とも愚かしく感じられてならない。

中国夢とその蹉跌

2009年のユーフォリア

　2009年以降、中国が四兆元投資と空前の金融緩和政策を発動した結果、独り中国だけが劇的な景気回復を遂げて、低迷を続ける先進諸国と明暗が対照的に分かれたことは先述した。

　このことは中国人の間に「高成長はまだまだ続く」という過信を生んだだけでなく、「中国が欧米を抑えて大国として復活する時機が到来した」といったある種のユーフォリア（陶酔感）を生じせしめたように思える。

　これ以降、経済面では「米国を抜いてGDPが世界最大になるのは時間の問題」とされたし、対外関係についても「従来は力が弱くて外国の侵略に甘んじてきたが、国力が隆盛に向かうこれからは主権・領土・領海について一歩も譲らない」（「核心利益」論）などと、今まで抑えてきたナショナリスティックな対外強硬論が噴き出すようになった。

　中国は19世紀まで世界最大の帝国だったのに、その後侵略を受けて最貧国に落ちぶれた。この歴史トラウマを抱えるせいで、中国人は「後れてダメな国、民族」という否定的な自己イメージを永く抱いてきたが、2009年に起きた西側諸国との明暗の対照は、そんな国民意識にある種の「リバウンド」を起こさせるのに十分なインパクトがあった。これ以降、中国人は「中国はこれからも発展を続け、世界最大の国になる」というリニアな未来予想を信じて疑わなくなったが、その様を見ていると、バブルは経済だけでなく中国人の心理にも発生したように見えた。

ロールモデルとしての米国

　いま中国が未来の自画像や「今後かくあるべし」の役割像を描くとき、意識するのは現代の覇権国米国の存在だ。少し前までは西側先進国全般が羨望・憧憬の対象だったが、いまや対象は米国一国に絞られた。

　「持てる米国、持たざる中国」の差が痛切に感じられるのは、国際的な影響力、

―31―

発言力だ。世界を覆う軍事力やソフトパワーは、追いつくのに最も時間がかかるが、それ以外の領域について米国をロールモデルとして参照し、米国がしてきたようにする、米国のようになるための努力が随所で始まった。

ただ、それだけで「米国のようになれる」訳ではない。現行の国際ルールや秩序は「米国にだけ許されて中国には許されない特権」を是認、制度化しているからだ。中国はこの種の「不公平」に対してもルールの変更（現行秩序の変革）を正面から要求するようになった。

「中国夢」プロジェクト

そんな雰囲気が中国に横溢していた頃に打ち出されたのが習近平政権の「中国夢」構想だ。構想は二段式で、中共創立百周年の 2021 年に、まず全中国人が「全面小康」（日本流に言えば、健康で文化的な最低限度の生活）を達成、新中国建国百周年の 2049 年に「偉大な中華民族の復興を果たす」としている。

「中華民族の偉大な復興」はすでに果たされたと見てもおかしくないが、その実現時期を 35 年も後に設定したのは、「偉大な復興」が暗に世界最大の帝国への復帰、つまり米国を抜き去ることを含意しているからか。

習近平政権が進める人民元の国際化や AIIB/ 一帯一路などは「中国夢」プロジェクトとして括られる気がする。公式文書がそう整理している訳ではないが、どれもこうした「時代の空気」を反映していたからだ。

人民元の国際化は、最も早く 2009 年に打ち出された構想である。当初はリーマンショック後、米ドルだけに依存するリスクを減ずる防衛的な狙いで考案されたが、その後「人民元は出世した中国に相応しい国際的地位を備えるべきだ」との考え方が強まって、「ドル、ユーロと並ぶ三大通貨」を目指して、人民元の国際化を進めるようになった。

AIIB はどうか。中国は、IMF や世界銀行など国際金融機関の場でも経済力の充実に相応しい地位や発言権を与えられて然るべきである。ところが、G20 が台頭して相対的に地盤沈下した G7 諸国、とりわけ米国が特権的な地位を手放そうとせず改革にも抵抗するので、中国はそれならばと既成の国際金融秩序の外

側に AIIB を創設した。「現行国際秩序の不合理、不公平さを最も象徴するのが
この分野だ」と中国人は考えている。

「一帯一路」構想は登場したての時期、米国が第二次世界大戦後に推進した
「マーシャルプラン」になぞらえて語る中国人が多かった。35 年後米国と並び立
つスーパーパワーになっているためには、いま何が必要かを構想する中国人には
やはり大国の DNA が備わっているのだろうか。

萎む「中国夢」

「2020 年の GDP と国民一人あたりの平均収入を 2010 年対比で 2 倍にする」
公約は、2012 年の秋時点では当たり前すぎて達成を疑う者はいなかった。2013
年春には経済先行きに対する警戒感が出始めたが、習近平はこの公約を再確認
した。しかし、その後「成長と発展はまだまだ続く」という「中国夢」の前提は
事実ではなかったことが日を追って明らかになる。2 年前はそう聞いても信じない
人が多かったが、いまはさすがに成長持続を信ずる人の方が少数派になった。

バランスシート危機の一歩手前に立ち、先行きを悲観した資本流出で人民元の
急落まで心配しなければならなくなった中国にとって、「中国夢」プロジェクトは
重荷になりつつある。経済と言わず対外戦略と言わず、習近平政権はあちこちで、
過去に拡げすぎた大風呂敷を一部は畳み、一部は先送りする形で、読み違いの
手直しを迫られているように思える。

例えば、人民元の国際化は、念願叶って 2015 年に IMF が管理する SDR の
通貨バスケットに五番目の通貨として加えられることになったが、中国はそれを期
に元安投機が激化したせいで、いま逆に苦しんでいる。

中国は過去 10 年以上、香港における人民元オフショア銀行間取引市場の発展
に注力してきた。外国人による外地での人民元の利用や貯蓄が便利になるように
するためだ。しかし、いまはこの市場を利用して人民元の空売りを仕掛けられる
のを怖れて、外国人がこの市場を事実上利用できないように市場介入している。
そうすれば、人民元を為替投機から守るのが容易になるが、香港人民元オフショ
ア取引市場は存在価値をなくしてしまう。人民元防衛の代償として、人民元の国

際化は（少なくとも第1ラウンドは）挫折したと評されても仕方ないだろう。

「一帯一路」構想も、当初はユーラシア大陸を横断する高速鉄道網など壮大なインフラ整備構想が世界を驚かせた。国内でも、この事業がもたらす新規需要により国内の設備の過剰が緩和されると喧伝された。しかし、「一帯一路」構想推進のために設立された投資ファンド、シルクロード基金がこれまでロード基金がこれまでに明らかにした投資3件のうち直近の2件は手堅くて投資回収が見込める代わりに、過剰問題の解決の役にはまったく立たないような案件で（表1）事前の触込みとは随分違う。

表1　シルクロード基金の投資事例

第1号	パキスタンの水力ダム BOT 事業への投資、世銀の投資会社 IFC との共同投資
第2号	中国化工公司によるイタリアのタイヤメーカー、ピレッリ買収への参加
第3号	ロシアヤマル半島の液化天然ガス事業会社の持分10%の買収

出所：資料 (3) を基に筆者作成

同基金が派手な前宣伝とは打って変わった手堅い運用に徹しているのは、喧伝された「一帯一路」構想が国内で不評を買ったことと関係がある。国民の間では「国内がこれだけ不景気なのに、海外でバラマキをするのは許されない」「貴重な外貨準備を浪費して海外で不良債権のヤマを築くのがオチ」といった批判が強いのだ[4]。共産党はこういう世論からの批判には弱い。

世界を驚かせ、期待感と警戒感の両方を生んだ「一帯一路」構想だが、この調子でいくと、「採算の取れない案件には投資しない」常識的な結末に落ち着きそうである。

以上のように、この数年間、習近平政権のもとで打ち出された「中国夢」プロジェクトは随所で「見通し違い」が生じている。事業のすべてが雲散霧消すると決めつける訳にはいかないが、「高成長持続」の前提が破れつつある以上、少なくとも経済分野では、あるものは立ち消えになり、あるものは常識的な線に規模

焦点2　中国夢の盛衰とアジアの安全保障 ― 投資バブルがもたらしたもの

が縮小され、あるものは時間表が遅延することになりそうである。

中国成長減速と東アジア安全保障の関わり

　前節では「高成長は永く持続する」という錯覚が生じた結果、経済に関わる「中国夢」プロジェクトの一部が手直しを迫られる例が生まれていることを示した。

　しかし、「高成長持続」の未来予測は、中国と言わず周辺アジア諸国と言わず、東アジアの安全保障領域で経済以上に深甚なる影響を与えた。この未来予測が破れたことで、この数年攪乱され通しだった地域の安全保障には平穏が戻ってくるのだろうか。

経済成長と軍拡

　中国は永年にわたって国防予算を毎年2桁伸ばす軍拡を続けてきたが、国防予算額の名目GDPとの比率は、ほとんど一定を保ってきた（公式予算額はGDPの1.3％、ストックホルム平和研研究所の推定額は2.0％）（グラフ5）。

グラフ5　中国国防予算の伸び

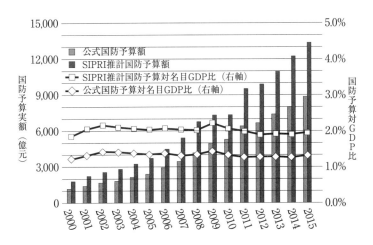

出所：ストックホルム国際平和研究所、中国財政部、国家統計局を基にグラフ筆者作成

この比率は恐らく中国共産党と人民解放軍とが取り決めた不文律で、戦争で
も起きない限り増加は見込めないだろう。国防予算の裏側では、近年社会保障、
教育、医療など国防以上に切れない民生支出の比重が急速に高まっているし、
景気下支えのため財政赤字幅が GDP 比 3% を超える 2016 年度以降は予算引き
締め圧力が高まることが予想されるからだ。

　ゆえに、中国経済成長が減速することによって安全保障領域に生ずる最も直截
な影響は、国防予算の伸びも減速することであろう（現に 2016 年度の国防予算
額は伸び率が 7.6% 増と 2 桁を割った）。

　他方で、この 2 年で解放軍に厳しい反腐敗のメスが入ったことにより、今後は
予算の使用効率が高まる可能性があるし、最近発表された大がかりな軍制改革
も、一つの狙いは今後予算の高い伸びが期待できない中で軍の近代化をどう進
めるかにあるはずだ。したがって、正面装備予算の伸びが鈍化するといちがいに
断言はできないが、新兵器や新部隊の配備のスケジュールが後倒しされる例も出
てくるであろう。

南シナ海での強硬姿勢の行方

　内政をめぐる環境が厳しくなる一方の習近平政権が南シナ海での領土領海紛
争で対決的姿勢をとって緊張を高めていることは理解しにくい。共産党体制の存
続がかかった難局を乗り切らなければならないときに、殊更に対外緊張特に米国
との衝突のリスクを高める選択は合理的とは言えないからだ。

　「内政が厳しいから国民の目を外に向けるために意図的に対外緊張を高めてい
る」という仮説がよく語られるが、少なくとも 2022 年までトップであり続ける習
近平にとって、国民の目を束の間そらせるだけでは意味がない。仮にそんな挙に
出るとしたら、習近平が「万策尽きて」、「駄目で元々」の博打を打つところまで
追い詰められた場合であろう。

　「軍部の歓心を買って権力を固める」ためという仮説もあるが、習近平が一方
で 2016 年 1 月に七つの軍区制や総参謀部以下の 4 部制を廃止、陸軍偏重を是
正するなど解放軍の権益を揺さぶる大がかりな軍制改革を実施したこと平仄が合

焦点2　中国夢の盛衰とアジアの安全保障 ― 投資バブルがもたらしたもの

わない（南シナ海重点化で利得するのは軍の一部）。

国民のナショナリズムを鎮められるか

　南シナ海での強硬姿勢は、共産党内の強硬派や解放軍を抑えられないからというより、この問題については世論自体が強硬で、習近平も後に退けないからではないか。

　特に、中国人がこの問題で「中国は被害者だ」というルサンチマンから出発していることは深刻である[5]。認識の当否は横に措いて、中国はこの海域での実効支配競争で後れをとって、ベトナムやフィリピンなど多くの国の割拠を許してしまったことを恨み、国力が高まった今こそ、「失地回復」の好機だと政府や軍の強硬姿勢を支持している。

　これも2009年以来の国民心理のバブル（膨張）が大いに与った問題であり、「成長持続」の前提に誤りがあった以上、時間をかけて沈静化してくれるのがいちばん良いのだが、いまのところその兆しはまったく見えない。国民の間で「国が苦しいときに、こんなつまらない問題にこだわるのは無益だ」などと言えば「漢奸」（売国奴）と糾弾されるような集団同調圧力が強く働いているようだ。

　筆者は門外漢のため、この問題の行方について日米の専門家に尋ねると、誰もが「中国が軍用機の配備や防空識別圏の設定をするのは時間の問題」と言う。そうなれば周辺諸国も日本も重大な影響を受け、脅威を感ずる。そうはさせじと米国の「航行の自由」作戦、日本と周辺国との協調など多数国の連携で中国を牽制しているが、中国は逆にこれを挑発だと受け取り（それを栄養にして）もう一段の強硬措置に出る悪循環が続いている。

2期目の習近平政権の出方 - 結びにかえて

　本稿では、①中国経済の高度成長が終わり中速成長に移行すべき時期に4兆元投資を実行し、それが低迷する西側経済とは対照的な劇的経済回復をもたらしたことが投資バブルの引き金を引き、これまで数々の「我慢」をしてきた国民の心理の「リバウンド」も引き起こしたこと、②投資バブルによってバランスシー

―37―

トが大きく傷んだ中国経済は、今後デレバレッジの長いトンネルをくぐらざるをえないし、中国共産党は体制上の制約から必要な経済改革を部分的にしか実行できそうもないため、今後の成長レベルは、バブル期の想定を大きく下回ることになること、米国のようになり米国を追い抜く「中国夢」はバブル心理が生んだ錯覚と言わざるを得ない面があり、この数年進められてきた「中国夢」事業も縮小・延期など読み違いの訂正が始まっているものもあるが、南シナ海問題は最も方針の訂正が困難かつ行方が危ぶまれる問題になっていることを論じてきた。

　習近平政権は 2017 年には第 19 回党大会を迎え、指導者層の人事交代を経て 2 期目に入る。いま党内ブレーン達は 2 期目の政権アジェンダの起草作業に入っている頃であり、そこでは 1 期目の総括・反省の上に、新しい環境に対応した構想が練られているはずである。

　そこで経済の行方を楽観視しすぎて多くの手戻りを余儀なくされたことは、当然反省の対象になるべきだが、それでなくとも多事多端の折に、外交・安全保障面で周辺との緊張を高め、域内での孤立を深めかねない南シナ海問題はどのような方針が打ち出されるのであろうか。

　中国人はひっきょうプラグマティックな民族であり、中国共産党も過去何度か難局を乗り切ってきた実績もあるため、誰の得にもならない緊張激化の途を歩んで欲しくはないが、国民のバブル心理やルサンチマンの修正ができるかどうかが鍵であり、なお予断は許さない。

　また、習近平への権力集中が善悪どちらの方向に働くかも、もう一つの鍵となろう。最近中国の友人たちの話を聞いていると、習近平に本当のことを伝えたり、耳に痛い忠告ができたりする忠臣が傍に居るかどうかがよく話題になるようである。そういう行いがいま求められていると考え、権力集中がそれを躊躇わせる雰囲気を生んでいないかを気にする人が多いということであろう。

　習近平自身がつまらぬメンツにこだわったり、周囲が本人以上にそのことを付度したりすると、中国人伝来のプラグマティズムが損なわれ、中国が道を踏み外すリスクが高まりそうである。そのときは、周辺国はもとより世界中が深刻な影響を被ることが避けられない。

焦点2　中国夢の盛衰とアジアの安全保障 — 投資バブルがもたらしたもの

(1) 出生増 500 万人説と 200 万人説については新京報 2015/11/5 付「易富賢：人口政策別止于全面二孩」
参照、続く筆者の計算については拙著「巨龍の苦闘」（角川 2015 年）132 頁参照

(2) ADB "OUTLOOK 2016 -Asia's Potential Growth" の highlight viii 参照

(3) 2015/4/21 付人民日報「絲路基金首単：联合三峡集団斥資百億投資巴基斯坦水電」、2015/6/8 中
国日報「絲路基金联手中国化工投資倍耐力」、2015/8/24 ロイター中国「中俄能源：俄天然気企業
Novatek 向中国絲路基金出售 10% 項目股権」

(4) 一流誌「財経」が習近平直々提唱の「一帯一路」構想のリスクを正面から訴えた論考として
2015/6/8 付「直面 " 一帯一路 " 潜在風険」ほか

(5) 2015/8/7 付北京青年報「中国実際上是南海問題的受害者」、戦略網「羅援：南海問題中国是最大
受害者 美揣着明白装糊涂」http://m6.chinaiiss.com/html/20156/30/a7b0f2.html

焦点：3
TPPが地域安全保障に及ぼすインパクト

吉崎　達彦

（双日総合研究所チーフエコノミスト）

はじめに

　今ではほとんど忘却の彼方かもしれないが、日本で最初に環太平洋パートナーシップ（TPP）交渉への参加を表明したのは、民主党政権時代の菅直人首相であった。「平成の開国」と銘打ったものの、国内の反対が強くて実際の交渉参加には踏み切れなかった。それでも2010年11月に横浜で行われたアジア太平洋経済協力（APEC）首脳会議で、「関係国との協議を実施する」と宣言したことをもって嚆矢とする[1]。それが2013年7月には、安倍政権のもとでようやくTPP交渉への参加が実現する。それから交渉12カ国が妥結に至ったのは2015年10月のアトランタ会議においてであった。この間、ほぼ5年の月日が流れたことになる。

　TPPは国内で非常に多くの論議を呼んできた。商社エコノミストである筆者は、常にTPPを支持・擁護する立場であったが、その間に膨大な「誤解」と向き合わねばならなかった。「TPPによって日本の医療保険制度が崩壊する」（医療保険は最初から交渉分野に含まれていなかった）、「ISDS（投資家と国との紛争解決）制度によって、日本は米国企業から多大な賠償金を取られる」（同様なTPP反対論は米国国内にも存在する）などである。

　この間に心掛けたことのひとつに、「TPPには安全保障面の目的もあるという言い方を避ける」ことがあった。TPPは通商交渉の一種であるから、そのメリットを主張するときは経済とビジネスの論理だけで完結すべきと考えたからだ。

　その一方で、「TPPは中国を封じ込めるための米国の国家戦略である」といった見方は少なくない。日本としては、それに乗るしかないではないかと言われるといかにももっともらしく聞こえる。とはいえ、所詮は憶測の類であるから、どの

程度真実であるのかは証明のしようがない。また、安全保障上の効果を客観的に計測することも難しい。

しかも、TPP支持派がこのカードを繰り出した瞬間に、反対派の中には「そうか、つまり日本は米国に対してノーと言えないのだな」という新たな誤解を生みだす恐れもある。思えばその手の不毛なやり取りを繰り返して、TPPは「正体不明のバケモノ」に膨れ上がったのではなかったか。

ところが2015年秋に交渉が妥結してみると、「TPPが外交・安全保障面で及ぼす影響」が実際に目に見えるようになってきた。そしてまたTPPが協定の批准プロセスに入り、情報開示が進むにつれて、「TPP＝バケモノ」論は鎮静化しつつある。現在であれば、「TPPの安全保障面」を語っても新たな誤解を招く恐れは少ないだろう。

以下、アジア太平洋地域の安全保障環境において、TPP交渉が今後どんな効果をもたらすかを論じてみたい。

さらなる参加拡大へのモメンタム

TPPが参加12カ国の批准を経て発効すれば、世界経済の4割を占めるメガFTA（自由貿易協定）が誕生する[2]。世界全体の貿易自由化を促進するWTO（世界貿易機構）では、ドーハラウンドが長らく停滞してしまっている。この間に世界の成長センターたるアジア太平洋地域において、これだけの規模のFTAが誕生するのは久々のブレークスルーと言える。さらにTPPは、知的財産権の保護、競争政策、紛争解決の手続き、政府調達などの新しいルール作りを目指している。今後、TPPのルールが事実上の世界標準に発展していく可能性も十分にあるだろう。

こうした中で、TPPに参加していない残り6割の国には一種の焦燥感が生じている。特にアジアにおける貿易と投資の重要なプレイヤーである韓国やタイ、フィリピン、インドネシア、台湾などがTPPへの参加を表明している。まだ批准作業が進んでおらず、発効はかなり先になるにもかかわらず、TPPへの参加希望が相次ぐのは一見、不思議な光景である。だが、未参加国の立場からすると、「一刻も早く手を挙げておかなければ…」という事情がある。例えばタイは、自動車産業

などで日本企業のバリューチェーンの中核をなしている。それが TPP に入っていないのでは、せっかくの関税削減のメリットを生かせないことになる。逆に TPP に加盟しているマレーシアやベトナムは、投資を呼び込む際に優位な立場にある。特にベトナムには、繊維産業を中心に直接投資が増えることが予測されている。

　通常、製造業が新たな大型投資を決める際には、2‐3 年前から選定作業を始めるものだ。今後は「TPP に加盟しているかどうか」が、グローバル企業の投資判断を左右することになる。逆に言えば、直接投資が欲しい国は「TPP に参加する意思」を急いで示さなければならない。あるいは欧州などの域外の諸国としては、アジアとの貿易で自分たちが不利になることを懸念するであろう。結果として、現在進行中の「日・EU」などの FTA 交渉が加速することが考えられる。

　このようにして、ひとつの通商交渉の成果が他の交渉を加速するメカニズムを FTA のドミノ効果と呼ぶ。わかりやすく言えば、周辺諸国で「バスに乗り遅れるな」というモメンタムが生じるのである。また TPP の妥結は、中国を中心とする RCEP（東アジア地域包括的経済連携）など、別の FTA 交渉を加速する効果もあると考えられる[3]。

　TPP は協定本文が約 3,000 ページ、付属書も約 3,000 ページという膨大な内容である。したがって交渉過程においては、どうしても重箱の隅をつつくような議論が多くなる。あるいは個別の産業の利害に根差した反対論が前面に出てくる。ところが全体が合意してしまうと、さすがに細部の議論を蒸し返す論者は少なくなる。むしろ全体像が見えやすくなり、外交・安全保障面への影響が出やすくなる。TPP は交渉過程と妥結後では、評価がかなり変わってきたと言えよう。

　もともと TPP はブルネイ、チリ、シンガポール、ニュージーランドという 4 カ国が 2006 年に始めた FTA であった。高いレベルの貿易自由化を目指してはいたものの、4 カ国全部を足しても 2,600 万人、GDP は約 5,000 億ドルと、全世界の 1％に満たない規模であった。2008 年 9 月に当時のブッシュ政権が TPP の拡大を提唱し、その路線がオバマ政権に受け継がれた。米国に続いてオーストラリア、ペルー、ベトナム、マレーシアなども交渉に参加し、少し遅れてカナダとメキシコも合流した。そして 2013 年には日本も参加し、最終的には 12 カ国の FTA となっ

－ 42 －

た。人口で 7.7 億人、GDP では 24 兆ドルという巨大な規模に発展したわけである。

　成功のカギは、最初の TPP 協定の「追加参加」（Accession）条項が非常に緩く作られていたことにある[4]。すなわち、「すでに参加している国々」（＝Parties）の賛成があれば、「APEC のメンバーとその他の国は協定に加わることができる」（This agreement is open to accession on terms to be agreed among the Parties, by any APEC economy or other state.）というものであった[5]。この条項を読み返すと、一見、「APEC のメンバーと」（any APEC economy or）のくだりが不要であるように思える。しかしこの部分を削除して、単に「その他の国は」（by other state）だけにすると、「国ではない」けれども APEC メンバーとなっている台湾と香港が資格要件から除外されてしまう[6]。

　現在（執筆時の 2016 年 5 月上旬時点）、台湾は政権移行期にある。台湾の蔡英文新政権が TPP 参加を目指した場合、中国がこれを妨害しようとすることは容易に想像がつく[7]。しかるに Parties ではない中国が、いくら反対意見を述べたところで効力はない。せいぜいすでに加盟している国に圧力をかけて、「台湾の TPP 参加反対」を働きかけることができる程度である。馬英九政権時代の台湾は、2010 年に中国との間で両岸経済協力枠組み協議（ECFA）という事実上の FTA を締結し、大陸との結びつきを強化してきた[8]。そのことは訪台観光客数の増加などを通して経済を潤し、他のアジア諸国が 2008 年以降の国際金融危機に翻弄される中で、台湾がいち早く立ち直る契機を提供した。しかし同時に、「台湾が大陸に呑み込まれる」という恐怖をも感じさせることになった。2014 年春には、ECFA を深化させる「中台サービス貿易協定」の審議をめぐって台湾立法院が混乱する。法案に反対する学生たちは、立法院を占拠するという「ひまわり運動」を展開して支持を集める。このことで国民党の馬政権の支持率は大きく低下し、2016 年 1 月の総統選挙において民進党への政権交代が実現した。台湾の有権者は、「これ以上の大陸との経済統合にノー」という民意を突きつけたのである。まもなく発足する蔡英文新政権のもとでは、TPP への対応が重要な政治課題となるだろう。そのことは中台関係、さらには東アジアの安全保障環境に波紋を投げかけることになるはずである。

変化した中国のTPPへの対応

そこで問題になるのは TPP に対する中国の態度である。中国は、ある時期までは TPP への参加に関心を示していた。2013 年 10 月には上海自由貿易試験区を作って、国内の自由化を目指す動きもあったほどである。

2013 年 9 月に、筆者は上海対外経済貿易大学で行われた日中経済対話に参加した[9]。このとき基調演説を行った周漢民・上海市政治協商会議副主席は、「米国は TPP で太平洋に、環大西洋貿易投資パートナーシップ（TTIP）で大西洋に新たな経済圏を作ろうとしている」「先進国主導の枠組み作りを、中国は警戒しなければならない」「ところが中国経済の実態は遅れている」「だからわれわれは自由貿易試験区を導入するのだ」と言明していた。つまり TPP への参加を契機にして、中国の国内改革を進めようというわけである。かつて朱鎔基首相が、WTO への加盟をテコに国内改革を進めたときと同様の狙いと言える。聞いていて、「中国においては鄧小平以来の経済改革が、今も成功体験としてポジティブに記憶されている」ということに感銘を受けたものである。このときの会議において、筆者は「TPP はもともとニュージーランドなど小さな 4 カ国の集まりであった。それに米国が加わり、さらに日本も加わり、どんどん規模を広げるとともに性質も変わってきた。つまり進化する FTA なのである。将来、中国が入ることも十分にあり得るだろう。そのときに TPP は、世界第 1 位から 3 位までの経済国が入った FTA となる。域外の国から見れば、まことに魅力的な存在に映るのではないか」と指摘したものである。

この直後に行われた中国共産党中央委員会第三回会議（三中全会）では、習近平新政権の経済政策が打ち出された。ひとことで言えば改革を強く打ち出したものであり、会議の結果文書には、「市場に、資源配分における決定的な作用を働かせる」との文言が用いられた。FTA 政策についても前向きな記述が目立ち、この時期の習近平体制は TPP に対して前向きな姿勢を示していたことが窺える。仮に中国が TPP に参加した場合、市場アクセス、サービス、投資、知的財産などの 21 分野の中で、最大の難関となりそうなのが競争政策、特に「国有企業に対する特恵的な措置の禁止」であろう[10]。この問題では、社会主義からの移行

— 44 —

経済であるベトナム、多くの国有企業を抱えるマレーシアが関係国であり、日本の郵政事業や成田空港なども対象となっている。

中国が本気で国有企業改革に取り組むのであれば、TPP参加はそのための有効な武器となるだろう。ただし最近の中国においては、国有企業改革の機運はやや後退しているように見受けられる。それと同時に、TPPを「西側が仕掛ける新たな経済冷戦時代の幕開け」と懐疑的に受け止める傾向が強くなっている。あるいは、「自らを国際ルールに合わせて改革することの難しさ」を自覚しているのかもしれない。

現在の中国は、むしろ「一帯一路」計画などを通して独自の経済圏をユーラシア大陸に広げ、米国に対抗しようとしているように見える。日米がTPPを使って「海のアジア」を統合するのなら、こちらは「陸のアジア」で経済圏を広げてしまおうといった対抗意識が生じているのかもしれない。

米国のTPP対中国のAIIB

中国側が反発を強めた理由のひとつには、オバマ大統領が国内を説得するために、中国を過度に敵視するような「物言い」を多用したことがありそうだ。2015年1月の一般教書演説において、オバマ大統領は「中国は世界で最も高成長な地域のルールを作ろうとしている。それではわが国の労働者や企業が不利になってしまう。なぜそんなことを許すのか。われわれがルールを作り、平等な競争条件を作るべきである」という言い方をしている。TPPを「国際的なルール作りのための中国との競争手段」と位置付けたわけである。同年4月7日には、就任して間もないカーター国防長官が、「TPPは空母と同じくらい重要だ」とも述べている。この手の言辞が中国側の警戒感を強めたことは想像に難くない。オバマ大統領としては残り少ない任期のうちに、TPPの締結をはたして自らのレガシーとしたいと考えていた。合衆国憲法は条約の締結権を議会に与えているために、通商交渉の際に大統領は議会から貿易促進権限（TPA）を得なければならない。ところがTPPのTPA獲得は容易ではなかった。議会では共和党がTPAに前向きで、民主党が反対という「ねじれ」があった。オバマ大統領としては、身内

を説得するためにも「チャイナカード」を使わざるを得なかったのである。

　さらに問題を混乱させたのは、同年3月に英国が中国主導の新国際金融機関アジアインフラ投資銀行（AIIB）への参加を宣言し、ドイツ、フランス、イタリアなどの西側先進国が雪崩を打ってこれに続いたことである。中国は以前からアジアにおける旺盛なインフラ需要を満たすために、新しい国際開発銀行の設立を提唱していた。米国はG7などの場において、AIIBへの不参加を呼びかけていたが、日本を除く多くの同盟国がチャイナマネーのもとに馳せ参じることになった。結果としてAIIBには、当初の見込みを大きく上回る57カ国が創設メンバー国として参加し、主要先進国で参加しないのは日本と米国、カナダくらいとなった。

　AIIBが発足に向けて前進する一方で、米議会におけるTPA法案の審議は難航した。最後は6月24日に上院がギリギリの票差でTPA法案を可決したが、それはちょうど年に一度の米中戦略・経済対話が行われ、中国から400人もの外交代表団がワシントンを訪問している最中であった。これが否決されていたら、米国の面目は丸つぶれであっただろう。

　こうなってみると、「中国主導の国際開発銀行」であるAIIBと、「米国主導の自由貿易協定」であるTPPの間で、「アジアを舞台とした米中間の新しいルール作りの競争」という図式が出来上がった。両者は本来別物であるとはいえ、「AIIBが成功してTPPがうまく行かない」のであれば中国が優位に立つであろうし、「AIIBが失敗してTPPが成功する」ことになれば米国が優位に立つであろう。

　もちろんアジア経済のため、もしくはビジネスの立場から行けば、両方が成功して「アジアにおけるインフラ投資と貿易自由化」が同時に進むことが望ましい。日米のAIIB加盟や中国のTPP参加の可能性を、頭から否定する必要はまったくない。ただし安全保障上の意味を考えれば、「AIIB対TPP」という米中の勢力争いは今後も続くことであろう。

　AIIBは2016年1月、第1回の理事会・総会を本部のある北京で開催し、資本金1,000億ドル、中国財政部出身の金立群・初代総裁のもとで正式に発足した。世界銀行やアジア開発銀行（ADB）など、既存の国際開発銀行との協調融資も視野に入れ、目下のところは安全運転に徹している。中国政府はAIIBを中国

外交のショーウィンドーと位置付け、透明性の高い運営を心がける構えのようだ。「一帯一路計画」への資金調達には、国内のシルクロード基金などの使い勝手の良い資金源を活用すればよいと考えているのであろう。

米国とアジアを結びつけるTPP

　それとは対照的に、TPPの批准から発効へと至る道筋には暗雲が垂れ込めつつある。2016年米大統領選挙が異例の展開をみせているからだ。本稿執筆時点の5月上旬において、共和党の正式な候補者として不動産王のドナルド・トランプ氏がほぼ「当確」となっている。さまざまな毒舌で物議を醸してきた人物であり、その発言をどこまで信じればいいのか疑問も残るが、「反不法移民」と「反自由貿易」に関する同氏の主張は一貫している。しばしば北アメリカ自由貿易協定（NAFTA）を敵視し、メキシコからの輸入品が米国人の雇用を奪ったと批判している。TPPに関しても、「中国を利するだけ」と評している[11]。

　他方、民主党側では、ヒラリー・クリントン元国務長官が勝利を確実なものにしつつある。ただしこちらも、伏兵バーニー・サンダース上院議員の予想外の人気に引き摺られるように、発言の「左傾化」が止まらない。その象徴的な事例として、かつては国務長官として推進していたTPPを、「今の内容では賛成できない」と言うようになっている。このままで行くと、米国のTPP批准が危ぶまれる。仮にトランプ大統領誕生ということになると、「アメリカ・ファースト」の原則のもとに、TPPをいきなり反故にしてしまうかもしれない。常識的に言えば、新政権がいきなりカナダ、メキシコ、日本、オーストラリアなどの主要な同盟国を失望させるとは考えにくいのだが、何分にも予想可能性は低いと言わざるを得ない。

　クリントン政権発足の場合は微妙である。第一次オバマ政権において、クリントン国務長官は「アジア・リバランス政策」（Pivot to Asia）の中心人物であった。中東や欧州に傾き過ぎた米国外交をアジア中心に戻す必要があり、その中でもTPP交渉は中心的な政策課題であった。彼女こそは、TPPの重要性を最もよく知る政治家と言っても過言ではない。2017年1月にヒラリー・クリントン政権が発足した場合、おそらくTPPは再交渉を余儀なくされるだろう。そして他の

11 カ国から何らかの譲歩を得たうえで、「これなら国益に合う」として批准にゴーサインを出すことが考えられる。

　実は NAFTA を批准するときに、ビル・クリントン政権が同じ手を作っている。前のジョージ・H・W・ブッシュ政権が締結した NAFTA に対し、候補者ビル・クリントンは終始、批判的であった。しかし大統領に就任してから再交渉を行い、労働と環境基準で譲歩を得て、1994 年に批准を果たしている。もっとも民主党内の反自由貿易派は、そのことを承知の上で彼女に疑念の目を向けている。クリントン政権においても、協定の批准はけっして容易ではないだろう。

　TPP は参加国のうち GDP で 85％を超える 6 カ国が批准すれば発効することになっている。単純計算から言って、米国の批准抜きでは TPP 発効は不可能である[12]。今後の米国国内政治情勢からは目が離せない。

　米国における通商政策の専門家ジェフリー・J・ショットは、TPP 交渉に向けて大きな役割を果たしたのはシンガポールのリー・クアンユー元首相であったと評している[13]。同氏はアジア太平洋地域における経済発展と平和維持のためには、米国を含む形の経済統合が必要だとの信念を有していた。そこで就任後間もないオバマ大統領の元を訪れ、「米国は TPP に参加すべきだ」と進言したのだという。ことによるとシンガポールの長老政治家は、いずれ米国国内が内向きとなって、対外的なコミットメントを放棄する危険があることを見通していたのかもしれない。

　長らく TPP は、米国がアジアに足場を得るための道具であると見なされてきた。しかし今後の大統領選挙の展開次第では、アジアが米国をつなぎとめるためのアンカー（錨）としての役割を果たすこともあり得るだろう。

むすび

　以上、アジア太平洋地域における安全保障環境に対し、TPP が与える影響について俯瞰してきた。

　簡単にまとめると、① TPP 交渉の妥結は、「FTA のドミノ効果」という形で地域にポジティブな影響を与えつつあるが、②中国主導の AIIB との間で「アジアにおけるルール作りの競争」という米中対立の構図もできつつあり、③今後の

— 48 —

焦点 3　TPP が地域安全保障に及ぼすインパクト

米大統領選の動向次第では、TPP が反故にされてしまう怖れも残る。

　かかる状況下において、TPP 参加国のうち米国に次ぐ経済規模を有する日本
の重要性は高まっている。日本は当初、農産物 5 品目に「聖域」を求めるという
腰が引けた形で TPP 交渉に参加してきたし、輸入自由化比率では 12 カ国中最
も低い水準であった[14]。しかしながら、米国外交の内向き化が懸念される中で、
またアジアにおける米中のルール作りの競争が進む中で、日本が果たすべき役割
は大きいと言える。

　特に重要なのは、日本がなるべく早期に TPP を批准し、アジアにおける期待
が高さを示すことであろう。「経済面でも安全保障面でも、アジアは米国を継続
的に参加させなければならない」という故リー・クワンユー氏のビジョンは、心あ
る多くの日本人が共有していると考えるものである。

(1) TPP「協議開始」を表明、「平成の開国」めざす＝菅首相（ロイター、2010 年 11 月 13 日）http://
　 jp.reuters.com/article/idJPJAPAN-18158620101113

(2) TPP の経済規模については、日本経済新聞社による「TPP 巨大経済圏の実力」というデータが参考
　 になる。http://vdata.nikkei.com/prj2/tpp/

(3) 2010 年に日本が TPP 交渉参加に初めて言及した際には、その直前に米韓自由貿易協定が妥結した
　 ことが一因となっている。

(4) 片田さおり「アメリカの TPP 政策と日本」（国際問題 No.644、2015 年 9 月）

(5) Trans Pacific Strategic Economic Partnership Agreement (2005) Article20.6 : Accession から。
　 最初の TPP 条文を書いたのは、通商交渉の大ベテランであるティム・グローサー　ニュージーランド
　 貿易大臣であったと言われている。

(6) よく知られているように、APEC の文書では Country という言葉がすべて Economy に置き換えられ
　 ている。そうすることによって台湾と香港をフルメンバーとして扱っている。

(7) 台湾は近年、シンガポールやニュージーランドとの二国間 FTA を結んだことにより、酪農製品の輸入
　 が急拡大するなど農業分野への影響が出ている。台湾の TPP 参加に対しては、農業団体など内部か
　 らの反対も予想される。

(8) Economic Cooperation Framework Agreement の略で、貿易、投資、サービスなどの自由化推進
　 を盛り込んでいる。「台湾は国ではない」という建前から"framework"という言葉が入っているが、
　 実態は限りなく EPA（Economic Partnership Agreement）である。

(9) この時の経緯については「溜池通信」2013 年 9 月 27 日号を参照。http://tameike.net/pdfs8/
　 tame527.PDF

— 49 —

(10) 中島朋義『中国の FTA 政策と TPP』（FTA 戦略の潮流、文眞堂、2015 年 3 月）

(11) トランプ氏は、中国が TPP に参加していると勘違いしているようである。

(12) 2014 年時点で、アメリカの GDP は 12 か国総計のうち約 62％を占めている。

(13) ジェフリー・J・ショット『環太平洋パートナーシップ：その起源と交渉成果』（世界経済評論 2016 年 5 月 6 日号）

(14) 畠山襄『TPP 交渉の成果と評価』（世界経済評論 2016 年 5 月 6 日号）

焦点：4
防衛装備庁の誕生と進まぬ武器輸出

西山　淳一

（公益財団法人　未来工学研究所 研究参与）

はじめに

　2014年4月、わが国は長年続いてきた武器輸出三原則等の武器輸出禁止政策を見直し防衛装備移転三原則を制定した。その後、2014年6月には防衛生産・技術基盤戦略を策定、2015年7月には平和安全保障法制を制定（2016年3月27日施行）し、さらに2015年10月には防衛装備庁を発足させた。

　安倍政権になってから、このように安全保障に関する政府方針がより明確になり、それに関連する政策・法律が整ってきた。

　振り返ってみれば、1967年、佐藤内閣が武器輸出三原則を国会において表明し、1976年、三木内閣において追加の見解が発表された。その結果、わが国は「武器は買う（輸入する）が、売らない（輸出しない）、（輸出については）考えない」という時代を40年以上にわたって続け「武器輸出三原則という鎖国」を行ってきた。防衛省においても、防衛関連企業においても武器の輸出については思考停止状態になっていた。防衛関連企業は輸出について考える必要がなかったのである。さらに、武器は輸出しないが、どんなものでもデュアルユース（軍・民生両用）であれば輸出可という認識があり、デュアルユース品を輸出することに漠然と不安があっても、防衛関連企業としては自分たちの所掌外であり、関知しないということであった。外国為替及び外国貿易法による輸出管理は一般の民間企業が心配することであっても、防衛関連企業には関係のない事柄だったのである。「鎖国の平和」、ガラパゴス・パラダイスであった。

　武器輸出三原則に代わり「防衛装備移転三原則」が新たに制定された。メディアは武器輸出解禁と大々的に報じ、一般には武器輸出が全面的に可能になった

との印象を与えた。しかし、防衛装備・移転三原則の基本的考え方は、

・国際連合憲章を遵守するとの平和国家としての基本理念およびこれまでの平和国家としての歩みを引き続き堅持しつつ

・わが国の安全保障に資する場合等に認め得るもの

に限定されているのであり、決して輸出が全面的に解禁されたわけではない。

しかしながら、限定はされてはいるが、武器の輸出が可能になったということは一大変化であり、防衛省にとっても防衛関連企業にとっても、今までの大前提が大きく変わったのである。特に外国からは、日本の防衛産業との協力が可能になった、あるいは新しい競争相手が出現したと見られている。このような大きな変化の中で防衛装備庁が設立され、防衛産業の意識も変わらざるを得ない状況になってきたのである。

防衛装備庁の発足と諸課題

防衛装備庁設置の背景となった諸課題は下記のように整理される[1]。

(1) わが国周辺情勢への対応（技術的優位の確保）

(2) 防衛装備品の国際化への対応

(3) 調達改革の必要性

(4) 防衛生産・技術基盤の維持・強化

防衛装備庁は研究開発から調達、契約まで一元的に行う、1,800人規模の大組織として発足した。

課題1：防衛装備移転の方向性

武器輸出の関係でみると「防衛装備品の国際化への対応」の中で防衛装備庁は、防衛装備移転に関してどのように取り組むのかということが課題になる。昨年、筆者は、各国の武器輸出を実態調査する機会がありドイツおよびフランスを訪問した。その時に「政府として武器輸出推進（arms export promotion）を行っているか?」と質問してみた。ドイツの答えは「武器輸出管理（control）を行っているが、推進はしていない」と強調し、実態は別として武器輸出推進を公式には認

めていないようである。一方、フランスの答えは「武器輸出支援（support）と管理（control）を行っている」という言い方で、政府として輸出にも力を入れており、フランス国防省の国防装備庁（Direction Générale de l'Armement: DGA）が輸出を積極的に支援している。米国は有償軍事援助（Foreign Military Sales: FMS）契約という形で政府が武器を直接輸出しており、また民間取引（Direct Commercial Sales: DCS）、ライセンス生産供与、共同開発・生産という形も行っている。

　では、日本はこれからどうすべきなのか。防衛装備移転という武器輸出振興を行うべきなのか？その答えは防衛装備移転三原則に示されているように「わが国の安全保障に資する場合」に行うべきことで防衛産業振興ではないことは明確である。防衛装備の移転は国際安全保障のために、わが国ができる活動の一つであり、「国際共同開発・生産（装備協力）」の中で武器（装備品）の輸出も含まれると捉えるべきである。防衛装備庁が今後の方向性を示していくことが求められる。

課題2：研究開発推進

　従来、防衛に関する研究開発は防衛省技術研究本部が実施してきたが、その機能が防衛装備庁の一部になった。それは防衛装備庁設置の課題で強調されている「技術的優位の確保」との表現から研究開発の推進を読むことができる。

　米国の歴史をみると1957年のスプートニク・ショック（ソ連による人類初の人工衛星打ち上げ成功により西側諸国の技術開発の遅れに対する衝撃）を受け、最先端技術の開発の重要性を認識し、米国防省は防衛高等研究企画局（Defense Advanced Research Projects Agency: DARPA）を設立して、防衛技術開発の最先端を担当させてきた。DARPAの任務は、科学技術の軍事技術への適用可能性を実証し、早期に軍が利用可能な技術開発に繋げることである。DARPAの実績で見られるように、従来、軍事技術から民間技術への移転（スピンオフ）が行われてきた。それらは全地球測位システム（Global Positioning System: GPS）、インターネット、ロケット、コンピュータであり、戦後一貫して米国の軍事技術が世界の科学技術を牽引してきたのである。また各国は安全保障

上の理由により政府が研究開発の支援を行っており、最近では中国が「中国版DARPA」の設立を計画している[2]。

　しかしながら、昨今は民間技術の発展が著しく、いかに民間技術を軍事に取り込むかということが大きな課題となってきた。米国防省が公開しているDefense Innovation Marketplace によると「防衛イノベーション・イニシアティブ（Defense Innovation Initiative: DII）」によって国家安全保障分野に応用できる民間最先端技術を発掘している[3]。DII は「実験的‐防衛イノベーション・ユニット（Defense Innovation Unit - Experimental: DIUx）」と「長期研究開発計画プログラム（Long - Range Research and Development Planning Program: LRRDPP）」から構成されている。DIUx は 2015 年 8 月にシリコンバレーにオフィスを開設し、民間技術を探すための窓口になっている。DIUx の狙いは民間が開発した技術の使用権を得ることであり、すぐ使える TRL[4]（技術成熟度）6 以上の技術に注目している[5]。Defense News によると近い内に最初の契約がなされるだろうと報じられた（2016 年 5 月の時点ですでに 5 件の契約を結んでいる）[6]。米国では新しい技術（イノベーション）は民間のシリコンバレーから生れ、それを国防省が早く取り込もうとしているのである。つまり、イノベーションは民間研究から起きてくるということと、軍事利用と民間利用の間に境界はないことを意味している。

　わが国では防衛省が平成 27 年度から「安全保障技術研究推進制度（研究ファンディング）」を始めており、これにより民間技術を取り込もうとしている。防衛省としての産官学連携推進の初めての試みであり、さらなる拡充が期待される。防衛部門としてはデュアルユース技術についても安全保障上の対象として考える必要が生起したのである。

防衛装備移転の状況

　経済産業省によると平成 26 年度における防衛装備の海外移転の個別許可は1,841 件であり、それを運用指針の類型に沿って分類すると表 1 のとおりである。また、案件の 9 割以上が自衛隊の装備品の修理等のためのものとしている。

−54−

焦点4　防衛装備庁の誕生と進まぬ武器輸出

表1　平成26年度　防衛装備の海外移転の許可の状況

	区分	件数
1	平和貢献・国際協力の積極的な推進に資する場合	49 件
2	わが国の安全保障に資する場合 ・国際共同開発・生産に関するもの ・安全保障・防衛力の強化に資するもの ・自衛隊等の活動または邦人の安全確保のために必要なもの	1,731 件 (12 件) (5 件) (1,714 件)
3	わが国の安全保障上の観点からの影響がきわめて小さい場合 (誤送品の返送、返送を前提とする見本品の輸出、海外政府 機関の警察官により持ち込まれた装備品の再輸出等のわが国 の安全保障上の観点から影響がきわめて小さいと判断される)	61 件
	総計	1,841 件

(括弧内は内数)

出所：防衛装備の海外移転の許可の状況に関する年次報告書 (平成27年10月) 経済産業省　<http://www.meti.go.jp/press/2015/10/20151015007/20151015007-3.pdf>

　さらに防衛装備移転三原則の制定以降、本原則に基づいて国家安全保障会議で移転を認め得るとされた個別案件の許可件数は1件とされており、それはわが国から英国へのシーカー (目標追尾装置) に関する技術情報の移転である[7]。これら海外移転の中でいわゆる武器輸出に該当するものは、ペトリオットPAC‐2ミサイルのシーカージャイロであると思われる[8]。「わが国から米国のライセンス元への移転」として取り扱われており、この1件のみが実際の武器のための部品輸出となる。その後、平成27年度にはイージス・システムの製造等に係る国内企業の参画に伴って必要となる「イージス艦用ディスプレイシステムのソフトウェアおよび部品 (関連する技術情報を含む)」が許可されている[9]。このような現状から判断すると、武器輸出が本格的に始まっているとは言い難い。

　製造移転を伴わない完成品の移転は比較的単純であろうが、運用・整備の支援を伴うことになる。製造移転を行う場合はもっと複雑であり、大規模となり、今まで日本が経験してきたライセンス生産に該当する。また、その提供に伴い数十年に渡る維持・支援を求められることになろう。

−55−

技術移転の実行とは具体的に何を行うことなのかを整理してみる。一般の民生品の技術移転の場合は、海外に工場を作り、製造技術の移転を行い、そこで生産をしている。つまり、わが国は民間事業において製造技術の移転を経験している。他方、防衛装備システムの場合は、提供側の経験はないが、Ｆ‐86戦闘機のライセンス生産以来60年にわたるライセンス供与を受けた経験があり、移転先からどのような情報を入手すれば製造技術移転ができるかの経験を有している。ライセンス生産供与とは製造技術の移転であり、設計ノウハウの移転ではないことは認識しておく必要がある。

　技術の移転を受けて製造を行うためにはライセンサ（技術移転のライセンスを与える側）の工場でどのように製造しているかを学ぶ必要がある。単純に図面・スペックを受け取れば製造できるというものではない。回路図どおり作っても動作せず、実体配線図によって同じように作らないと機能しないというようなことも経験している。その技術を学ぶためには専門の技術者を派遣し、トレーニングを受ける。システムの規模にもよるが、延べ何百人という人員を派遣する必要がでてくる。システム、機能の説明（座学）、現場実習、組立て実習、機能試験実習、ソフトウェアトレーニングなどが含まれる。これらのトレーニングを受けた技術者が帰国し、工場で生産ラインを作り、製造を行うことになる。

　ライセンシ（技術移転のライセンスを受ける側）の工場はライセンサの工場と環境条件、レイアウト、作業員などが異なるので、ライセンサからの技術支援（テクニカルアシスタンス）も必要となる。設計技術者、現場技術者、作業者が長期（permanent）と短期（temporary）の技術駐在員として来日し、工程の確立、トラブル対策を支援する。このような技術支援者は延べ数百人の規模となり、各社の各工場に派遣される。

　細かいことであるが、日本の場合、航空機製造においては例外的にヤード（インチ）・ポンドの使用が認められているが、それ以外はメートル法を使うことになっている。よって、米国からの図面の場合はすべてインチ・ミリ換算を行い、入手した図面をメートル法適用の図面として発行しなければならないという手間もかかるのである。

焦点4　防衛装備庁の誕生と進まぬ武器輸出

　さらに新規システムの導入に当たって官側（自衛隊）は別途運用訓練を受講しているのは言うまでもない。

防衛装備移転の諸課題
課題1：防衛技術情報流出防止の方策
　防衛技術は最先端技術であり、その技術の優位性により、軍事力（武器システム）の優位性を確保するのである。それがひいては抑止力の向上となる。その観点でも技術流出の防止は重要な意味を持つ。技術の流出を防ぐために何段階かの方法が考えられる。

　第一には非供与、つまり技術を提供しない、装備品を提供しないことである。これが一番確実に思えるかもしれないが、供与をしなければ技術優位が確保されるというものでもあるまい。時々、わが国の技術は唯一無二で最先端であるので、その技術を出してはならないという論がなされるが、本当にそうだろうか。そうであれば外国装備品の導入などありえないではないか。

　第二には供与の場合である。技術的に先行している場合には何年かのアドバンテージ（技術的優位性）を確保すべきである。米国は軍事能力の優位性を確保するために、何年間かのリードを確保するために最新技術の輸出をコントロールしている。日本も時間ファクタを考える段階にきたのであろう。

　提供先（輸出先）に目的外使用の禁止、第三国移転の禁止を求め、文書により協定を結ぶ、すなわち、取極めによる技術流出防止も必要である。しかしながら、これは相手国との信頼関係に依存するが、リバースエンジニアリング（reverse engineering、分解、動作観察等により動作原理や設計仕様などを分析する）を行い、我が方に分からないように技術を解読するかもしれないのである。あるいは似たようなものを作ることも考えられる。このような取り決めと並行して技術的に解読・模倣できない方法、すなわちアンチタンパー（Anti - Tamper）という技術による防止策を考えなければならない。その一つの方法としてブラックボックス化がある[10]。ここで言うブラックボックスとは「技術流出を防ぐため、外部の人間に技術を模倣されたり、性能を分析されないために意図的に装置の内部を見る

－57－

ことができないようにした物」のことを言っており、航空機に搭載されているフライトレコーダのみを指したものではない。フライトレコーダも事故が起きたときの検証を正しく行うため、勝手にデータの改ざんが行われないようにするという意味でブラックボックスと呼ばれている。ブラックボックス化を行う場合、その対象はソフトウェア・ハードウェア・材料、システム、製造設備など多岐に渡る。

これまでわが国では「要求元＝ユーザ」であり、米国との共同開発を除き、防衛装備およびその技術について外国への供与（輸出）を行ってこなかったので、一部暗号分野を除きブラックボックス化について考える必要がなかった。防衛技術の流出防止についても思考停止状態だったのである。

ブラックボックス化を行うためには本来の開発設計にプラスしてブラックボックス化の設計、開発、検証を行わなければならない。その場合、その開発費用は誰が負担するのかが問題になる。国産開発装備品にブラックボックス化を適用する場合、輸出しなければ必要ない機能とも考えられるので、要求する根拠から考えなければならない。防衛省は輸出のために必要であるのだから、民間がその開発費用を負担すべきであるということを言うかもしれない。そうなれば防衛関連企業は輸出しませんということで一件落着、つまり、輸出をしないことの理由になり、それ以上の発展は望めない。防衛装備品の輸出は単なる民間ビジネスではなく、防衛装備移転三原則が示しているようにわが国の安全保障のため、あくまでも国家として輸出するべきかどうかということである。そのためにブラックボックス化を含めた必要な方策を採ることを考える必要がある。その前提として供与する技術の選定手法、基準を確立しておかなければならないのは言うまでもない。つまり、ブラックボックス化技術の確立とその費用負担の明確化が必要である。

課題2：オーストラリア潜水艦受注競争の教訓

2016 年 4 月 26 日、オーストラリア政府は将来潜水艦 12 隻の共同開発相手としてフランス DCNS 社を選定したと発表した。オーストラリア潜水艦への提案活動について、昨年（2015 年）春頃、わが国はかなり出遅れた感があったが、政府主導で徐々に盛り返し積極的な提案を行ってきたと報じられている。日本の潜

焦点4　防衛装備庁の誕生と進まぬ武器輸出

水艦の提案に対して、中国はオーストラリアが日本の潜水艦を導入することを牽制しており、競争相手であるドイツもオーストラリアが日本の潜水艦を導入すると中国が嫌がるだろうと言っている[11]。それはオーストラリアが日本の潜水艦を導入することにより抑止効果が増すということを意味しており、相手側がそのように認めているのである。オーストラリアのシンクタンクであるオーストラリア戦略政策研究所（Australian Strategic Policy Institute: ASPI）はオーストラリアの将来潜水艦について研究を行い慎重な表現ながらも Option - J と呼ぶ日本の潜水艦を導入することがアジア・太平洋地域における日豪安全保障関係にとって有効と結論づけていた[12]。

　わが国において最新技術がオーストラリアに流出することを心配する向きもあるが技術は常に競争状態であり、技術を輸出しなければそれで安心というものでもない。要は何年間アドバンテージを確保できるかということである。日本はライセンス生産を通じて米国の技術を導入しさらにそれをベースに国内の産業基盤を発展させてきた。オーストラリアが要求していたのもそれと同じことではなかろうか。むしろ日本にとってのメリットは日本の技術をベースに新しい潜水艦を開発する大きな機会と考えるべきであった。しかも日本の予算で、日米共同でF‐2戦闘機を開発した時と同じように、今度はオーストラリアの予算で新しい潜水艦を開発できる貴重な機会であった。結果は日本が選ばれず、わが国はその機会を逃したのであるが、他流試合こそが技術を磨く機会ではなかったのかと思う。

　今回受注できなかったことは産みの苦しみと言えるかもしれない。選定されなかった理由は何なのか、何が足りなかったのかなど「戦訓」をまとめ今後の教訓とすべきである。

課題3：今後の武器輸出の可能性

　今後の武器輸出の可能性について考えてみると自衛隊がこれから廃棄することになっているが、まだ他諸国が使いたいと考えられる装備がある。例えばP‐3C対潜哨戒機であり、部品取りのためにF‐4戦闘機も候補になるかもしれない。これらの装備品は、元々米国製であるので米国の許可が必要であるが、まだ現

−59−

役で使用可能な機体である。現在の所有者は自衛隊であることを考えると米国の FMS のようなやり方を考える必要があろう。

課題4：装備品移転に係る考え方の転換

　従来、わが国は、武器輸出三原則の対象でないにもかかわらず民生品やデュアルユース品を直接外国の軍隊へ輸出することをためらってきたのではないだろうか。これらは、元々、武器輸出三原則に抵触しなかったものである。新しい防衛装備移転三原則によりそのメンタリティーを変えることも防衛装備移転に関するためらいを払拭する意味で重要であろう。

課題5：機密情報管理体制の構築

　防衛装備移転に関する重要な事項として、防衛装備移転後の移転先での適正管理は、日本国内で移転前に防衛装備関連情報が適正に管理されていることが前提であると指摘されているように[13]、わが国としての機密情報の管理を適正に行うことが求められる。米国において機密情報管理は国防保全局（Defense Security Service: DSS）が一元的に行っており、各国も同様なレベルの管理が行われている。わが国の場合、防衛省は防衛機密に関しての管理は行っているが、政府横断的な管理を行っているとは言い難い。また防衛関連企業においても防衛省との契約以外で関与する情報の管理については各企業独自に任されているのが実情であろう。

　日本には DSS に相当する機関がなく、所掌上は防衛装備庁が最も近似していると指摘されている[14]。今後、防衛装備移転を行っていくためにはわが国においても政府横断的に管理する DSS のような組織が必要となり、すべての行政府に提供される国家産業保全計画（National Industrial Security Program: NISP）が必要となろう[15]。具体的には、国家産業保全マニュアル（NISP Operating Manual: NISPOM）を整備し、各産業に適用し、その実効性を高めるための定期的な教育訓練も実施する必要がある。技術情報流出を心配するのは当然であるが、まずは自らの技術情報管理体制の構築が求められている。国家としての

焦点4　防衛装備庁の誕生と進まぬ武器輸出

機密情報管理は防衛装備分野で国際協力を進めていくにはファンダメンタルな機能である。新しい防衛装備移転三原則の政策が発表されてから2年経過したが、防衛装備移転は緒についたばかりである。これからの実行形態が問われている。防衛産業の意識改革が必要であることはもちろんであるが、各国からの防衛に関する要求を知る上で、大使館に防衛協力情報収集担当官を置くことも考えるべきであろう。武器輸出、防衛研究開発に関して防衛装備庁の指導力が期待されるところである。

(1) 田村重信他編著、『防衛装備庁と装備政策の解説』、内外出版、(2016年)、115頁。

(2) The South China Morning Post, March 10, 2016. <http://www.scmp.com/news/china/policies-politics/article/1922893/china-should-copy-americas-darpa-create-cutting-edge>（アクセス日：2016年4月1日、以下アクセス日同じ）

(3) <http://www.defenseinnovationmarketplace.mil/index.html>

(4) TRL: Technology Readiness Level. 技術成熟度は、1～9の段階で示される。

(5) 著者によるDIUx訪問時の聴取（2016年5月6日）。

(6) The Defense News, March 18, 2016. <http://www.defensenews.com/story/defense/innovation/2016/03/18/diux-silicon-valley-pentagon-first-contracts-coming-next-few-weeks-welby/81928712/>

(7) 「英国との共同研究のためのシーカーに関する技術情報の移転について」（平成26年7月17日）<http://www.meti.go.jp/press/2014/07/20140717002/20140717002-B.pdf>

(8) 「ペトリオットPAC-2の部品（シーカージャイロ）の米国への移転について」（平成26年7月17日）<http://www.meti.go.jp/press/2014/07/20140717002/20140717002-a.pdf>

(9) 「イージス・システムに係るソフトウェア及び部品等の米国への移転について」（平成27年7月23日）<http://www.meti.go.jp/press/2015/07/20150723001/20150723001-1.pdf>

(10) ブラックボックス化の手法は、以下のように分類できる。①非開示：技術の詳細情報を提供しない、②一部削除：機微な部分は削除して提供、③カスタマイズ化：要求側に合わせ変更、④無効・消去：時限により無効化、⑤違法解読の場合消去、⑥誤作動・消去：違法解読の場合誤作動または消去、⑦破壊：違法分解などは自己破壊。森本敏編著、『防衛産業とその将来「防衛装備庁」』、海竜社、(2015年)、189頁、「図表5-1 ブラックボックス化の方法と事例」。

(11) "German submarine-maker warns Australia against choosing Japan", The Japan Times, Mar 17, 2016. <http://www.japantimes.co.jp/news/2016/03/17/national/politics-diplomacy/german-submarine-maker-warns-australia-choosing-japan/#.Vx3J1nlJmUk>

(12) <https://www.aspi.org.au/publications/japan-versus-europe>

(13) 森本正崇、「防衛装備の海外移転判断」CISTEC ジャーナル、No.162、(2016 年 3 月)、30 頁。

(14) 同上。

(15) NISPOM DoD 5220.22-M <http://www.dss.mil/documents/odaa/nispom2006-5220.pdf>

第 2 部

アジアの安全保障環境

（2015 年 4 月～ 2016 年 3 月）

第1章　日　本

概　観

　2015 年の日本経済は、2014 年 4 月の消費税増税を機に、民間消費が大きく落ち込んだまま回復が進まず、内需の弱さが露呈した。民間投資、輸出の回復も緩慢だった。GDP 成長率は、政府の予測が 1.2％増であったのに対し、0.8％増に終わった。アベノミクスは「第二ステージ」に移り、「一億総活躍社会」を目指すために、強い経済と、子育て支援、社会保障の充実で、GDP600 兆円を目指すこととなった。この間、安倍政権と自公連立政権は、平和安全保障法制への反対から一時支持率を下げたものの、安定した基盤を維持した。維新の党の分裂により、一部が民主党と合流して民進党を設立したが、幅広い支持を得ることはできなかった。

　安全保障では、戦後 70 年の総括と平和安全保障法制の制定が大きな課題となった。安倍首相は 4 月のバンドン会議と米議会での演説、そして 8 月の戦後 70 年談話で日本が先の大戦への「痛切な反省と心からのおわび」を表明した歴代内閣の立場は揺るぎないと強調する一方、積極的平和主義に基づく未来志向のメッセージを発し、歴史を総括した。平和安全保障法制は、厳格な三要件が満たされた場合に集団的自衛権の限定行使を認めるなど、内容が複雑で、国民の理解を十分に得ることはできなかった。平和安全保障法制の整備と平行して進められた日米防衛協力のための指針の改定と、それに基づく同盟調整メカニズムの設置により、日米同盟はさらに強化されることになった。普天間飛行場の移設問題は、日本政府と沖縄県の間の法廷闘争に持ち込まれ、和解案が受け入れられたものの、両者の対立は続くことになった。首相官邸屋上で小型無人機「ドローン」が見つかったことをきっかけに、ドローン規制が進んだ。サイバー攻撃により、日本年金機構が 125 万人分の個人情報を流出した事案があり、政府はインターネット空間の安全確保に向けた新たな指針となるセイバーセキュリティ戦略を策定した。

　外交では、日中間で足踏み状態が続き、首脳会談などハイレベルの交流は増えたものの、東シナ海における中国の現状変更行動は続き、日本は中国が南シナ海で人工島を建設していることにも懸念を募らせた。日韓では、懸念となっていた慰安婦問題で合意がなされ、この問題が「最終的かつ不可逆的に」解決されることになった。核ミサイル実験を強行した北朝鮮に対しては、日本は国際社会と連携するとともに、独自の制裁を科した。南シナ海問題では、フィリピンとの関係を強化し、防衛装備品の移転に関する協議や、共同訓練などが行われた。軍縮・不拡散に関し、日本は国際会議の場を通じて、世界の指導者に被爆地を訪問することを要請する宣言を主導した。欧米との関係を改善したキューバとイランとの間でも、経済協力を中心に関係を強化するための交流が深められた。

—64—

経済・内政

足踏みが続く日本経済

　2015年4‐6月期の実質GDPは、1‐3月期と比べて0.4%減で、3四半期ぶりのマイナス成長となった。企業の設備投資が引き上げられ、7‐9月期の実質GDPは前期比0.3%増で、プラスに転じた。だが、10‐12月期は前期比0.3%減で再びマイナス成長となり、景気の先行きに不透明感が強まった。2016年1‐3月期は、前期比0.4%と限りなくゼロ成長に近かった。2015年度のGDP成長率は、政府の予測が1.2%増であったのに対し、0.8%増に終わった。GDPを大きく押し下げた要因は、個人消費の不振で、住宅投資もマイナスに転じた。

　4月に、東京株式市場で日経平均株価は一時、15年ぶりに2万円の大台を回復した。6月には、一時2万952円まで上昇し、2000年4月12日につけたITバブル時の最高値（2万833円）を超えた。2016年が明けると、中国の株安を受けて日経平均株価の終値が、算出を始めた1950年以降で初めて、年始から6営業日続けて値下がり、日経平均の終値が約1年3カ月ぶりの安値水準となる1万6,017円をつけた。2月には約1年4カ月ぶりに1万5,000円を下回った。

　2015年のドル円相場は、120円の円安水準で推移した。6月に日本銀行の黒田東彦総裁が円安を牽制する発言をしたため、126円を超えることはなかった。8月には中国の3日連続での元切り下げと、それに続く上海市場株価急落による中国ショック、世界同時株安により一時116円台をつける大暴落となった。2016年2月に入り、米国景気への懸念と中国経済への懸念などから、株安とともに円高が加速し、2月は115円台、3月は113円台で推移した。

　2015年の貿易収支は、2兆8,322億円の赤字で、原油安によって赤字額は2014年の12兆8,160億円から大幅に縮小した。赤字額の縮小は東日本大震災以降で初であった。

　2015年に日本を訪れた外国人旅行者は、前年より47.1%多い推計1,973万7,400人に達し、消費額が3兆4,771億円であった。人数、消費額ともに過去最高だった2014年(約2兆円)を大幅に上回った。中国からの訪日旅行者数は約499万人で、

—65—

初めて 200 万人を突破した前年の約 241 万人に引き続き過去最高を記録した。

アベノミクス「第二ステージ」

　安倍首相は 9 月にアベノミクスは「第二ステージ」に移ると表明し、50 年後も人口 1 億人を維持し、若者や高齢者、障害者など国民一人ひとりが生きがいを持って活躍できる全員参加型の「一億総活躍社会」を目指すために、「希望を生み出す強い経済」、「夢をつむぐ子育て支援」、「安心に繋がる社会保障」を「新・三本の矢」と位置づけた。アベノミクスは大胆な金融緩和、機動的な財政政策、成長戦略からなる三本の矢で始まった。日銀による金融緩和で円安・株高は実現したが、成長戦略や人口減など構造問題への対処が不十分との指摘も多かった。衣替えした「新三本の矢」は、強い経済、出生率 1.8 の子育て支援、介護離職ゼロという社会保障の充実で、GDP600 兆円を目指す内容となった。

　「一億総活躍社会」は、「持続的成長と分配の好循環」、つまり経済成長を実現し、増えた税収を子育てや非正規労働の支援に充て、出生率を高めるため不妊治療などの少子化対策も手厚くし、社会基盤が強化されることで労働参加率が高まり、さらなる成長に繋がることを目指している。第 1 弾として働きやすい環境を整えて女性や高齢者らの就労を促すため、「同一労働同一賃金」の実現や長時間労働の改善が柱にすえられ、2016 年に春に「ニッポン一億総活躍プラン」を策定する方針であることが表明された。10 月の内閣改造ではその司令塔役として一億総活躍相を新設し、加藤勝信官房副長官が就任した。

　安倍首相は 2017 年 4 月の消費税率 10％への引き上げは「リーマン・ショックのようなことが起こらない限り、予定通り行っていくことに変わりない」との考えを維持した。9 月、消費税率引き上げ時の負担緩和策で、財務省が「酒類を除く飲食料品」（外食を含む）の増税分に見合う金額を後で給付する案を正式に自民、公明両党に提示したが、公明党が求める軽減税率の導入を事実上否定するもので、与党内から異論が出た。12 月、自民党と公明党は、将来的な消費税 10％の増税時に導入する食品の軽減税率（8％）の対象品目について「酒類と外食を除く飲食料品全般」とすることで正式合意したことを発表した。その後、戸別配達される新聞も対象になった。財源は 1 兆円規模とされ、2 月に政府は消費税の

軽減税率制度の創設を柱とする 2016 年度税制改正の関連法案を決定した。

10月に日本銀行は、景気や物価の見通しを示す「経済・物価情勢の展望」で、物価上昇率が目標の2%に達する時期が、これまでより半年程度遅い「2016年度後半頃」にずれ込むとの見通しを示した。2016年1月には、日本銀行は1年3カ月ぶりの追加金融緩和策として、民間銀行が日銀に新たに預ける資金に年0.1%の手数料を課す「マイナス金利」の導入を初めて決定した。2月16日から適用され、長期金利の代表的な指標となる新発10年物国債の利回りが一時、年マイナス0.075%まで低下し、過去最低を更新した。

野党の迷走

2015年8月に維新の党の橋下徹最高顧問と松井一郎顧問（大阪府知事）が離党し、地域政党・大阪維新の会を新党として国政政党に衣替えする考えを表明した。10月、維新の党は、橋下大阪市長が結成する国政政党「おおさか維新の会」に参加する片山虎之助参院会長ら国会議員9人と、地方議員ら153人も除籍処分にした。除籍処分とされた大阪系国会議員らは、「臨時党大会」とする会合を開き、「解党」を決めた。

12月に開かれた維新の党の代表選では、野党の結集を優先する松野頼久代表が党の政策の実現を優先する小野次郎総務会長を大差で破り、再選を果たした。その後、民主党の岡田克也代表と維新の党の松野代表の間で両党が合流することで正式に合意した。新党の党名については民主側が「立憲民主党」、維新側が「民進党」を主張したため、両党が世論調査を行った上で、支持の高かった「民進党」で決着した。

2016年3月、民進党は結党大会を開き、正式に旗揚げした。参加議員は156人（衆院96人、参院60人）であった。新党の綱領には、「自由と民主主義に立脚した立憲主義を断固守る」ことと、「専守防衛を前提に、外交安全保障で現実主義を貫く」と明記された。「生活者」「働く者」の立場で、多様性のある「共生社会」を目指すとする民主党の立場を堅持する一方、維新の党がこれまで重視していた「行財政改革、政治改革、地域主権改革」も、党綱領に盛り込まれた。原子力発電に対する姿勢は、「原発に頼らない社会を目指す」とし、経済政策で

は維新が主張する「規制改革」と民主の「格差是正」が併記された。憲法改正
については「新しい人権や地域主権改革など時代の変化に対応した、未来志向
の憲法を構想」するとされた。共同通信社の世論調査では、民進党について「期
待しない」との回答は67.8％で、「期待する」の26.1％を大きく上回った。

　他方、自民党は安定的な基盤を維持した。2015年4月に実施された10道県
知事選や5政令市長選など第18回統一地方選では、与党と民主党などとの対決
となった北海道と大分県の知事選はともに与党系が制した。41道府県議選では、
自民党が1991年の統一地方選以来となる総定数の過半数を獲得した。

　9月には、自民党総裁選で野田聖子前総務会長が立候補に必要な20人の推
薦人を確保できずに断念し、2001年の小泉首相の再選以来14年ぶりに安倍首
相が無投票で再選された。任期は2018年9月までの3年間である。10月には、
第三次安倍改造内閣が発足し、安倍首相は改造内閣を「未来へ挑戦する内閣」
と位置づけた。11月、読売新聞社が行った全国世論調査で安倍内閣の支持率
は51％で、6月調査以来5カ月ぶりに5割台となった。不支持率は38％であった。

再稼働する原発

　2015年7月に、九州電力が川内原発1号機に核燃料計157体を装填する作業
を開始し、8月に再稼働させた。再稼働に必要な原子力規制委員会の新規制基
準のもとで初の再稼働となった。2013年9月に関西電力大飯原発（福井県）が
定期検査のために停止して以来、1年11カ月ぶりに「原発ゼロ」の状況が解消し
た。川内2号機も10月に再稼働した。

　2015年12月、関西電力高浜原発3、4号機（福井県高浜町）の再稼働を差し
止めた仮処分の保全異議審で、福井地裁は関電の異議を認め、仮処分を取り消
す決定をした。これを受け、関西電力は2016年1月に高浜原発3号機を再稼
働させた。新規制基準の施行後、プルトニウム・ウラン混合酸化物（MOX）燃
料を使うプルサーマル発電では初の再稼働となった。しかし、3月に大津地裁は、
高浜原発3、4号機の運転を差し止める仮処分を決定したため、関電は3号機
の運転を停止した。司法判断による運転中の原発停止は初であった。

　5月に原子力規制委員会四国電力伊方原子力発電所3号機の安全対策が新規

制基準を満たしたとする「審査書案」を了承した。また、2016 年 2 月には高浜原発 1、2 号機の安全審査で「審査書案」を了承した。運転開始から 40 年超の原発の審査書案了承は初めてであった。

選挙制度改革

　2015 年 5 月、選挙権年齢を「20 歳以上」から「18 歳以上」に引き下げる改正公職選挙法が、参院本会議で全会一致で可決、成立した。選挙権年齢引き下げは、1945 年以来 70 年ぶりで、2016 年夏の参院選から適用される。7 月、参議院「1 票の格差」是正に向けた選挙制度改革をめぐり、「鳥取と島根」「徳島と高知」の各選挙区を統合する「2 合区」を柱とした「10 増 10 減」の改正公職選挙法が賛成多数で可決、成立した。都道府県単位の選挙区統合は、参院創設以来初であった。

　2016 年 1 月に衆院議長の諮問機関「衆院選挙制度に関する調査会」（座長＝佐々木毅・元東大学長）は、衆院定数を現行の 475（小選挙区 295、比例選 180）から 10（小選挙区 6、比例選 4）削減して、戦後最少の 465 とする答申を大島理森衆院議長に提出した。2 月、大島衆院議長が衆院選挙制度改革をめぐり与野党代表者から見解を聴取し、9 党が議員定数の 10 削減を受け入れる方針を示したが一本化はならなかった。自公案は 2015 年簡易国勢調査の結果を基に小選挙区を「0 増 6 減」、比例代表を「0 増 4 減」とする一方、人口比をより反映しやすい「アダムズ方式」による議席配分を 2020 年の国勢調査に基づき導入するとした。

外交・安全保障

戦後70年の総括

　2015 年 4 月に、安倍首相は反植民地主義を誓ったアジア・アフリカ会議（バンドン会議）60 周年記念首脳会議で演説し、先の大戦への「深い反省」を表明、同会議 50 周年記念会議で当時の小泉純一郎首相が明言した「植民地支配と侵略」と「痛切なる反省と心からのお詫びの気持ち」には言及せず、アジア・アフリカ地域を「成長のパートナー」と位置づけ、過去より未来志向を前面に出す姿勢を鮮明にした。

－69－

同月、安倍首相は日本の首相として初めて、米議会の上下両院合同会議で演説し、第二次世界大戦への「痛切な反省」も表明し、歴代首相の歴史認識を継承していると強調した。また、日米同盟を「希望の同盟」と位置づけ、世界の安定や繁栄に貢献する決意を示し、国際法の順守や紛争の平和的解決、環太平洋パートナーシップ協定（TPP）の早期妥結の重要性を訴えた。韓国外務省は、安倍首相の米議会演説に「正しい歴史認識」や「心からのおわび」がなく「きわめて遺憾」とする報道官声明を発表、中国外交部も村山談話を継承すべきだとの従来の立場を強調した。

　8月、安倍首相の戦後70年談話に関して、首相の私的諮問機関「21世紀構想懇談会」の西室泰三座長が首相に報告書を提出し、先の大戦での日本の行為を「侵略」「植民地支配」と明記する一方、戦後50年の村山談話が記述した「おわび」を盛り込む必要性には触れなかった。これを受け、安倍首相は14日に談話を発表し、日本が先の大戦への「痛切な反省と心からのおわび」を表明した歴代内閣の立場は揺るぎないと強調する一方、「謝罪を続ける宿命」を次世代に背負わせない考えを表明した。その上で、積極的平和主義に基づき、「世界の平和と繁栄にこれまで以上に貢献していく」と決意を示し、女性の人権問題で世界をリードする姿勢なども強調した。

　朴槿恵韓国大統領は、安倍首相の戦後70年談話に触れ、「残念な部分が少なくない」とする一方、歴代内閣の立場を受け継ぐとしたことに「注目する」とも述べ、一定の評価をした。習近平中国国家主席は、「抗日戦争と世界反ファシズム戦争勝利70周年」の記念行事の場で、戦後世代の日本人に「正しい歴史観」を持つよう要求し、安倍首相の戦後70年談話を暗に批判した。また、習主席は国連総会で「中国人民は3,500万人の死傷者を出しながら世界の反ファシズム戦争勝利に大きな貢献をした」と述べ、第二次世界大戦における日本への「戦勝国」の立場を誇示した。

　8月15日には、政府主催の全国戦没者追悼式が開かれ、戦没者遺族約5,300人や各界代表が参列し、天皇陛下は「先の大戦に対する深い反省」に言及された。これに先立って、天皇、皇后両陛下は4月に、歴代天皇として初めてパラオを訪問され、太平洋戦争激戦地のペリリュー島で日米双方の慰霊碑で戦争によるすべ

ての犠牲者を追悼された。2016年1月には、天皇、皇后両陛下がフィリピンを公式訪問され、大統領主催の晩餐会で太平洋戦争中のフィリピンの被害を「深く心に置く」と挨拶され、日本政府が建てた「比島戦没者の碑」（ラグナ州カリラヤ）でも戦没者を追悼された。

平和安全保障法制の成立

　2015年5月に、政府は臨時閣議で、歴代政権が憲法9条下で禁じてきた集団的自衛権行使の限定行使と、自衛隊の海外活動拡大を図る新たな安全保障関連法案を決定した。この平和安全保障法案は、有事から平時まで幅広く網羅し、自衛隊が様々な事態に切れ目なく対応できるようにするもので、自衛隊法や武力攻撃事態法など10法の改正案を束ねた「平和安全法制整備法案」と、国際紛争に対処する他国軍の後方支援のため、自衛隊の海外派遣を随時可能にする新法案「国際平和支援法案」の2本にまとめられた。法案は7月に衆院を通過し、9月に参院で自民、公明両党などの賛成多数で可決、成立し、2016年3月に施行された。

　法案には集団的自衛権の行使について、①日本の存立を脅かす明白な危険がある、②他に適当な手段がない、③必要最小限度の実力行使に留めるという新三要件が明記され、これらに該当する「存立危機事態」の場合、集団的自衛権の行使が可能になった。安倍首相は「厳格な歯止めを定めた。きわめて限定的に行使する」ことを強調した。政府は他国に手の内を見せないため、具体的な事例を挙げるのを避け、審議で示したケースは、朝鮮半島有事の際、弾道ミサイル防衛や邦人輸送にあたる米艦が攻撃されたときの防護と、日本の石油タンカーの多くが通過する中東・ホルムズ海峡での機雷掃海の2例に絞った。

　これまでの「周辺事態法」では、対象となる事態が朝鮮半島有事や台湾海峡有事など日本周辺に限られるという事実上の地理的制約が存在していた。平和安保法制では「重要影響事態法」に名前が変わり、地理的な制約を外したため、中国と周辺国の対立が激化している南シナ海なども想定されることになった。「周辺事態法」では日本の領域内に制限されていた米軍への後方支援も地理的な制約が外され、米国以外の軍への支援も可能となった。支援内容も拡充され、弾

薬の補給や戦闘準備中の航空機への給油も認められた。

　これまでの「PKO協力法」は、国連が統括するPKO活動に限られ、自衛隊員の武器使用は、正当防衛などに限られてきた。今回の改正案では、国連統括型以外の国際平和活動も対象となり、離れた場所で襲われた他国の部隊や国連職員を助けに行く「駆けつけ警護」や、安全確保業務、司令部業務も可能となった。武器使用基準も緩和され、要員の生命防護のために認められた武器使用（自己保存型）に加え、新たに任務遂行型の武器使用も可能となった。ただし、停戦合意や紛争当事者のPKO受け入れ同意など、PKO参加5原則は維持された。安倍首相は、安全保障関連法施行後に南スーダンに派遣しているPKOに関し「駆け付け警護」など任務拡大を検討すると述べた。

　他国軍への後方支援はこれまで、例えば2003年のイラク戦争の時のように、個別に特別措置法を制定してきた。「国際平和支援法」は、国連決議に基づく国際平和共同対処事態で、他国軍の後方支援のために自衛隊を随時派遣できるようになった。特措法では活動範囲を活動期間を通じて戦闘が起きない「非戦闘地域」としていたが、新法では「現に戦闘行為を行っている現場以外」に広げた。ただし、防衛大臣が「実施区域」を指定したうえで、安全な活動の実施が困難になった場合は、活動を中断するとした。

　文民統制の観点から、自衛隊の派遣に関しては国会の承認が義務づけられた。存立危機事態と重要影響事態では、原則事前承認が必要となり、緊急時は事後承認も認められた。国際平和共同対処事態では、国会の事前承認が例外なく義務付けられた一方、7日以内に議決する努力義務規定も盛り込まれた。

　その他、在外邦人等の保護のための自衛隊の派遣については、当該国が自衛隊受け入れに同意し、保護地域が当該国当局によって治安を維持し、戦闘行為が行われていない場合に認められるようになった。武器使用基準については任務遂行型の武器使用が認められた。また、「船舶検査活動法」の改正により、重要影響事態および国際平和共同対処事態で行えるようになったが、実施に当たっては当該船舶の船長の同意が必要という要件は変わらなかった。

　また、平和安全保障法制の整備と平行して、政府は日本への武力攻撃に至らない「グレーゾーン」事態で、自衛隊に治安出動や海上警備行動を迅速に発令

できるよう電話閣議の導入を決めた。対象となるのは、①武装集団による離島への不法上陸、②公海上での日本の民間船舶への侵害行為、③国際法上の無害通航にあたらない外国艦船の日本領海内の航行の3事例とされた。

　政府は、平和安保法制の意義について、北朝鮮の核ミサイル開発や中国の海洋進出、国際テロの脅威など日本を取り巻く安全保障環境が悪化するのかで、「抑止力の向上と地域および国際社会の平和と安定にこれまで以上に積極的に貢献することを通じて、わが国の平和と安全を一層確かなものにするものであり、歴史的な重要性を持つもの」であると説明している。他方、新法制がきわめて複雑な構成になっているため、国民の十分な理解が得られず、反対の声が強まった。

　法案の審議が始まると、社民党がこれを「戦争法案」と呼び、審議が冒頭から止まる事態になった。新たな安保関連法案をめぐり首相が平和主義の堅持を強調したのに対し、民主党の岡田代表は平和憲法が揺らぐ懸念を指摘した。また、野党は自衛隊のリスクが高まることを指摘したが、中谷防衛相が「増大することはない」と断言した。6月には衆院憲法審査会が憲法学の専門家を招いて参考人質疑を実施、集団的自衛権行使を可能にする安全保障関連法案について3人の参考人全員が「憲法違反」との認識を表明し、政府が憲法に違反しないとする見解を文書で野党に提示した。

　国会の審議で焦点になったのは政府が挙げた集団的自衛権の限定行使が合憲である根拠であった。外国からの武力攻撃で日本人の権利が根底から覆されるなら必要最小限の自衛権行使を認めるとした1972年の政府見解の一部を使った。しかし、72年見解は結論部分で集団的自衛権の行使を禁じているため、野党側はその矛盾を追及した。政府は補強材料として「国の存立を全うするための自衛の措置は国家固有の権能」とした59年の最高裁判決(砂川判決)も挙げた。しかし、野党側は集団的自衛権行使とは関係がないと反論し、平行線をたどった。

　法案が7月に衆院で可決されると、野党は「強行採決」と反発し、安倍内閣の支持率は軒並み40％台前半に落ち込み、不支持率が過半数を超えた。国会議事堂周辺では労働組合や学生などが参加する反対デモが連日行われ、リズムに乗って「戦争反対、憲法守れ」と繰り返す学生グループ「SEALDs」の反対デモも話題になった。

日米防衛協力のための指針の改定

　日米両政府は、2015年4月に外務・防衛担当閣僚による日米安全保障協議委員会（2プラス）を開き、18年ぶりに日米防衛協力の指針（ガイドライン）の改定に合意した。自衛隊と米軍の協力を地球規模に広げ、宇宙・サイバーといった新たな戦略的領域における同盟の協力など、平時から有事まで「切れ目のない」連携を打ち出すことが狙いで、平和安全保障法制の整備と平行して進められたため、集団的自衛権の限定行使などを前提に日米の役割分担が見直された。

　新ガイドラインでは、平時からの日米協力が拡大され、情報収集、警戒監視および偵察、海洋安全保障、訓練・演習、防空・ミサイル防衛、アセット防護後方支援などが盛り込まれた。アセット防護が認められたため、日本の防衛に資する活動を行っている米艦などを護衛することができるようになった。武力攻撃事態（日本有事）では、新たに島嶼防衛や領域横断的作戦（サイバー・宇宙含む）における協力が打ち出された。島嶼防衛では、自衛隊が主として上陸阻止、奪還作戦を行い、米軍が支援するとしている。重要影響事態では、後方支援、非戦闘員退避活動、避難民対応措置、海洋安全保障などにおける日米協力が含まれ、日本の領海外でも後方支援が行えるようになったことが特徴である。存立危機事態では、対機雷戦、対潜水艦戦など海上作戦を含む武力の行使が可能となった。

　また、同盟協力の実効性を確保するため、平時からグレーゾーン事態、有事まで常に情報・情勢認識の共有、政策・運用の調整、柔軟抑止措置（flexible deterrent option）の立案などを行う同盟調整メカニズム（ACM）の設置が決まった。これにより、日米両政府が政府一体となって同盟協力にとり組む体制が目指され、将来的にはグレーゾーン事態に一義的に対処する海上保安庁が関与することも想定される。11月には、日米両政府の局長級以下で校正される同盟調整グループがACMの中核として設置され、既存の日米合同印会、自衛隊と米軍の司令部レベルからなる共同運用調整所、および各自衛隊および米軍各軍間の調整所との総合調整と情報交換を行うことになった。

普天間飛行場移設問題

　2015年4月以降、安倍首相、菅義偉内閣官房長官、翁長雄志沖縄県知事の

−74−

間で、名護市辺野古への普天間飛行場移設問題に関する話し合いが断続的に行われたが、政府側が移設を普天間飛行場の危険性除去のための「唯一の解決策」として理解を求めたのに対し、翁長知事が辺野古移設阻止の意向を繰り返し、平行線が続いた。沖縄県議会は6月定例会最終日、本会議で埋め立て事業に伴う県外の土砂や石などの搬入を規制する条例を賛成多数で可決し、辺野古埋め立てに反対する翁長知事を側面支援した。7月には、辺野古沿岸部の埋め立てを承認した仲井眞弘多前知事の判断の是非を検証した沖縄県の有識者委員会が、埋め立て承認手続きに「法律的な瑕疵が認められる」と指摘する報告書を翁長知事に提出した。

8月には、政府が辺野古沿岸部の埋め立て関連工事を全面的に中断し、県との集中協議期間を1カ月行ったが、双方は立場を譲らないままであった。10月になると、国と沖縄県の対立が激化した。翁長知事が辺野古沿岸部の埋め立て承認を取り消すと、防衛省沖縄防衛局が行政不服審査法に基づき審査請求と効力停止を石井啓一国土交通相に申し立て、国交相が埋め立て承認取り消し処分の効力を停止すると発表するとともに、辺野古沿岸部で埋め立ての本体工事に着手した。また、政府は埋め立て承認取り消しを撤回させるため「代執行」の着手を閣議了解し、11月には、是正指示に従わないとして翁長知事を福岡高裁那覇支部に提訴した。これに対し、沖縄県は、翁長知事が埋め立て承認を取り消した処分について、効力を一時停止した国土交通相の決定取り消しを求める訴訟を那覇地裁に起こした。こうして、接点が見いだせないまま、政府と県は異例の法廷闘争に発展した。

2016年2月には、代執行訴訟で、福岡高裁那覇支部が国と沖縄県に「根本案」と「暫定案」という二つの和解案を示した。根本案は翁長知事に埋め立て承認取り消しの撤回を求め、国には移設後30年以内の辺野古返還か軍民共用使用を米国と交渉するよう促した。暫定案は、国が訴訟を取り下げて工事も中止し、県と再度協議するよう求めた。3月になって、国は法廷闘争が続く状況は好ましくないと判断し、暫定案を受け入れ、和解が成立した。一方で、再開される国と県の協議が決裂すれば再び裁判となるが、翁長知事はその判決には従う考えを示した。

再開された協議でも、沖縄県が普天間飛行場の5年以内の運用停止などを改

—75—

めて求め、政府が運用を停止するにはあくまで名護市辺野古沖への移設が進む事が必要だとの考えを示し、議論は平行線をたどった。他方、辺野古の埋め立て承認取り消しを撤回するよう求めた国土交通相による「是正の指示」について、翁長知事が取り消しを求めて審査を申し出たことを受け、3月に総務省に置かれた第三者機関「国地方係争処理委員会」が審査に入ることを決めた。

　沖縄の基地負担軽減は着実に進められた。9月に、岸田文雄外相がカーター米国防長官と、在日米軍基地内の環境調査を新たに実施可能にする「日米地域協定の環境補足協定」に署名し即日発効した。12月、日米両政府は、沖縄県の嘉手納基地以南の米軍施設・区域のうち、普天間飛行場東側や牧港（まきみなと）補給地区（浦添市）東側の一部について計画を前倒しして返還することなどで合意した。

　2016年1月に開かれた、米軍普天間飛行場を抱える沖縄県宜野湾市の市長選で、同飛行場の名護市辺野古への移設を進める政府・与党側が支援した現職の佐喜真淳氏が、移設に反対する翁長知事らの支援を受けた新人を破り、再選した。

防衛予算

　2016年3月、一般会計総額96兆7,218億円にのぼる2016年度予算が成立した。防衛予算は5兆541億円で、前年からは1.5%、740億円増となった。増額は4年連続で、辺野古移設を含む米軍再編経費が2015年度（1,426億円）から大幅に増え、2,000億円を突破した。離島防衛に関しては米軍の垂直離着陸輸送機「オスプレイ」4機、戦車並みの火力を備え高速移動できる機動戦闘車36両、水陸両用車AAV7を11両購入する。さらに、SH-60K哨戒ヘリコプターを17機、F-35ステルス戦闘機を6機、滞空型無人機「グローバルホーク」を3機調達する。自衛隊と米軍の一体運用をにらみ、米軍機にも対応する新型のKC-46A空中給油機の購入費も計上された。ミサイル防衛における日米連携に欠かせない米国製のE-2D早期警戒機も1機購入する。

　宮古島への陸上自衛隊警備部隊配備に向け、新駐屯地の用地取得と敷地造成費108億円が計上された。訓練場のほか地下指揮所やミサイル部隊の陣地、弾薬庫を整備する方針で、地対艦ミサイル（SSM）と地対空ミサイル（SAM）の配

備も検討しており、部隊は 700 - 800 人規模になる見込みである。2016 年 3 月に与那国島に配備された陸自沿岸監視部隊には、グラウンドや体育館などの施設整備費に 55 億円を確保した。一方、石垣島への陸自配備計画には予算がつけられなかった。

改正防衛省設置法が成立

2015 年 6 月、防衛省内局の事務規定の見直し、防衛装備品の研究開発から調達まで適正かつ効率的に遂行するための防衛装備庁新設などが盛り込まれた改正防衛省設置法が成立した。防衛省内局の事務規定の見直しにより、防衛官僚（背広組）と自衛官（制服組）がそれぞれ専門的見地から防衛大臣を補佐するものとされ、「文官統制」が撤廃された。

防衛装備の研究開発や調達、輸出を一元管理する防衛省の外局「防衛装備庁」は 10 月に発足し、渡辺秀明氏初代長官が就任した。陸海空自衛隊の各装備取得部門と、内部部局である経理装備局の装備グループ、技術研究本部、装備施設本部を統合して、防衛省内に分散していた装備品に関する機能を集約し、取得コストの削減に繋げる。人員は約 1,800 人で、うち約 400 人は自衛官で構成する。また装備庁は、2015 年に閣議決定された「防衛装備移転三原則」に基づき、国際協力などを目的とした装備品の輸出や共同開発も担う。一方、調達や輸出をめぐる権限が集中するため、汚職や腐敗の温床となる可能性が懸念されているため、防衛省は汚職防止策として装備庁内部に 20 人規模の監察担当者を設置するほか、外部からの監視体制を強化することになった。

質の高いインフラ投資

2015 年 5 月に、安倍首相が公的資金によるアジア向けインフラ投資を今後 5 年間で現状に比べ約 3 割増やすと表明し、5 年間の投資総額はアジア開発銀行（ADB）を通じた融資を含め約 1,100 億ドル（約 13 兆 3,000 億円）で、資本金 1,000 億ドル（約 12 兆円）の AIIB に対抗する形になった。9 月には、インフラシステム輸出等を官民一体となって進めていくために、外務省に「官民連携推進室」が設置された。

ドローン規制

2015年4月、首相官邸屋上で小型無人機「ドローン」が見つかり、機体に付けられた容器から微量の放射性セシウムが検出された。逮捕された男は、「反原発を訴えるため」と供述した。これを受け、9月に「ドローン」に代表される遠隔操作や自動操縦によって飛行できる無人航空機の飛行禁止空域や飛行方法などを定めた航空法が改正され、許可なしに住宅密集地や空港周辺の飛行が禁止された。2016年3月には、ドローンを首相官邸や原子力発電所、国会などの国の重要施設、外国公館の上空で無断で飛行させることを禁止する議員立法が成立した。

サイバーセキュリティ

2015年6月に、日本年金機構は職員のパソコンがウイルス感染し、年金受給者や加入者の氏名、基礎年金番号など個人情報が流出したと発表した。情報流出の実人数は約125万件と発表した。8月、内部調査委員会と第三者検証委員会がそれぞれ報告書を公表し、前者は機構のサイバー攻撃対策の不備を指摘、後者は監督する厚生労働省の対応も場当たり的と批判した。

9月に、政府がインターネット空間の安全確保に向けた新たな指針「サイバーセキュリティ戦略」を決定し、自由・公正で安全なサイバー空間の創出と発展を通じて、経済の持続的発展や国民の安全確保、国際社会の平和に繋げることを目標に掲げた。基本原則では情報の自由な流通やオープンかつ自律的なサイバー空間の確保に向けて、ルールや規範の導入・実践や政府機関・重要インフラ・企業・個人の主体的な連携を挙げ、サイバー攻撃など脅威に先手の打てる政策を展開するとした。また、サイバーセキュリティ・ビジネス環境の整備やセキュリティ人材育成の推進、技術開発と、諸外国との連携推進などの施策も盛り込まれた。

核軍縮・不拡散への取り組み

2015年5月に開かれた核拡散防止条約（NPT）再検討会議の主要3委員会がまとめた最終文書の作成過程で、日本が主張した世界の指導者らに広島、長崎の被爆地訪問を要請する部分が中国の反対を受けたため、日本は地名をはずして「被爆地訪問」の文言に譲歩したが、最終文書案には盛り込まれなかった。

第1章 日 本

8月、広島への原爆投下から70年目となる平和記念式典で、松井一実市長が核廃絶に取り組む姿勢を強調し、過去最多の100カ国の代表が出席した。安倍首相は挨拶で歴代首相が言及した「非核三原則」に触れなかったが、長崎市で開かれた原爆犠牲者慰霊平和祈念式典の挨拶では「非核三原則の堅持」を明言した。同月、日本で初開催された包括的核実験禁止条約（CTBT）賢人会議は、世界の政治指導者や市民社会に被爆地訪問を要請する「広島宣言」を採択した。

11月、国連総会第1委員会（軍縮）は、核兵器の使用禁止や廃絶のための法的枠組みづくりの努力を呼び掛ける決議案を賛成多数で採択した。決議案には「いかなる状況下でも核兵器が二度と使用されないことが人類の利益」との文面があり、唯一の被爆国として賛否が注目された日本は、米国の核の傘に依存する安全保障政策との整合性を考慮し、棄権に回った。他方、日本が107カ国の共同提案国を代表して提出し、世界の指導者や若者による被爆地訪問を促す核兵器廃絶決議案が採択された。日本主導の同種決議採択は22年連続だが、中国は「広島・長崎の悲劇は日本が始めた侵略戦争の必然的な結果だ」と歴史問題を取り上げて日本を激しく非難し、初めて反対票を投じた。昨年共同提案した米英は、核兵器の非人道性を訴える非保有国に態度を硬化させ棄権に回った。

2016年3月、各国が保有する核物質がテロなどに悪用されるのを防ぐため、米国が進める管理強化策に応えて、2014年の核セキュリティサミットで日米が返還に合意した研究用プルトニウムや高濃縮ウランを積んだ英国の輸送船が茨城県東海村の東海港を出航した。返還されたプルトニウムは冷戦期に英米仏が提供した331キロで、核兵器40・50発分に相当した。その後、ワシントンで行われた核セキュリティサミットで、安倍首相は核燃料の全量撤去を、日米で緊密に連携し完了したことを報告し、さらに高濃縮ウラン燃料の全量撤去を行うことを発表した。

テロ対策・難民支援

2015年5月に、1月に起こったイスラム過激派組織「イスラム国」（IS）による日本人人質事件の検証委員会がまとめた報告書が発表され、人質解放に向けた政府の判断や対応に「誤りがあったとは言えない」とした。犯行グループの要求に政府は直接対応せず、被害者家族が専門家に相談して交渉したことが明らか

になった。ただ「特定秘密」に当たる事柄が多く、情報公開は限定的であった。同報告書は、情報収集や分析の専門家の育成などを課題に挙げ、危険地域への渡航抑止のため「旅券返納命令の適用もありうる」とした。

12月、パリ同時多発テロを受け、政府が国際組織犯罪等・国際テロ対策推進本部の会合を開き、対テロ強化策として、在外公館による海外日本人への注意喚起の徹底のほか、原子力発電所など国内の重要設備の警戒・警備の強化、テロリストの入国や武器の流入を防ぐ水際対策などを打ち出した。また、海外のテロ情報の収集・分析にあたる20人規模の「国際テロ情報収集ユニット」を立ち上げ、中東などの在外公館に新たに約20人を配置し、情報収集にあたらせることを決定した。

シリア危機が長期化する中で発生している大量の難民問題に関して、9月の国連総会において安倍首相は、シリア・イラクの難民・国内避難民向けの支援として約8億1,000万米ドルの支援や、EU周辺国に対する約250万米ドルの人道支援を実施することを表明した。さらに11月には、EU周辺国に対する約270万米ドルの追加的な支援を表明した。また、2016年2月にロンドンで開催されたシリア危機に関する支援会合では、難民・国内避難民を抱えるシリア・イラクおよび周辺国に対する約3億5,000万米ドルの支援を表明した。

足踏み状態の日中関係

2015年4月のバンドン会議60周年行事の際に、安倍首相は習近平国家主席と約5カ月ぶりに2度目の会談を行い、日中関係の改善を図る方針を確認した。11月の日中韓サミットの際には、安倍首相は李克強国務院総理との間で初めての会談を行い、日中関係は改善の方向にあり、この勢いをさらに強めていくことが必要との認識で一致し、外相相互訪問の再開や、これを含むハイレベル交流の重要性を確認した。ただし、安倍首相が検討していた、「抗日戦争と世界反ファシズム戦争勝利記念日」に合わせた9月上旬の訪中は、歴史問題への懸念から見送られた。

6月には、財政当局による「日中財務対話」が、北京で3年2カ月ぶりに行われ、麻生太郎財務相が中国共産党序列7位の張高麗筆頭副首相（共産党政治局常

務委員）との間で、対話を通じた信頼関係の強化とアジアのインフラ整備を推進していくことで一致した。7 月、訪中した谷内正太郎国家安全保障局長が中国の楊潔篪国務委員（副首相級）、次いで李克強中国首相と会談し、両国関係を発展させるために首脳レベルの対話が重要との認識で一致した。8 月の ASEAN 関連外相会議、そして 11 月の日中韓サミットの機会に日中外相会談が開かれ、岸田外相と王毅外交部長の間で率直な意見交換を行った。11 月には、中谷元防衛相が常万全中国国防相とクアラルンプールで会談し、日中の偶発的な衝突を回避する防衛当局間の「海空連絡メカニズム」の早期運用開始で一致した。

　政治家同士の交流としては、5 月に訪中した日中友好議員連盟会長の高村正彦自民党副総裁が中国共産党序列 3 位の張徳江全国人民代表大会常務委員長と会談（北京）した。12 月には自民党の谷垣禎一、公明党の井上義久両幹事長が中国共産党幹部との「日中与党交流協議会」を 6 年ぶりに再開した。

　東シナ海においては、一方的な現状変更の試みが継続し、中国公船による尖閣諸島周辺における領海侵入は、2015 年度は前年度と同じ 34 回に及んだ。そのうえ、海警船の 3,000 トン級以上の大型船の割合が増え、12 月末以降は機関砲を搭載した海警船による領海侵入も繰り返し発生するようになった。11 月には、中国海軍情報収集艦が尖閣諸島南方の接続水域の外側で反復航行する事案も確認された。7 月、日本政府は日中間で共同開発の合意があるにもかかわらず、中国が東シナ海で一方的に新たなガス田開発を進めているとして、掘削関連施設の写真を公表し、日中中間線の中国側で新たに 12 基が建設され、既設の 4 基と合わせて計 16 基になったことを明らかにした。

　2015 年度における中国機に対する緊急発進回数は 571 回と、前年度の 464 回からさらに増加し、過去最高を記録した。5 月には、中国空軍機が初めて宮古海峡上空を通過し、2016 年 1 月には情報収集機や早期警戒機が対馬海峡上空を初めて通過するなど、活動を拡大させた。12 月末には、中国海軍の情報収集艦 1 隻が房総半島南東沖に位置する接続水域の外側を数回反復航行したのが確認された。2015 年に日本の同意を得ずに中国海洋調査船が日本の海域で調査活動を行った回数は 22 回で、前年の 8 回から大幅に増えた。9 月には、日本人 2 人がスパイ容疑で 5 月に中国の浙江省と遼寧省でそれぞれ中国当局によって拘束

され、中国国内に留められていることが判明した。

日韓関係

　日韓基本条約調印から50年を迎え、2015年6月に東京で韓国政府が主催した式典には安倍首相が、ソウルでの日本政府主催式典には朴槿恵大統領がそれぞれ出席し、関係改善に向けた努力を呼びかけた。それに先だって東京で開かれた岸田外相と韓国の尹炳世外相の会談では、「明治日本の産業革命遺産」に関し、韓国の推薦案件とともに世界文化遺産に登録されるよう協力することで一致した。日本の産業遺産について、徴用工問題とは時期も背景も異なっていたにもかかわらず、韓国は日本が世界文化遺産の登録を目指す一部施設で植民地時代に朝鮮半島出身者が強制徴用された歴史も反映させるべきだと要求していた。ところが、外相間の合意にもかかわらず、韓国政府は世界遺産委員会の意見陳述案に、日本側が登録対象施設での朝鮮半島出身者の戦時徴用を「forced labor」（強制労働）と認めたとの趣旨が書かれていたため、日本側は抗議し、日韓双方の陳述に「forced to work」（働かされた）を盛り込むことで折り合った。

　11月に、安倍首相と朴大統領はソウルで、約3年半ぶりの日韓首脳会談を行い、慰安婦問題をめぐる政府間協議を継続し、早期妥結を目指すことで一致した。翌12月、岸田外相と尹外相がソウルで会談し、元慰安婦支援のため、韓国政府が設置する財団に日本政府が10億円程度を拠出し、この事業実施を前提に慰安婦問題が「最終的かつ不可逆的に解決される」と表明した。この後、安倍首相と朴大統領が電話で会談し、安倍首相は「おわびと反省の気持ち」を伝え、両首脳は合意内容を「責任を持って実施する」ことを確認した。

　8月、韓国が東京電力福島第一原子力発電所事故を理由に日本からの水産物輸入を規制しているのは不当な差別だとして政府が世界貿易機関（WTO）に提訴した。政府は「科学的根拠に欠ける」として早期の規制撤廃を求め、6月にWTO協定に基づく二国間協議を開催したが折り合えなかった。このため日本政府WTOに対して、第三国の法律家や科学者による紛争処理小委員会（パネル）の設置を要請した。報告書をまとめるまでは1年以上かかるとみられる。

　6月、広島と長崎で被爆した在韓被爆者79人が、韓国政府が日本に賠償請

求権の存在を確認する措置をとろうとしないのは違法だとして損害賠償を求めた訴訟で、ソウル中央地裁が請求棄却した。9月、ソウル中央地方裁判所が、太平洋戦争中に旧日本軍の軍属として動員された朝鮮半島出身者の遺族らが韓国政府を相手に起こした国家賠償訴訟で、元軍属らの日本政府に対する個人請求権は消滅していないとの判断を示した。12月には、戦時中に日本に動員された男性の韓国人遺族が、日韓請求権協定が財産権を保障する韓国憲法に違反していることの確認などを求めた訴訟で、韓国の憲法裁判所は「審判対象ではない」と訴えを却下した。同月、コラム記事で韓国の朴大統領の名誉を傷つけたとして、名誉毀損罪に問われた産経新聞前ソウル支局長に対し、ソウル中央地裁が無罪判決を下した。

日中韓協力

2015年4月に、上海で開かれた日中韓環境相会合で、微小粒子状物質「PM2.5」など国境を越える大気汚染対策での協力強化などを盛り込んだ2015‐2019年の共同行動計画を採択した。11月には、安倍首相と中国の李首相、韓国の朴大統領が、ソウルで会談し、約3年半ぶりに再開された日中韓首脳会談の定例化で合意し、地域の安全と平和に努力することで一致し共同宣言を採択した。また、2016年に日本が議長国を引き継ぐことで一致した。

日露関係

2015年8月に、ロシアのメドヴェージェフ首相が北方領土の択捉島を訪問し、空港や港湾、水産加工場などを視察し、北方領土開発のため、外国から投資を呼び込む方針を表明した。これを受け、岸田外相がアファナシエフ駐日露大使に抗議した。9月には安倍首相が、ロシアのプーチン大統領とニューヨークで会談し、平和条約締結交渉について、2013年4月日露共同声明に基づき、領土問題で双方が受け入れ可能な解決策の作成を探るために交渉を進めることを確認した。同月、岸田外相がラブロフ外相とモスクワで会談し、中断している北方領土問題に関する外務次官級協議を再開することで合意した。10月に開かれた外務次官級協議では、歴史的・法的な側面を含め、様々な論点について意見交換が行わ

れた。11 月に安倍首相は、トルコで開催された主要 20 カ国・地域（G20）首脳
会議に際し、ロシアのプーチン大統領と会談し、プーチン氏の来日を 2015 年中
と期限を区切らず先送りすることで一致した。

日豪関係

　2015 年 5 月、国家安全保障会議（NSC）が、オーストラリアのアボット首相の
求めに応じ、オーストラリア海軍の新型潜水艦の共同開発・生産国を選ぶ手続き
への参加を決定した。総事業費は、12 隻の建造費とその後の維持費用を含めて、
500 億豪ドル規模（約 4 兆円）とされ、2014 年 4 月閣議決定された防衛装備移
転三原則下で初の大型案件として期待が高まった。中谷防衛相が潜水艦建造の
拠点となる南部アデレードを訪問するなど官民を挙げた売り込みも強化された。
ただし、結果としては、受注を逃すことになった。
　12 月、安倍首相がターンブル・オーストラリア新首相と東京で会談し、「揺るぎ
ない戦略的関係」を確認するとともに、自衛隊とオーストラリア軍が共同訓練な
どを円滑に実施するための新協定の早期締結へ交渉加速で一致した。

日印関係

　2015 年 12 月に、安倍首相はインドのモディ首相とニューデリーで会談し、「日
印新時代の幕開け」が確認された。この会談では、インドが核実験した場合は
協力を停止するとの前提で、原子力発電所関連の資機材や技術の輸出を可能に
する原子力協定の締結が「原則合意」された。インド初の高速鉄道計画におけ
る日本の新幹線方式の導入も決定され。償還期間 50 年で利率は年 0.1%という
破格の条件で円借款を供与することになった。両政府は海上自衛隊の US‐2 救
難飛行艇のインド輸出を協議してきたが、情報保護協定と装備移転協定に署名
し、防衛装備品を日本から他国に輸出する場合、厳重な情報の管理を行う体制
を整えた。

安全保障ダイアモンド

　安倍政権は、同じ民主国家で法の支配を重視する米豪印との連携を強めてき

第1章　日　　本

た。日豪印は6月に外務次官級協議を初めて開き、南シナ海で軍事拠点化を進める中国に懸念を共有、海洋安全保障の連携を強化する方針を確認した。日米印は9月に外相会合をニューヨークで初めて開催し、中国を念頭に紛争の平和的解決や航行・飛行の自由、法の支配の重要性を確認した。日米豪は同じく9月に高級事務レベル協議を開催し、海洋安全保障、地域の枠組み、暴力的過激主義対策、アジア太平洋地域情勢について議論が行われた。

日・ASEAN関係

　2015年5月、海上自衛隊はフィリピン海軍と初の共同訓練を南シナ海で実施した。6月、安倍首相は国賓として来日したフィリピンのアキノ大統領と首脳会談を行い、中国による南シナ海の岩礁埋め立てについて「深刻な懸念を共有する」とした共同宣言を発表した。中古の自衛隊航空機などの提供を可能にする防衛装備品に関する移転協定締結に向けた交渉を開始することでも合意した。また、外務・防衛当局の次官級協議を新設し、二国間および米国などを交えた多国間での訓練拡充も決めた。アキノ大統領は国会で演説し、中国の南シナ海での領有権主張や埋め立てを批判する一方、安倍政権の掲げる「積極的平和主義」に期待を示した。11月には、安倍首相がフィリピンを訪問し、アキノ大統領と防衛装備品・技術移転に関する協定締結で大筋合意した。

　9月、安倍首相がベトナム最高指導者のグエン・フー・チョン共産党書記長と東京で会談し、安全保障と経済分野の連携強化を確認した。共同声明では、中国による南シナ海での大規模な岩礁埋め立てと軍事拠点構築への「深刻な懸念」を表明した。

　9月に、インドネシア政府が日本と中国が受注を競うジャワ島の高速鉄道計画に関して、中国方式導入の方針を日本側に伝達した。12月に、日本とインドネシアが初の外務・防衛閣僚会合（2プラス2）を東京で開催し、中国による人工島造成で緊張が高まっている南シナ海問題について連携を強化する方針で一致した。

　7月に、東京で第7回日メコン首脳会議が開催され、カンボジア、ラオス、ミャンマー、タイ、ベトナムの各首脳が参加し、環境に配慮しながらインフラ整備を進めるなど「質の高い成長」の実現を掲げた共同文書「新東京戦略2015」を採

－85－

択した。安倍首相は、この戦略に関し、今後3年間で7,500億円規模の支援を行う意向を表明した。11月に開催された第10回東アジアサミット（EAS）で、安倍首相はEASにおける政治・安全保障分野の扱いの拡大およびEASの機構強化を重視すると強調した。ほぼすべての首脳からEASの機構強化や政治・安全保障問題の扱いの拡大に賛意が示され、「EAS10周年クアラルンプール宣言」が採択された。

日台関係

　台湾衛生福利部が、東京電力福島第一原発事故を理由に、日本からの輸入を防ぐための新規則を2015年5月15日から実施と発表し、すでに実施していた福島など5県産食品の輸入禁止に加え、残る42都道府県の全食品を対象に産地証明の添付を義務付けるとともに、一部都府県の産品には放射性物質検査を課した。

日朝関係

　北朝鮮による拉致被害者の再調査および日本独自による制裁の一部解除に関する2014年7月のストックホルム合意から1年が経ち、北朝鮮側が日本人拉致被害者らの再調査期限を前に再調査結果の報告延期を日本側に伝達してきた。8月には、岸田外相が李洙北朝鮮外相とクアラルンプールで会談し、拉致被害者の再調査結果の早期報告と被害者全員の帰国を要求したが、李外相は日朝合意を「誠実に履行している」と反論した。

　2016年2月、日本政府は年明けに核実験や長距離弾道ミサイル発射を強行した北朝鮮に対する独自の制裁強化措置を決定し、拉致再調査に関する日朝合意に伴って2014年に解除した制裁を復活させ、人と船舶の往来規制を拡大し、送金を原則禁止した。これに対し、北朝鮮は日本人拉致問題の再調査を全面中止し、「特別調査委員会」を解体すると表明した。

日・キューバ関係

　米国・キューバの関係進展および国交回復への動きが深まるなか、2015年5

第1章　日　　本

月に岸田外相は、日本の外相としてキューバを初訪問し、ロドリゲス外相と会談
した。政府開発援助（ODA）の無償資金協力の拡大を表明した。その他、岸
田外相が経済関係を強化するための官民合同会議の立ち上げと、国際会議での
諸課題についての対話を強化するため、「日・キューバ国連対話」の創設を提案し、
ロドリゲス外相がこれらを歓迎した。

日・イラン関係

　2015年4月に、欧米など6カ国とイランがイラン核問題の包括解決に向けた
枠組みに合意したことを受け、8月に山際大志郎経済産業省副大臣がイランのザ
ンギャネ石油相とテヘランで会談し、ザンギャネ石油相がイラン産原油や天然ガ
スの対日輸出に関し、日本企業のイラン市場への復帰を歓迎する考えを表明し
た。10月には岸田外相がイランのザリフ外相とテヘランで会談し、投資協定締
結で実質合意した。会談では両国関係の強化に向け、関係省庁を横断する「日・
イラン協力協議会」を設置することで一致した。環境、経済協力、貿易・投資、
医療保健などの分野ごとに作業部会を置く。イランの核合意履行を支援するため、
日本が原子力安全などの分野で協力することも確認した。経済制裁の解除を見
据え、日本からイランへの投資が再開することになった。

日欧州関係

　安倍首相は、2015年6月に日本の首相として初めてウクライナを訪問した。ポ
ロシェンコ大統領との首脳会談では、安倍首相は力による現状変更を決して認め
ず、ミンスク合意違反が見られることに遺憾の意を表すとともに、ウクライナが改
革の歩みを進める限り、経済・財政、司法・ガバナンス改革、エネルギー等の幅
広い分野の支援を継続すると述べた。11月にトルコで開かれた日・EU首脳会
談では、経済連携協定（EPA）について2016年のできる限り早い時期の大筋合
意の実現を目指すことで一致した。また、テロ対策や中東・北アフリカからの難
民の流入等、欧州の直面する諸課題は国際社会全体の問題であるとして、連帯
し協力していくことでも一致した。

−87−

国連非常任理事国に日本選出

10月、国連総会は、国連本部で2016‐2017年の安全保障理事会非常任理事国の選挙を行い、日本を含む5カ国を新たに選出した。日本が非常任理事国になるのは11回目で、国連加盟国では最多となった。

TPP交渉

10月、TPPは、交渉開始から5年半を経て参加12カ国が大筋合意に達した。日本が輸入する農産品と工業品の全9,018品目のうち、関税がなくなるのは95%の8,575品目となった（20日）。TPPの交渉で、日米など12カ国は5日、大筋合意した。発効すれば、世界のGDPの4割を占める巨大な経済圏が誕生することになる。日本政府は11月に、「TPP政策大綱」を発表し、農産品輸出額1兆円の目標を前倒しするなど、輸出拡大や生産農家の経営支援策、中小企業の海外進出推進などを盛り込んだ。2月に参加する日米など12カ国は、ニュージーランドのオークランドで協定に署名した。

地球温暖化への取り組み

2015年12月に、パリにおいて国連気候変動枠組条約第21回締約国会議（COP21）首脳会議が開催され、安倍首相は途上国支援とイノベーションからなる貢献策「美しい星への行動2.0」を発表した。途上国支援については、2020年に官民あわせて年間約1.3兆円の気候変動対策支援を実施するとされ、イノベーションについては、集中すべき有望分野を特定し、研究開発を強化していくとされた。2016年2月に、日本政府は、地球温暖化対策推進本部会議を開き、国内の温室効果ガスの排出量について「2030年度までに2013年度比で26%減」とする目標を正式決定し、国連に提出した。これはCOP21で採択された「パリ協定」批准に向けた国内対策の一環で、国際公約達成のため、省エネや再生可能エネルギーなどの普及を通じ、家庭や業務・オフィスの両部門で約4割の排出削減をすることなどが柱となった。

（小谷　哲男）

第1章 日　　本

コラム 外交と食事：日本
日本大使公邸のおもてなし

　世界中で日本文化の凝縮というべき和食がブームである。海外で各界の人達や外交団を招いて食事を供して親密となることは、案件処理や情報収集などの外交活動に不可欠である。私たち夫妻も40数年の外交官生活で何百回も設宴してきた。3度勤務したモスクワでは和食材は入手困難であったが、妻が様々な工夫を凝らした手料理を供すると大いに受けた。

　香港では中国返還前後で千客万来であったが、和食と中華料理の両方がこなせる公邸料理人の陳さんが大活躍で、竹下元総理や海部元総理には御所望の「富貴鶏」を供し、クリス・パッテン香港総督夫妻には訪日前の事前ブリーフと称して刺身や天ぷらを供した。香港名士の間では、元旦には日本総領事公邸で雑煮を祝うのが恒例になっており、董建華行政長官や陳方安生政務長官も夫妻で来てくれた。

　ポーランドでは両陛下の御訪問がハイライトで、御日程の最終日には大統領夫妻以下を招いた答礼レセプションとその後の内輪の御夕食を共に公邸で行うことになった。レセプション用にはワルシャワに2軒あった日本レストランにエビ天やヤキトリなどの仕出しを頼み、公邸料理人のH君には御夕食に専念してもらった。先遣隊の試食を重ねて決めた献立は、幸いなことに好評をいただいた。H君は志摩観光ホテルにスー・シェフとして戻っており、G・7サミットで腕をふるってくれるものと確信している。

　シドニーには多くの日本レストランがあるが、キャンベラでは京料理のK君が頑張ってくれて「日本大使公邸が一番」との評判を得た。日本向けの魚を南オーストラリア州のポート・リンカンから送ってもらい、食肉も「ワギュウ」を直接入手した。日豪交流年の行事で裏千家千玄室大宗匠にお点前を披露していただきながら、マイケル・ジェフリー連邦総督夫妻をもてなすことが出来た。K君は、外務大臣から「優秀公邸料理人」として表彰を受け、さらにスイスとフランスの公邸で大活躍している。

　これからも各地の公邸で館長夫妻と料理人のチームワークの奮闘が続くのである。

上田　秀明
（元駐オーストラリア・駐ポーランド大使、元香港総領事）

第2章　米　国

概　観

　ついにオバマ政権も、最後の 8 年目を迎えた。安全保障政策における政権の最優先課題はイラクからの米軍撤退であったが、これは 2011 年 12 月に実現した。しかし、その後、イラクの治安は悪化し「イスラム国」（IS）が台頭、2014 年夏に米軍はイラク再派遣を余儀なくされ、しかも戦線はシリアにまで拡大した。大規模地上部隊の派遣が選択肢から排除されていることもあり、戦況は膠着気味で、オバマ政権の間に掃討作戦が終了する見込みは乏しい。

　また、オバマ政権は、中国およびロシアといった伝統的な大国からの脅威にも悩まされた。アジア重視は政権発足時からの看板政策であるが、当初は、リーマンショック後の不況を克服するための経済政策の色彩が強かった。しかし、中国が軍近代化と海洋進出を進めたため、軍事的な要素もしだいに強まった。2010 年 6 月のシャングリラ・ダイアログでゲーツ国防長官は、南シナ海における航行の自由確保を訴え、2011 年 11 月にはオバマ大統領が、イラクからの撤退に伴いアジア太平洋への展開兵力を維持・増強すると公式に表明した（軍事的リバランス）。とはいえ、米国も中国も全面的対決を望んでいないことは明白で、思い切った措置を取ることも難しく、米国は中国の海洋進出を完全に抑止できていない。2015 年には、中国が南シナ海で行っている島嶼の埋立と施設建設が大きな問題として浮上した。これに対して米軍は、中国が支配する島嶼の近傍を艦艇や航空機が航行・飛行する「航行の自由」作戦を実施して圧力をかけたが、中国の行為が止まることはなかった。台頭する中国への対応は、次期政権にとっても大きな課題となるであろう。

　米露関係は、ブッシュ政権期に 2008 年のグルジア紛争をめぐって悪化したが、オバマ政権は、戦略核軍縮など共通利益の存在する領域に焦点を絞ることで米露関係の「リセット」に成功した。しかし、その後、両国は欧州へのミサイル防衛（MD）配備問題をめぐり対立するようになり、2014 年のウクライナ危機とロシアによるクリミア併合で関係は決定的に悪化した。その結果、米軍は、イスラム国掃討作戦とアジアへのリバランスに加え、欧州、特に東欧への軍事的コミットメントまで強化せねばならなくなった。

　これらをオバマ政権の失敗と見るのか、それとも、どの政権でも直面したであろう難題と捉えるのかは意見の分かれるところであるが、いずれにせよ、イラク戦争という前政権の「負の遺産」に苦しめられたオバマ政権も、次期政権に別の形の「負の遺産」を残す結果となることは確実である。

−90−

内　政

拡大する国内の亀裂と2016年大統領予備選挙

　オバマ大統領は就任以前から、保守とリベラル、富裕層と貧困層、性的・人種的多数派と少数派の間の亀裂を懸念し、国民に統合を訴えていた。しかし、現実には、この亀裂はオバマ政権期に一層拡大してしまった。そのため、大統領は、2016 年 1 月 12 日の一般教書演説において、「在職中で残念だったことの一つは、政党間の憎しみと疑いがますます増大してしまったことだ」と認め、超党派の合意形成を可能とするためには、恣意的な選挙区割りを廃止し、高額献金者の影響力を弱めるといった改革が必要だと論じた。

　しかし、亀裂拡大の責任の一端は、オバマ政権の側にもある。政権発足当初は民主党が議会両院を制していたこともあり、オバマ政権はリベラルな政策を次々と実行に移した。その象徴が医療保険制度改革法（通称オバマケア）で、共和党は、これをオバマ政権の「社会主義」的な性格を象徴するものとして批判し続けている。2010 年の中間選挙で下院多数派の地位を奪還した共和党は、政権の提案する重要法案にことごとく反対した。しかし、共和党の側も自らの法案を成立させることはできないため、ワシントンは機能不全に陥った。この状況が政権 2 期目でも変わらないことが明らかになると、オバマ政権は開き直って、富裕層向け増税、銃規制強化、移民制度改革、女性や性的マイノリティの権利拡大といったリベラル色の強い政策を推進すると表明した。当然、これは共和党からの強い反発を招いた。

　加えて、近年は、政党内、特に共和党内でも、亀裂が拡大している。2010 年中間選挙で勢力を拡大した強硬な草の根保守派団体ティー・パーティー系の共和党議員は、民主党のみならず、民主党に妥協しがちな共和党穏健派をも強く批判し、ついに 2013 年 10 月には暫定予算案の採択を阻止し、政府機関を 16 日間の閉鎖に追い込んだ。一方、リベラルの側では、格差拡大を批判し、金融規制強化を求めるオキュパイ・ウォール・ストリート運動が 2011 年に発生した。二つの運動には相容れない面が多いが、現在の政治・経済・社会の在り方や、それ

を支えるエスタブリッシュメントに対する不信と不満を背景とする点では一致している。

こうした状況が、2016 年の大統領選の行方に大きな影響を与えている。特に、共和党の大統領予備選では、まさに「考えられない事態」が発生した。当初から共和党は混戦状態で、2015 年前半はジェブ・ブッシュ元フロリダ州知事の支持率が比較的高かったものの、ブッシュ家から 3 人目の大統領を出すことには否定的な声もあり、支持率が 20% を越えることはほとんどなかった。ところが、同年 6 月に実業家で「不動産王」とも称されるドナルド・トランプ氏が出馬表明すると、事態は急速に変化した。

トランプ氏はテレビのリアリティー・ショーのホストを長年務め、知名度こそ高いが、政治経験は一切ない。以前から同氏は奔放な発言で注目されることが多かったが、今回の選挙戦でも行き過ぎたポリティカル・コレクトネスを批判し、単純かつ粗野な言葉を用いて共和党の対立候補を含むエスタブリッシュメントを攻撃している。女性やマイノリティに対する暴言も多い。しかも、同氏は政策の詳細を語ることなしに、これまでの「間抜け」な政治家と異なり、頭脳明晰で、ビジネスで厳しい交渉を経験してきた自分なら問題をすぐに解決できると断言する。まさにアウトサイダーであるが、従来のワシントン政治に対する信頼が失墜する中、それが逆に強みとなっている。同氏が豊富な自己資金で選挙戦を賄い、自分は資金力のある個人や団体の利益に囚われない決定を下すことができるとアピールしている点も、現状に不満を抱き変革を求める層から高い評価を得ている。

トランプ氏の外交政策も、かなり過激である。例えば、同氏は、メキシコからの不法移民を犯罪者と決めつけ、国境に壁を建設し、費用をメキシコに負担させると繰り返し発言している。12 月 7 日には、国内外で発生したテロを背景に、世論調査によると少なからぬイスラム教徒が米国を憎み、米国人に対する暴力もジハードとして正当化されると考えていると指摘し、「何が起きているのか米国の指導層が理解するまでの間、イスラム教徒の入国を完全かつ全面的に遮断する」よう求めた。この発言には欧州諸国も差別的だと反発し、オバマ大統領も、米国の価値に反する政策だと苦言を呈した。

また、トランプ氏は通商政策では保護主義的な立場をとっており、これまでの

自由貿易協定やその他の貿易に関する合意で米国は多くの雇用を失い「負け」続けていると述べ、大統領に当選すれば環太平洋パートナーシップ（TPP）協定も再交渉すると宣言している。同氏は同盟政策もビジネスの観点から捉えており、金銭的余裕のない米国がなぜ同盟国の防衛のために出費しなければならないのかと問いかけ、経済発展した日本や韓国は駐留米軍の経費を全額負担すべきで、それに応じない場合は米軍を撤退させればよいと主張している。

　トランプ氏の支持率は、2015年7月中旬から急上昇した。それでも当初は多くの者が、トランプ氏はエンターテイナーに過ぎず、その人気は一過性だと楽観していた。同氏が本選で勝利できる見込みは少なく、最終的には「勝てる候補」に票が集約するであろうというのが、ワシントンの「常識」であった。しかし、主流派が対抗候補を一本化できなかったこともあり、トランプ氏は、この「常識」を打ち破ってしまった。2016年2月に予備選がスタートしてもトランプ人気は衰えず、各州で勝利を積み重ね、主流派の期待を背負っていたブッシュ氏やマルコ・ルビオ上院議員を選挙戦からの撤退に追い込んだ。これに慌てた共和党の主流派は、犬猿の仲であるティー・パーティー系のテッド・クルーズ上院議員を支持してでもトランプ氏が代議員の過半数を獲得することを阻止し、大統領候補を正式に指名する7月の共和党全国大会で逆転するシナリオを追求した。しかし、5月3日のインディアナ州予備選でトランプ氏が勝利したことを受け、最後まで争っていたクルーズ氏とジョン・ケーシック・オハイオ州知事が選挙戦からの撤退を表明、事実上、トランプ氏の指名獲得が決定した。

　トランプ氏の躍進は、共和党内の主流派と非主流派の分裂を決定的なものとした。2016年3月には、エリオット・コーエン、マックス・ブート、アーロン・フリードバーグ、ロバート・ケーガンといった名立たる共和党系の外交安全保障専門家100人以上が連名で、トランプ氏の政策を批判し、大統領候補選出に反対する公開書簡を公表した。トランプ氏が指名を事実上獲得して以降も、ポール・ライアン下院議長はトランプ支持を留保し、ジェブ・ブッシュ氏、リンゼー・グラム上院議員、ルビオ氏は明確に不支持を表明した。今回の大統領選が共和党の将来に与える影響は、決して小さくない。

　一方、民主党の予備選は、当初の予想どおり、ヒラリー・クリントン元国務長

—93—

官が指名を獲得する可能性が高い。しかし、ここでも、民主社会主義者を自称するバーニー・サンダース上院議員の健闘という波乱要因があった。サンダース氏は、ウォール街から多額の献金を受けているクリントン氏を既得権益層と批判し、経済的不平等解消のためのドラスティックな政策を掲げ、「政治革命」をともに起こそうと訴えた。こうした主張はオキュパイ・ウォール・ストリート運動と共鳴するものであり、特に若年層に熱烈に受け入れられた。サンダース氏はクリントン圧勝の予想を覆し善戦を続け、たとえ勝利できないとしても最後まで選挙戦を戦い抜くと表明している。

　サンダース氏の善戦を受け、クリントン氏も、よりリベラルな方向へと軌道修正を余儀なくされた。その影響は、同氏の外交政策にも表れている。例えば、同氏は国務長官時代には TPP 推進に尽力していたが、選挙戦では労働組合に配慮して、合意された TPP は米国の雇用創出や賃上げに繋がらないため賛成できないと 2015 年 10 月 7 日に表明した。また、2016 年 2 月 23 日には、自国通貨を安くすることで不当に輸出を拡大しているとして中国・日本を含むアジア諸国を非難した。ただし、安全保障政策については、アジアへのリバランスやイスラム国掃討を含め、オバマ政権の方針をおおむね引き継ぐものと思われる。

　2016 年 11 月の大統領選がトランプ氏とクリントン氏の間で行われるとすれば、恐らくクリントン氏が勝利するというのが「常識」的な見方であるが、再びトランプ氏が常識を打ち破る可能性を否定することもできない。世論調査ではクリントン氏の不支持率も高く、本選は「不人気投票」になるとの見方もある。唯一確かなのは、どちらの候補が勝つにせよ、米国内の亀裂が解消することはないということである。

外交・安全保障

国防予算をめぐる与野党対立

　2013 年の超党派予算法は 2014 会計年度（FY2014）と FY2015 について強制削減を緩和していたが、同様の立法措置がなければ FY2016 には強制削減が完全復活する。この場合、国防省基礎予算は 4,980 億ドルが上限となる。しかし、

第2章 米 国

2015年2月2日に公表されたFY2016の国防省基礎予算案は、前年度から382億ドル増の5,343億ドルであった。ワーク国防副長官は予算案提出時の会見で、このレベルの予算計画であれば戦略遂行に伴うリスクは「管理可能」だが、強制削減が復活すれば「我々の国防戦略は脆く、壊れやすく」なり、リスクは「管理不可能」になると警告した。

また、ワーク副長官は、長引く戦争と強制削減の影響で軍の即応能力を支える運用維持費（O&M）が削減され、兵力近代化への投資も先送りされてきたことに深い憂慮を示した。そのためFY2016予算案でも、増額分の約38％（145億ドル）はO&Mに、約53％（204億ドル）は近代化（調達と研究・開発・試験・評価費）に当てられている。近代化プログラムのうち、特に前年度から増額されているのは、F‐35A/B/C戦闘機（前年度比約28％増）、LRS‐B次世代長距離爆撃機（同25％増）、KC‐46A空中給油機（同27％増）、P‐8A哨戒機（同43％増）、無人機のRQ‐4「グローバル・ホーク」とMQ‐4C「トライトン」（同32％増）、米本土防衛用MDの地上配備型ミッド・コース防衛（GMD）システム（同55％増）等である。

オバマ政権は、国防に限らず全部門で強制削減を撤廃するよう求めたが、共和党主導の議会はこれに応じなかった。ただし、共和党は国防費増額には賛成している。そこで下院軍事委員会は、強制削減を復活させて基礎予算を抑えつつ、戦費である海外緊急作戦経費（OCO）を政府要求の509億ドルから892億ドルに引き上げ、上乗せ分を基礎予算に充当するという独自の国防権限法案を2015年4月27日に提出した。その一方で、共和党は、国防部門以外では救済措置を取らず強制削減を単純適用しようとした。

当然、この案にオバマ政権は反発し、下院案が議会を通過しても大統領が拒否権を行使する可能性を示唆する文書を5月12日に発表した。しかし、この警告を共和党は無視し、最終的に10月に議会を通過した国防権限法案でもOCOを基礎予算に流用する措置が取られた。これに対してオバマ政権は、予告どおり拒否権を行使した。

政府予算全体についても協議は難航し、一時は政府機関閉鎖の可能性も浮上した。この事態に危機感を抱いた与野党首脳は、今後2年間の予算の大枠を

決めるための交渉を行うことに同意し、その結果、11月2日に2015年超党派予算法が成立した。その内容は、次のようなものである。まず、国防部門と非国防部門の双方について、強制削減による歳出上限をFY2016は250億ドルずつ、FY2017は150億ドルずつ引き上げる。その代り、強制削減の適用期間をFY2025まで延長する（当初、強制削減はFY2021までとされていたが、その後の立法によりすでにFY2024まで延長されていた）。また、FY2016の国防省OCOは政府要求の509億ドルから588億ドルに引き上げ、増額分の80億ドルは基礎予算に充当し、FY2017のOCOも同額とする。同法に基づくと、国防省基礎予算は5,219億ドル、OCOは588億ドルとなり、政府要求よりも合計で約43億ドル少なくなる。この点を調整した国防権限法は11月25日に成立した。

　2016年2月9日には、FY2017の国防予算案が公表された。基礎予算は5,239億ドル、OCOは588億ドルで、これは2015年超党派予算法に基づく額である。しかし、今回もまた共和党は、OCOを増額し基礎予算に流用するよう訴えた。そのため、政府と共和党の対立が再燃している。

アジア太平洋海洋安全保障戦略の発表

　オバマ政権は、中国の海洋進出を牽制する上で、国連海洋法条約を含む国際法の遵守、航行・飛行の自由の確保、領有権紛争の平和的解決、南シナ海行動規範の早期締結などを各国に訴える方針を採用した。これらはすべて、中国とASEAN諸国が2002年に署名した南シナ海行動宣言にも明記されている。その後、事態の進展を受け米国の主張も精緻化されていったが、それを総括した文書が2015年8月21日に国防省が発表した「アジア太平洋海洋安全保障戦略」（以下「海洋戦略」）である。

　「海洋戦略」は上記の基本方針を確認し、さらに、確保されるべき海洋の自由には、国際法により軍用の艦艇・航空機に認められる「あらゆる権利と自由、海洋と空域の合法的使用」も含まれると述べ、国際法に合致しない「過剰な海洋権益の主張に対しては外交的抗議と作戦行動を通じて挑戦する」と宣言する。作戦行動とは、後述する「航行の自由」作戦を意味する。また、領有権紛争についてはいかなる立場も取らないとしつつも、中国による南シナ海の「九段線」

に関する主張は曖昧であり、東シナ海での防空識別圏（ADIZ）設定は認めず、尖閣諸島には日米安保条約第5条が適用されると断言している。

「海洋戦略」は、過剰な権益を主張する国としてマレーシアやベトナム等にも言及しているが、関連する記述の大半は中国の行為に割かれている。例えば、中国は領海と領空以外の領域でも自国の管轄権を広く主張し、公海とその上空で活動する米軍および同盟国軍と摩擦を引き起こしているとされる。また、「海洋戦略」は、南シナ海における島嶼や岩礁の埋立は以前から中国以外の国も行っていたが、「中国による最近の埋立活動は、規模、速度、性質の点で他国の活動を著しく凌駕している」と指摘し、満潮時に水面下に没する岩礁を埋め立てても、それにより領海や排他的経済水域（EEZ）を主張することは国際法上認められないと念を押している。さらに、中国が埋立地で建設している滑走路や大型艦艇が停泊可能なバース（接岸施設）等の軍事施設は、中国が南シナ海に空母を含む強大な兵力を投射することを可能にすると警告を発している。

こうした状況への対応策として「海洋戦略」が提示するのが、①米軍の海洋能力強化（次項参照）、②同盟国とパートナー国の海洋能力構築、③米中二国間および地域レベルでの軍事的信頼醸成措置（CBM）（米中間のCBMについては後述）、④ASEANを中心とする協議枠組み（東アジア・サミットやASEAN地域フォーラム等）を通じた法の支配の促進の4本柱である。

このうち、②については、特に東南アジア諸国の能力強化支援を重視し、2015年5月30日のシャングリラ・ダイアログでカーター国防長官が提唱した、今後5年間で最大4億2,500万ドルを拠出する「東南アジア海洋安全保障イニシアティヴ」を紹介している。「海洋戦略」によれば、このイニシアティヴは、東南アジア諸国の海洋状況認識（MDA）能力向上、各国間の情報共有、インフラ整備、共同演習拡大等に焦点を合わせたものとなる。なお、これまでも米国は東南アジア諸国に同様の支援を行ってきており、2015年11月17日にホワイトハウスが公表したファクト・シートによれば、米国はFY2015で1.19億ドルを能力構築支援に拠出し、FY2016でも1.4億ドルを要求している。主な支援対象国はフィリピン、ベトナム、インドネシア、マレーシアであり、うち最大の被支援国はフィリピン（FY2015で7,900万ドル）で、フィリピン海空軍・沿岸警備隊の訓練・兵站

−97−

拠点の構築、海軍艦艇のアップグレード、通信機器・航空機の調達に関する支援が行われている。

軍事的リバランスの全般的動向

　カーター国防長官は、2015年4月6日の講演において、今後のリバランスの方向性を示した。第一は、アジア太平洋の複雑な安全保障環境において特に重要となる能力への投資である。これは、中国の接近阻止・領域拒否（A2/AD）能力に対抗するための兵器システムへの投資を意味する。同長官は、例として、次世代長距離爆撃機、次世代長距離対艦巡航ミサイル、レイルガン、宇宙戦・電子戦能力を挙げ、トマホーク巡航ミサイルを艦対艦ミサイルに改修していることを紹介している。また、滑走路の早期復旧能力の重要性も強調しているが、これは中国の弾道・巡航ミサイルを念頭に置いた発言である。第二は、能力の高い兵器の配備で、配備済みのヴァージニア級攻撃原潜、P‐8A、F‐22、F‐35、B‐2、B‐52、イージス艦に加え、新型のズムウォルト級駆逐艦も将来アジア太平洋に配備するとされる。第三は、米軍の態勢の修正と同盟国との協力強化である。新たな動きとしては、韓国に2015年6月から陸軍の旅団戦闘チーム（BCT）がローテーション展開を開始する。

　前項で取り上げた「海洋戦略」では、リバランスの今後の計画として、新型強襲揚陸艦「アメリカ」のアジア太平洋への配備（2020年まで）、ズムウォルト級駆逐艦3隻すべてのアジア太平洋への配備、F‐35の岩国基地への配備（2017年から）、MQ‐4C「トライトン」のアンダーセン空軍基地への配備（2017年まで）等が挙げられている。また、兵器の開発・調達については、射程延長型の統合空対地スタンドオフ・ミサイル（JASSM‐ER）や長距離対艦巡航ミサイル等のミサイル近代化や、早期警戒機E‐2D先進型「ホークアイ」、P‐8A、MQ‐4C等の情報・監視・偵察（ISR）および早期警戒能力などに重点投資するとされている。また、ハリス太平洋軍司令官は2016年2月23日の上院軍事委員会において、対艦兵器の射程の点で中国軍が米軍を上回っていることに危機感を表明し、開発中の新型長距離対艦ミサイル（LRASM）や艦対艦ミサイル版SM‐6の早期配備を訴えている。

また、2016 年 1 月 19 日には戦略国際問題研究所（CSIS）が、リバランス政策を評価した報告書を議会に提出した。CSIS は、政府の取組を不十分と指摘し、アジア太平洋への 2 隻目の空母攻撃群の配備（母港候補地：横須賀基地）、グアムへのロサンゼルス級攻撃原潜 2 隻の追加配備、インド洋へのヴァージニア級攻撃原潜数隻の配備（同：オーストラリアのスターリング基地かディエゴ・ガルシア）、日本への第 10 水陸両用即応群（ARG）の配備（同：佐世保基地）等を具体的に提言している。

南シナ海における「航行の自由」作戦の実施

　2015 年 4 月 15 日、ロックリア太平洋軍司令官は下院軍事委員会において、中国が滑走路らしきものを建設しているファイアリー・クロス礁を含め南沙・西沙諸島の 8 カ所で埋立を実施しており、ミサイルやレーダーを配備する可能性もあると証言した。中国の呉勝利海軍司令官は同月 29 日に行われたグリナート海軍作戦部長とのテレビ会談で、建設しているのは気象観測や海洋捜索救難のための施設であり、海域の安全を維持する国際的な義務を果たすことが目的だと述べたが、米国務省報道官は 5 月 1 日に、目的がどうであれ岩礁埋め立てと施設建設が地域の平和と安定に寄与することはないと反論した。同月 16 日に訪中したケリー国務長官も、習近平国家主席や王毅外相に懸念を表明したが、中国側は「主権の範囲内」の行為だと述べ譲らなかった。

　こうした事態に対処するため、米軍は「航行の自由」作戦の実施を検討し始めた。「航行の自由」作戦とは、1979 年から米国政府が行っている航行の自由プログラムのうち、対象国の過剰な海洋権益の主張（軍艦の無害通航権の不適切な規制や他国の EEZ 内で軍隊が活動する自由の不適切な規制等）を認めないことを示すために米軍と沿岸警備隊が国際法の範囲内で行う対抗措置を指す。対抗措置とは、対象国が権益を主張する海域の航行などを意味する。なお、この作戦は、敵対国だけでなく日韓を含む同盟国に対しても行われている（このほか、同プログラムには国務省が行う外交的措置も含まれる）。「海洋戦略」にも、過去 2 年間で米軍は「航行の自由」作戦の実施回数を増大させており、今後も作戦を継続すると明記された。

—99—

2015年5月12日には、カーター国防長官が、南沙諸島で中国が領有権を主張する岩礁から12カイリ内（海洋法条約が認める領海の範囲内）を米軍の艦艇・航空機が航行・飛行することを検討するよう軍に命じたと報じられた。翌13日に中国外交部報道官は、報道を懸念しており、航行の自由は「外国の軍艦や軍用機が勝手に他国の領海や領空に侵入することを意味する訳ではない」と述べたが、国防省報道官は同月21日に、時期は決めていないが12カイリ内に艦艇・航空機を派遣すると明言した。

　さらに2015年5月30日のシャングリラ・ダイアログでは、カーター国防長官が、「中国は南シナ海における行動によって……国際的なルールと規範、および、外交を支持し強制に反対するという地域のコンセンサスの双方から逸脱した」と厳しく中国を非難した。そして同長官は、全当事国に埋立の即時かつ永続的な停止を求め、係争地の更なる軍事化に反対を表明するとともに、「間違えてはならない。米軍が世界中で行っているように、国際法で認められた場所ではどこであれ、米国は飛行し、航行し、活動する」と断言した。

　9月25日に行われた米中首脳会談でも埋立問題が取り上げられたが、議論は平行線だった。会談後の会見で習主席は、中国も航行と飛行の自由を支持しており、「軍事化を行う意図はない」と発言したが、同時に「中国が南沙諸島で行っている建設行為はどの国に向けられたものでもなく、どの国にも影響を与えない」と述べた。これは恐らく、埋め立てや建設は中国の主権の範囲内の行動であり軍事化には該当しないとの立場を示唆したものと思われる。一方、オバマ大統領は、カーター長官と同様に、国際法が認める場所ではどこであれ飛行・航行・活動し続けると宣言した。

　しかし、南シナ海での「航行の自由」作戦は、なかなか実施されなかった。2015年9月17日の上院軍事委員会では、マケイン上院議員が作戦の早期実施を求めたが、ハリス太平洋軍司令官は、軍は実施に前向きだが上官からの許可を待っている段階だと証言した。報道によれば、中国との関係悪化を懸念するホワイトハウスが作戦実施に慎重な姿勢を示していたとされる。なお、この公聴会では、2012年以降、南シナ海で中国の拠点の12カイリ内を米軍の艦艇・航空機が航行・飛行したことはないとの証言もなされた。

−100−

作戦は 10 月 27 日にようやく実施され、駆逐艦「ラッセン」が哨戒機を伴い、中国が滑走路を建設しているスービ礁から 12 カイリ内の海域を航行した。これに対して、中国外交部報道官は、「ラッセン」は中国政府の事前許可なしに不法に中国の水域に侵入し、中国の主権と安全を脅かしたと非難した。こうした反応は予想どおりのものであったが、ホワイトハウスはさらに緊張を高めることには躊躇したようである。報道では、海軍は年内に 2 度目の作戦を実施する許可を求めたが、ホワイトハウスは許可を与えなかったとされる。

しかし、中国側は、ホワイトハウスと同様の配慮を示さなかった。11 月 8 日には、中国が西沙諸島のウッディ島に戦闘機を配備していることが報じられた。クラッパー国家情報長官の 2016 年 1 月 29 日付け文書によれば、中国海軍は 2015 年 12 月初旬にフリゲート艦 1 隻をファイアリー・クロス礁に、同月下旬にミサイル・フリゲート艦 1 隻をスービ礁に、2016 年 1 月初旬にミサイル駆逐艦 1 隻をミスチーフ礁に展開し、クアテロン礁とファイアリー・クロス礁には軍用レーダーを設置した。また、2016 年 1 月 2 日には、ファイアリー・クロス礁の滑走路を民間機が試験利用した。

この事態に、米軍は危機感を強めた。同月 28 日にハリス太平洋軍司令官は講演で、ファイアリー・クロス礁は「明らかに軍事化されており、大規模な部隊を支援する能力がある」と述べ、もし中国が南沙諸島の北方にあるスカボロー礁にも軍事施設を建設すれば、米国以外の他のすべての国の軍隊を排除して南シナ海を支配することが可能になると警鐘を鳴らした。クラッパー国家情報長官も、上記の文書において、中国は、戦闘機、地対空ミサイル、沿岸防衛用の巡航ミサイル、水上戦闘艦等を南シナ海に投射するためのインフラを整備しており、2016 年末か 2017 年初頭までに埋立地での建設が完了すれば、大規模な攻撃的軍事力を迅速に展開することが可能になると述べている。

こうした懸念を背景として、2016 年 1 月 29 日に 2 度目の「航行の自由」作戦が実施された。今回は西沙諸島で中国が実効支配するトリトン島が対象で、イージス駆逐艦「カーティス・ウィルバー」が 12 カイリ内を航行した。その後も、3 月初頭からステニス空母攻撃群を南シナ海に展開するなど、米軍は南シナ海におけるプレゼンスを強化している。一方、中国の側は、こうした行動こそが「南シナ

海の軍事化」だと反発した。3月17日にはリチャードソン海軍作戦部長が、中国はスカボロー礁で調査活動を実施しており、ここで次の埋立が開始される懸念があると発言している。「航行の自由」作戦だけで中国の行動を変えることは、難しそうである。

サイバー問題をめぐる米中合意

2015年も、サイバー空間をめぐる米中の対立は続いた。6月4日、米国の人事管理局（OPM）は、ハッカー攻撃により大量の個人情報が流出した可能性があると発表した。7月9日にOPMが公表した調査結果によれば、2014年以降の攻撃で2,000万人以上の政府職員・元職員・契約業者等の個人情報（社会保障番号、住所、経歴等）が流出していた。6月25日にクラッパー国家情報長官は、OPMへの攻撃の容疑者は中国だと発言したが、その後、米国政府は中国批判を控えた。それは、政府機関を標的とするサイバー活動は米国政府も行っており、企業に対する商業目的のサイバー攻撃とは性質を異にすると判断されたからだとされる。

その一方で、米国政府は、米国の重要インフラへのサイバー攻撃やサイバー空間を通じた商業上の秘密の窃取を行った外国の個人・団体に対して経済制裁（米国内資産凍結、米国への入国禁止等）を科すことを可能にした2015年4月1日の大統領令13694に基づいて、中国に制裁を科すことを検討した。オバマ大統領は9月16日に行った演説において、他国政府に対するサイバー空間を通じた諜報活動は米国も行っているが、「中国政府やその代理人が……貿易上の秘密や企業の機密情報を盗むこと」は「侵略行為」であり、この問題を9月末の米中首脳会談で最も重大な議題の一つとして取り上げると述べた。その上で、大統領は、これが「解決されなければ二国間関係に重大な緊張をもたらす問題である」ことを中国に知らしめるため「何らかの対抗措置を取る準備ができている」と警告した。

南シナ海問題と異なり、サイバー問題については中国側もある程度の柔軟性を示している。9月上旬には、中国共産党の治安・司法部門のトップである孟建柱政法委員会書記が訪米し、4日間に渡りサイバー問題を米国側と協議した。そして、同月24・25日の米中首脳会談において、初めて米中間でサイバー問題に関する

正式な合意が結ばれた。その合意とは、「サイバー空間を通じた知的財産（貿易上の秘密や他の商業上の秘密を含む）の窃取を実行せず、意図的に支援しないこと」、サイバー犯罪の捜査で協力すること、サイバー犯罪に関する閣僚級対話メカニズム（治安、司法、情報部門で構成）を設置すること、このメカニズムの一環として当局間にホットラインを設置することである。第1回の閣僚級対話は12月1・2日に開催され、サイバー犯罪対応の図上演習実施等が合意されている。

　ただし、これまでも中国政府は、企業情報窃取への関与を認めたことはなく、中国もサイバー攻撃の被害国だと一貫して主張している。今後も中国は、表向きは関与を否定しつつ窃取を続ける可能性がある。そのため、オバマ大統領は、首脳会談後の会見で、言葉に行動が伴うか注意深く見守ると発言した。クラッパー国家情報長官も9月29日の上院軍事委員会において、今回の合意で中国からの攻撃がなくなると楽観はしておらず、対抗策として経済制裁も検討すると証言している。

米中間の信頼醸成措置と軍事交流の進展

　前述したように「海洋戦略」は米中二国間および地域レベルでの軍事的CBMを重視するとしていたが、中国とのCBMについては、2014年11月に合意された水上艦間の遭遇時の安全のための行動規則に続いて、航空機間の遭遇に適用される合意を策定することを優先課題と位置付けていた。これは2015年9月の米中首脳会談の直前に合意され、首脳会談でも最近の成果として取り上げられた。ただし、その内容は初歩的なもので、遭遇時には互いに交信し、相手から一定の距離をとるべき、乗員は無作法な言語や非友好的な身振りの使用を控えるべき、相手に危険を及ぼす行動（異常接近や模擬攻撃等）を取る前に結果を慎重に考慮すべきといったものである。しかも、これらは義務ではない。

　米中間の軍事交流も、比較的順調に継続している。例えば、2015年9月には、昨年に続きオーストラリアで行われたサバイバル訓練に米中がともに参加した。10月19日には、米海軍の高官約30名が訪中し、中国の空母遼寧を視察、11月上旬には、中国海軍の艦艇3隻がフロリダのメイポート海軍基地に寄港し、米軍艦艇と通信訓練を実施した。中国艦の米東海岸訪問は、これが初である。また、

同月下旬には、米本土で初の米中合同訓練が実施されている（ワシントン州の基地で災害救援訓練を実施）。12月16日には米国政府が台湾に対する中古フリゲート艦や対戦車ミサイル等、総額18.3億ドルの武器売却を発表し、中国政府はこれに断固たる反対を表明したものの、2010年の対台湾武器売却時のように米国との軍事交流を停止することはなかった。

日米関係：日米防衛協力の指針改定と在日米軍の能力強化

2015年4月8日に開催された日米防衛相会談では、防衛当局間の日米宇宙協力ワーキング・グループ（SCWG）を設置することが合意された。SCWGの議長は、日本側は防衛省防衛政策局次長、米国側は国防省国防次官補代理（宇宙担当）が務め、宇宙に関する政策、情報共有、訓練・机上演習、宇宙関連要員の育成・教育交流等を議題として年1回以上会合を開催するとされている。第1回会合は同年10月16日に、第2回会合は2016年2月26日に開催され、2022年度までに自衛隊と米軍による宇宙状況監視（SSA）の情報共有システムを構築すること等が協議された。サイバーについては、すでに2014年から防衛当局間で審議官級のサイバー防衛政策作業部会が開催されている。2015年5月30日の第3回作業部会では、重大なサイバー事案発生時の協力・支援等を確認する共同声明が発表された。

同年4月27日には、外務・防衛担当閣僚による日米安全保障協議委員会（2プラス2）が開催され、日米防衛協力の指針（ガイドライン）の改定が正式に合意された。翌28日に行われた日米首脳会談では、ガイドライン改定を日本の安全保障上の貢献拡大と同盟強化に資するものと評価する「日米共同ヴィジョン声明」が発出された。さらに、同年11月3日には、ガイドラインに盛り込まれていた同盟調整メカニズム（ACM）と共同計画策定メカニズム（BPM）の詳細が日米間で合意された（第1章「日本」を参照）。

在日米軍の能力強化も、順調に進んでいる。横須賀基地には、最新鋭のMDシステムを搭載したイージス駆逐艦ベンフォールドとバリーが、それぞれ2015年10月と2016年3月に配備された。また、2015年6月には、最新鋭イージス・システムを搭載したミサイル巡洋艦チャンセラーズヴィルも同基地に配備されている。

正式に決定された今後の予定としては、海兵隊用 F - 35B の日本への配備（2017年）、空軍用 CV - 22「オスプレイ」の横田基地への配備（2017 年後半から）などがある。

米国から日本への武器輸出でも、大型案件が相次いで成立した。米国防省の国防安全保障協力局（DSCA）は、2015 年 5 月 5 日には MV - 22「オスプレイ」17 機の対日輸出（関連装備も含め総額約 30 億ドル）を、6 月 1 日には E - 2D 先進型「ホークアイ」4 機の対日輸出（同約 17 億ドル）を、さらに 11 月 19 日には RQ - 4「グローバル・ホーク」3 機の対日輸出（同約 12 億ドル）を議会に通告した。また、日本政府は 2015 年 10 月 23 日に、次期空中給油機にボーイング社の KC - 46A を選定した（2018 年度までに 3 機調達予定）。加えて、11 月 23 日には中谷防衛相が、米国製の MD システムであるイージス・アショア（地上配備型 SM - 3）やターミナル段階高高度地域防衛（THAAD）システムの導入検討を加速すると発言している。

米韓・米朝関係：作戦計画5015の策定と北朝鮮による挑発への対応

2015 年 6 月に米韓は、新たに作戦計画 5015 を策定した。計画の内容は公表されていないが、報道によると、有事の際に北朝鮮の大量破壊兵器（WMD）とミサイルを除去・無力化するための作戦で、米韓の特殊部隊が北朝鮮に侵入して作戦を遂行するほか、北朝鮮が攻撃を行う兆候があれば「斬首作戦」と呼ばれる政権首脳部に対する精密攻撃も先制的に実施するとされる。また、11 月 2 日の米韓国防相による定例安保協議（SCM）では、4D 作戦コンセプトの履行指針が承認された。4D とは、北朝鮮の WMD・ミサイル脅威の ISR による探知（Detect）、ミサイルやジャミング等による（指揮統制システムの）攪乱（Disrupt）、精密誘導弾等による破壊（Destroy）、MD 等による防衛（Defense）を意味する。4D 作戦コンセプトも非公開であるが、米韓はコンセプトを具体的な作戦計画に発展させることで合意しており、その方向性を示したのが履行指針だと思われる。

米韓は 2014 年 10 月の SCM で、有事作戦統制権の米軍から韓国軍への移管を、韓国軍の能力が一定の能力を備えるまで延期すると決定したが、2015 年 11 月の SCM では「条件に基づいた作戦統制権移管計画」が合意された。計画の詳細

は不明だが、移管条件の内容について、韓民求国防部長官は、韓国軍が鍵となる軍事能力を向上させること、北朝鮮の核・ミサイルに対抗する能力を米韓軍が構築すること、朝鮮半島とアジア地域の戦略環境が移管を許容することの三つと指摘し、カーター国防長官は、より具体的に、韓国軍が指揮統制能力、ISR 能力、対火砲能力を強化することなどと説明した。

米韓間では、韓国が開発する次期戦闘機 KF‐X に対する米国からの技術支援が問題として浮上した。韓国が米国に移転を求めている 25 種類の技術のうち、アクティブ電子走査アレイ（AESA）レーダー、赤外線捜索追尾（IRST）システム、電子光学式ターゲティング・ポッド（EOTGP）、高周波ジャマーの四つの移転を米国が拒否していることが 2015 年 9 月に報じられた。韓国政府は 2014 年に F‐35 導入を決定した見返りとしてロッキード・マーティン社に技術移転を求めていたが、セキュリティの問題から米国政府が移転を認めず、韓国国内では政府の見通しの甘さを批判する声が高まった。韓国政府は水面下で移転要請を続けたが米国政府の姿勢は変わらず、11 月の SCM でもカーター長官は、法律で禁じられた技術移転を行うことはできないと明言した。ただし、この SCM では、防衛技術戦略協力グループの設置が決定され、法律の範囲内で技術移転問題を協議することとされた。

2016 年に入ると、北朝鮮が相次いで挑発的行動を取った。北朝鮮は 1 月 6 日に 4 回目の核実験を実施し、2 月 7 日には長距離弾道ミサイルを発射した。これに対して米国は、1 月 10 日にグアムから B‐52 を韓国に派遣し、2 月には PAC‐3 や F‐22 を韓国に展開するなど、軍事的な圧力を強めた。また、3 月 7 日から開始された定例の米韓演習「キー・リゾルブ」と「フォール・イーグル」に、米軍は過去最大規模の兵員（1.7 万人）を参加させ、空母「ジョン・C・ステニス」や海上事前集積船隊等を投入した。また、この演習には、作戦計画 5015 に基づくシナリオも反映されたとされる。また、3 月 2 日には安保理で北朝鮮への制裁を強化する決議 2270 が採択され、同日に米国は北朝鮮の国防委員会、党中央軍事委員会、黄炳瑞軍総政治局長らを対象とする独自制裁を科した。

北朝鮮による挑発は、韓国への THAAD 配備問題も前進させた。米軍は韓国への THAAD 配備を求めているが、これまで韓国は中国への配慮から消極的

第 2 章　米　国

だった。しかし、1 月 13 日に朴槿恵大統領は、北朝鮮の核実験に関する談話発表後の会見で THAAD 配備を検討すると明言した。その後、2 月 7 日に公式協議開始が決定された。しかし、中国とロシアは、THAAD 配備への反対を繰り返し表明しており、米韓両政府も、配備を協議しているだけで決定は下していないと強調している。

米印関係：防衛技術・貿易イニシアティヴの進展

　2015 年 6 月 2 日、インドを訪問したカーター国防長官は、米国の国防長官として初めてインド海軍の作戦司令部を視察した。翌 3 日の国防相会談では、「2015年米印防衛関係のフレームワーク」文書への署名が行われた。これは、1995 年のフレームワーク文書を 10 年間延長するとの 2014 年 9 月の米印首脳会談の合意を受けたものである。2015 年文書は、協力分野として、定期的な共同演習・軍事交流、WMD 拡散防止能力の強化、情報共有、双方向の武器貿易、MD での協力可能性の検討、海洋安全保障と通商・航行の自由を確保するための能力の強化等を列挙している。また、近年の米印防衛協力の中核を占める防衛技術・貿易イニシアティヴ（DTTI）に関する協議体を設置し、装備協力を阻害する問題の解決、技術移転、投資、共同開発・生産の拡大等を協議することも明記された。

　DTTI では、4 つの草分け的プログラムとして、太陽光等を利用する移動式ハイブリッド発電機、軽量の対 BC 兵器防護服、小型 UAV の RQ-11「レイブン」、インドが米国から輸入した C-130J 用の情報収集・偵察モジュールの共同開発等が検討されているが、6 月の国防相会談では、このうち前 2 者の計画が最終承認された。これらは各 100 万ドル（米印が折半）と規模は小さいが、米国防省は、米印間で共同開発が実現したという事実こそが重要だと強調している（インドは米国との装備協力を重視しているが、印パ間で紛争が発生した時に協力が途絶えることを懸念する声もあり、本格的な共同開発には慎重な姿勢を取っている）。

　インド国防省は 7 月 15 日に、すでに 8 機を米国から輸入している哨戒機 P-8I について、4 機の追加調達（約 10 億ドル）を承認した。そして 9 月 22 日には、米印間で懸案となっていた AH-64E「アパッチ」22 機と CH-47F「チヌーク」

—107—

15 機の輸入を、インド政府が最終承認した。2012 年にインドは老朽化したソ連製ヘリの後継に両機を選定したが、オフセット取引の内容等をめぐって交渉が難航し、米国政府は早期契約をインド側に求めていた。今回の契約は総額約 25 億ドルと言われ、さらにインド陸軍は「アパッチ」39 機の追加調達も求めていると報じられている。

米印両国は、インドが開発中の国産空母で使用する電磁カタパルト等に関する協力の可能性を検討する空母技術協力共同作業部会と、同じくインドが開発中の軽戦闘機で使用するジェット・エンジンに関する協力の可能性を検討するジェット・エンジン技術共同作業部会も立ち上げている。12 月 10 日にワシントンで行われた米印国防相会談では、カーター長官が、エンジン関連の技術移転政策を見直し、ジェット・エンジン部品の設計・生産に関する協力を拡大できるようにするとパリカル国防相に伝達した。また、両国防相はともに空母「アイゼンハワー」を訪問し、発着艦訓練を視察した。

なお、この会談前にパリカル国防相はハワイに立ち寄り、インドの国防相として初めて太平洋軍司令部を訪問している。ハリス太平洋軍司令官との会談では、共同海上パトロールの実施も含む海洋安全保障協力の強化が取り上げられた。さらに国防相会談の共同声明では、両国の海軍間で民間船舶の航行情報を共有するための了解覚書を近く締結することが発表された。また、11 月には、共同訓練や海賊対処作戦の遂行時に両海軍間で洋上補給を相互に行うことを可能とする期限 3 年の燃料交換協定が締結されている。

米比関係：拡大防衛協力協定の批准と南シナ海での協力強化

米比間の最大の懸案事項は、2014 年 4 月 28 日に署名された拡大防衛協力協定（EDCA）の批准問題であった。EDCA は、フィリピンにローテーション展開する米軍部隊が比軍基地を使用する際の手続きや、展開米軍の活動内容を規定するものであるが、米軍駐留に反対する陣営が協定は違憲として最高裁に訴えたため、批准は判決後に先送りされていた。

裁判で原告は、上院が同意した条約に基づく場合以外は自国領内に外国軍隊の基地、部隊、施設を受け入れてはならないとのフィリピン憲法の規定に EDCA

は反すると主張したが、政府は、自国軍が管理する基地の提供は外国軍隊の基地の受け入れには該当せず、そもそも米軍のローテーション展開自体はすでに1999年発効の訪問米軍地位協定（VFA）によって認められていると反論した。また、原告は、政府がEDCAの議会承認を求めていないことについても、条約に上院の承認を義務付けた憲法規定に反すると主張したが、政府は、EDCAはVFAを補足する行政取極に過ぎないため国会承認は不要との立場をとった。最高裁は、ようやく2016年1月12日に判決を下し、政府の主張をほぼ全面的に認める形でEDCAは合憲と判断した。

この判決を受け、米比はEDCAに批准し、2016年3月18日の二国間戦略対話（次官補級2プラス2）において、EDCAに基づき米軍に提供される基地を正式に決定した。それらは、南沙諸島に近いパラワン島にあるアントニオ・バウティスタ空軍基地、ルソン島にあるバサ空軍基地とフォート・マグサイサイ、ミンダナオ島にあるランビア空軍基地、セブ島にあるマクタン・ベニート・エブエン空軍基地である。なお、中国外交部の報道官は、この決定について「米軍はいわゆる南シナ海の軍事化を問題にし続けているが、南シナ海やその近接地での軍事力の展開増強が軍事化に該当するのか否か説明すべきだ」と批判的にコメントしている。

南沙諸島をめぐって中国と対立しているフィリピンは、ASEAN諸国の中で最も米軍との協力に積極的である。例えば、2016年1月11日にフィリピン外務省の報道官は、南沙諸島で滑走路の建設を進める中国がADIZを設定する可能性があると指摘した上で、これを認めないことを行動で示す必要があり、そのためにも南シナ海で米比が共同パトロールを実施することを翌12日の第2回米比2プラス2で米国側に提案すると述べている。米比はこの2プラス2における討議事項の詳細を発表していないが、4月14日にフィリピンを訪問したカーター国防長官は、1月の2プラス2の決定に基づき南シナ海における共同パトロールを3月に開始したと発表した。

米国の側も、フィリピンの防衛能力強化を重視している。2015年11月17日にマニラを訪問したオバマ大統領は、2011年に米国がフィリピンに供与した中古の沿岸警備隊巡視船で、現在はフィリピン軍がフリゲート艦として運用する艦艇を

視察し、その場において海洋調査船1隻と巡視船1隻の追加供与を表明した。また、12月には、中古のM113A2装甲兵員輸送車114両のフィリピンへの供与も行われている。

米シンガポール関係：LCSとP‐8Aのローテーション配備

　2005年に米国とシンガポールの首脳は戦略枠組み協定に署名し、これを受け、同年に両国の国防相は防衛協力協定（DCA）を締結した。2015年12月7日に行われた国防相会談では、2005年のDCAを発展させた拡大DCAへの署名が行われた。拡大DCAでは、軍事、政策、戦略、技術、海賊やテロ等の非伝統的脅威への対処の5つの主要な領域における協力拡大に加え、人道支援・災害救援（HA/DR）、サイバー防衛、バイオセキュリティといった新領域での協力拡大が合意され、防衛当局間の高官級対話の創設も決定された。

　2015年5月には、シンガポールにローテーション配備されているLCSが、初めて南沙諸島でのパトロールを実施した。また、12月の国防相会談では、米軍が初めてP‐8Aをシンガポールに1週間配備することが発表された。米国防省当局者は、P‐8Aを3カ月に1回程度、定期的に展開したいと発言している。こうした動きに対して中国外交部の報道官は、同月8日に「米国による軍事力の展開と地域の軍事化」は「地域の共通で長期的な利益に反する」と反発したが、シンガポールのエンヘン国防相は、LCSもP‐8Aも米国の地域へのコミットメントを裏付けるものであり、国際法に従う限りは「航行の自由」作戦を実施しても問題はないと述べている。2016年1月22日の第4回米・シンガポール戦略パートナーシップ対話（次官補級）でも、南シナ海における航行と飛行の自由を擁護し、全当事国に拠点の軍事化を含む緊張を高める行為を自制するよう求めることが確認された。

米越関係：二つの共同ヴィジョン声明の発表

　2015年6月1日にハノイで行われた米越国防相会談では、「防衛関係に関する米越共同ヴィジョン声明」への署名が行われた。この声明は、紛争の平和的解決や航行・通商の自由への支持を確認し、両国の協力分野として、多国間協議

の場での協力、軍の能力強化、装備の共同開発を含む武器貿易の拡大、艦艇の
寄港や修繕を含む海洋安全保障および MDA での協力拡大、捜索救難・HA/
DR 能力の強化、国連平和維持活動（PKO）に関わる能力構築の支援、科学技
術・防衛関連技術を含む情報交換の増大、戦争遺産の克服（不発弾除去や枯れ
葉剤除染等）での協力拡大等を列挙している。

　カーター長官は会談後の共同記者会見で、米国製巡視船を購入する資金として
1,800 万ドルをベトナムに供与することや、ベトナム軍の PKO 訓練センターの設
置を支援し、国防省の PKO 専門家を在越米国大使館に配置することを表明した。
米国は長らく殺傷力を有する装備品の対越輸出を禁じていたが、2014 年 10 月に
海洋安全保障と MDA に関連するものに限り解禁している。これを踏まえ、同長
官は、兵器の輸出・共同生産をベトナムと協議する意向も示した。一方、ベトナ
ムのタイン国防相は、禁輸緩和を歓迎しつつも、ベトナム側は全面解禁を望んで
いると発言した。

　2015 年 7 月 7 日には、訪米したグエン・フー・チョン共産党書記長とオバマ大
統領の間で首脳会談が開催された。ベトナム最高指導者の訪米は、1975 年のベ
トナム戦争終了後初である。この会談では、「米越共同ヴィジョン声明」が発表
された。この声明は、これまでの二国間協力を幅広く取り上げ確認しただけの短
い文書であるが、南シナ海の現状に懸念を表明し、航行・飛行の自由の擁護や
緊張を高める行動の抑制といった原則を首脳レベルで確認するものとなっている。
8 月 6 日にハノイで行われた米越外相会談でも、ケリー国務長官は、直前に行わ
れた ARF でベトナムが南シナ海における埋立や軍事化の停止に同意したことを
高く評価し、中国もベトナムに倣うべきだと発言した。一方で、ケリー長官は、ベ
トナム国内の人権問題で更なる前進があることが武器禁輸全面解除の条件だと釘
を刺した。

その他の国・機構との関係（オーストラリア、インドネシア、タイ、スリランカ、ASEAN）

　2015 年 10 月 13 日、ボストンにおいて、米豪の外務・国防閣僚協議（AUSMIN）
が開催された。オーストラリアでは、同年 9 月に行われた与党・自由党の党首選

の結果、首相がアボット氏からターンブル氏に交代したが、AUSMINの共同声明では、新政権も米国のフォース・ポスチャー・イニシアティヴ（米軍の海兵隊や艦艇・航空機のオーストラリアへのローテーション展開拡大）とリバランス政策を支持することが確認されている。また、共同声明は、南シナ海における中国による埋立と建設活動に「強い懸念」を表明し、全当事国に埋立・建設・軍事化の停止を求める一方で、「対話と協力、経済的関与を通じた中国との建設的関係の重要性」も強調した。

　加えて米豪の国防相は、AUSMINに際して、「21世紀の防衛協力に関する声明」も発表した。この声明は、第一次大戦以来の米豪防衛協力の重要性を再確認した上で、アジア太平洋・インド洋地域における資源・領土紛争や、宇宙・サイバー空間等の新たな領域における脅威に対処するため、5つの分野で協力を深化させるとしている。それらは、①フォース・ポスチャー・イニシアティヴに伴う共同訓練・演習の拡大等を通じた相互運用性の向上、②両国の対アジア太平洋政策の調整の緊密化、③宇宙・サイバー等の新技術も活用したインテリジェンス面での協力の拡大、④宇宙・サイバーや防衛関連の科学技術の領域を含む装備協力の拡大、⑤アジア太平洋での共同訓練等に関して、日本をはじめとする第三国や国際機関との連携の強化である。

　インドネシアのジョコ大統領は、2015年10月26日に訪米し、オバマ大統領と会談した。インドネシアはTPP交渉には参加していなかったが、この会談においてジョコ大統領は、TPPに参加する意向を正式に表明した。会談後に発表された共同声明は、外相が率いる閣僚レベルの年次戦略対話の開始を発表するとともに、南シナ海における航行・飛行の自由を擁護し、全当事国に緊張を高める行為を抑制するよう求める点で両大統領が一致したと述べている。また、同日に行われた国防相会談では、海洋、平和維持、HA/DR、軍近代化、超国家的脅威への対応を協力の5本柱とし、武器貿易やサイバーセキュリティでの協力推進も謳った「包括的防衛協力に関する共同声明」への署名が行われた。

　タイで2014年5月にクーデタが発生して以降、米タイ関係は冷え込んでいる。2015年12月にタイを訪問したラッセル国務次官補は、米国の国内法上、クーデタで成立した政権への軍事支援は禁じられていると述べ、早期民政復帰を求め

た。2016 年には米タイの年次共同訓練「コブラ・ゴールド」が開催されたが、前年に続き米軍は参加規模を縮小し、戦闘訓練の実施も見送った。

　スリランカでは、2015 年 1 月の大統領選でシリセナ政権が誕生した。ラジャパクサ政権期には米国とスリランカは人権問題をめぐって対立することも多かったが、新政権発足を機に米国は関係改善へと舵を切った。同年 5 月 2 日にケリー国務長官は、米国の国務長官として 10 年ぶりにスリランカを訪問し、大統領、首相、外相らと会談した。外相会談では年次パートナーシップ対話の開始が合意され、ケリー長官は記者会見で、民主化を含む国内改革や経済政策について助言する顧問団を米国政府からスリランカに派遣すると表明した。

　ASEAN との間では、2015 年 11 月 21 日に第 3 回目となる米・ASEAN サミットが開催された。この会議では、米・ASEAN 関係を戦略的パートナーシップに格上げすることが決定された。また、「アジアにおけるルールに基づくアプローチ、国際法の尊重、紛争の平和的解決」や、南シナ海における航行・飛行の自由を支持することを明記した共同宣言も発表された。そして、2016 年 2 月 15 - 16 日には、初めて米国で米・ASEAN サミットが開催された。会場には 2013 年 6 月に習近平国家主席とオバマ大統領の初会談が行われたカリフォルニア州のサニーランズが選ばれ、サミットが対中関係を意識したものであることが示唆された。採択された「サニーランズ宣言」でも、紛争の平和的解決、航行・飛行・通商の自由、活動の非軍事化と自制に対する支持が表明された。ただし、ASEAN には親中派のカンボジアやラオスも含まれているため、宣言に「南シナ海」や「中国」の文字はない。

（福田　毅）

コラム 外交と食事：米国

大統領主催公式晩餐会～最高のおもてなし

　米国政府が米国を訪れる諸外国の首脳をもてなす最高にして最も重要な場は、ホワイトハウスで行われる食事だろう。当然、訪れる外国首脳の日程に合わせて米側がどのような食事の機会を提供するかが決まるが、公式会談以外の日程で米国大統領と、訪米する首脳が何かしら行動を共にするのかどうかとともに、訪米が成功したかどうかのリトマス紙として使われることが多い基準が、「ホワイトハウスで大統領主催の公式晩餐会 (state dinner) が行われるかどうか」だ。

　例えば、安倍晋三総理が、2012年12月に総理大臣の座に返り咲いたあとの初の訪米となった2013年2月の訪米では、ヒラリー・クリントン国務長官（当時）主催の夕食会は行われたが、オバマ大統領とはワーキング・ランチとなり、ホワイトハウスでの晩餐会は行われなかった。2013年1月に第2期政権を発足させたばかりで、外国の訪問客を受け入れる体制が大統領側に十分に整っていなかったことが最大の理由だったのだが、当時はこのことが、オバマ政権の安倍新政権に対する冷ややかな視線の象徴であるかのように言及されることもあった。

　2015年4月に安倍総理が再び訪米した際に、前回の安倍総理訪米時の報じられ方がオバマ政権側の記憶にあったかどうかは分からない。しかし、少なくとも、昨年のオバマ政権側の安倍総理夫妻への「おもてなし」は2013年2月とは対照的なものであった。最も気遣いが感じられたのが、4月29日夜にホワイトハウスで行われたオバマ大統領主催公式晩餐会であった。

　例えば、晩餐会で食事とともに供されるお酒は通常はワインと決まっている。しかし、この晩餐会では、安倍総理の出身である山口県の日本酒「獺祭23」が振舞われた。これが異例であることはオバマ大統領自身が乾杯のスピーチで「ホワイトハウスの伝統から少し外れているが」と認めている。そして、この日、ホワイトハウスで振舞われた獺祭はあっという間に米国中で高級日本酒として有名になった。

　また、歴代の大統領は、在任中に、公式晩餐会で使用するための食器を一式、選定することができる。すべての大統領が食器を選定するわけではないが、近年では、クリントン政権以降、3代続けて、食器が選定されており、オバマ政権の食器は2015年4月27日に正式に発表された。オバマ大統領が子供時代をすごしたハワイにちなんだ、ターコイズグリーンがあしらわれたこの食器の「こけら落とし」が、2日後の29日の安倍総理夫妻歓迎公式晩餐会だった。

　また、乾杯のスピーチでは、オバマ大統領が「俳句」を披露する一幕もあった。このような歓待を公式晩餐会で受けた昨年の安倍総理の訪米は「大成功」と評価された。

　このように、訪米が成功かどうかのイメージを決めるのに、大統領主催の公式晩餐会がホワイトハウスで開かれたかどうかは非常に重要だ。外交で最も重要な夕食会の一つと言っても過言ではないだろう。

辰巳　由紀

（スティムソン・センター主任研究員／キヤノングローバル戦略研究所主任研究員）

第3章　中　国

概　観

　2015 年は、中国をめぐり相反する動きの並存が多くの分野で目立つ年となった。

　軍事面では、南シナ海の「軍事化」が進んだ。また、軍事改革が行われ、制度変革も進んだ。しかし、南シナ海における中国の軍事力には、米軍の排除や牽制という意図があると考えられている。しかし、米中間の軍事バランスは未だ中国にはかなり不利である。また、軍事力の発展はバランスがとれておらず、実質的な改革には時間がかかると考えられる。

　勇ましい報道とは裏腹に、中国は米中間の軍事対決は回避しようとしていた。例えば、2016 年 5 月、南シナ海における米偵察機への中国軍機の接近は、中国が単純に挑発したというよりも、数日後に行われたハワイにおける海洋安全保障に関する米中協議でアメリカ側に圧力を加えるためであったと考えられている。

　外交面では、中国の一方的とも言える南シナ海の埋め立てのように中国のパワー増大を見せつける動きと、日本の新安保関連法案の成立などそれに対する諸外国の動きもあった。台湾関連では、国民党の馬英九総統が習近平と歴史上初の中台首脳会談を行った。しかし、国民党の退潮を止めることにはならず、翌年 1 月の総統選挙では、独立志向が強く日米との緊密化を重視する民進党の蔡英文が当選した。それとは裏腹に、香港では、本土による締め付けが強まった。

　経済面では、中国が主導する AIIB への英国など先進国の参加が後押しし、国際経済において日米に対抗しうる経済秩序構築への強い意欲が示された。また、「一帯一路」の名のもとに対外進出も進んだ。しかし、「新常態」と言われるように低い成長率が定着し、しかも長期停滞への恐れも出てきていて、「一帯一路」も実際には中国企業の市場確保という切迫した背景があった。

　国内政治では、すでに 2017 年の党大会モードに入り、人事権を握る習近平に権力がさらに集中したが、習近平への批判がたびたび公然と起こっては抑圧された。中国の一方的な対外行動やその宣伝は、かなりの程度、習近平の力を演出する目的があったと考えられる。対外情勢の評価や検討は、実際には慎重であった可能性はあるが、習近平外交の「行き過ぎ」を修正できていくかどうかは不透明である。

　総じて、中国が気候変動などでグローバルな貢献をすることは認めつつも、日米は軍事的にシームレスな対応を構築し、その決意を中国側に明確に示して抑止効果を増大させようとしてきた。その方向は近い将来大きく動揺することにはならないであろう。

—115—

内　政

ピークを迎えた反腐敗闘争

　2012 年 11 月の発足以来習近平政権が展開してきた反腐敗闘争は 2015 年にピークを迎えた。2016 年 3 月の全国人民代表大会第 4 回会議での最高人民検察院活動報告によれば、2015 年に全国の検察機関が捜査した汚職などの職務犯罪事件は 4 万 834 件（前年比 1.6％増）、立件した容疑者は 5 万 4,249 人（同 1.5％減）に上った。2015 年 6 月 11 日、第 2 期胡錦濤政権の序列 9 位の周永康元中央政治局常務委員会委員に対して無期懲役の判決が言い渡された。胡錦濤前総書記の側近の令計劃中国政治協商会議全国委員会副主席・党中央統一戦線工作部部長に対しては、7 月 20 日に党籍はく奪、公職追放処分が決定した。また軍の制服組トップの郭伯雄元党中央政治局委員・党中央軍事委員会副主席に対しては、7 月 30 日に党籍はく奪が決定した。汚職を口実に旧勢力の大物指導者を一掃し権力闘争に一応のケリをつけた習近平は最高指導者としてのリーダーシップを示し、権威を高めることには成功したと言える。

　さらに習近平は中国人民抗日戦争・世界反ファシズム戦争勝利 70 周年を記念し、9 月 3 日に人民解放軍を閲兵し、自らのリーダーシップを内外に示した。習近平は演説で抗日戦争の勝利を「中華民族の偉大な復興の明るい前途を開き、古い中国が不死鳥のごとくよみがえり、再生を果たす新たな征途を切り開いた」と評し、民衆のナショナリズムを煽るとともに、共産党による一党支配を正当化する絶好の機会として利用した。

　全人代第 4 回会議を前に、地方指導者が相次いで「習近平を核心とする」と発言し、習近平への忠誠合戦を繰り広げているとの憶測が中国内外に出回った。実際には「習近平を核心とする」との発言は少なく、「党中央を核心とする」、「（党幹部としての）核心意識を高める」との発言と混同されている。しかし 2017 年の次期党大会での人事をめぐり駆け引きがすでに始まっていることを示唆しており注目すべきだろう。

第3章　中　国

前途多難な政権運営

　2015年10月26‐29日、中国共産党第18期中央委員会第5回全体会議が開かれ、「第13次5カ年長期計画の建議」が採択され、供給側構造性改革と貧困解消など2016年から2020年までの経済・社会計画の骨子が示された。習近平政権が反腐敗闘争から経済改革へと政権運営の重点をシフトさせてきたかに見える。

　しかし、反腐敗闘争の反作用として地方幹部の萎縮が問題視された。『人民日報』など官製メディアに、汚職を口実に摘発されることを恐れ、経済活動に消極的な態度をとる地方幹部の「不作為」を批判する論評が掲載されることが少なくなかった。反腐敗闘争を進めてきた王岐山中央政治局常務委員会委員は2015年9月の福建省視察の際、反腐敗闘争により党内関係が不正常になっていることを認め、引き続き摘発は進めるものの、その処分を寛大にするよう指示した。

　赤字経営の国有企業を多数抱える黒龍江省では、陸昊省長が2016年3月の全人代の会議で「わが省では賃金未払いは一切ない」と発言したと伝わり、これに反発する国有企業の従業員ら数千人規模のデモが発生した。不安定要因は経営悪化による賃金未払いだけでない。供給側構造性改革の一貫であるいわゆる「ゾンビ企業」の淘汰に伴い大量に発生する失業者の再就職を不安視する見方も少なくない。

　2015年8月12日に発生した天津港の瑞海国際物流会社の危険物倉庫特別重大火災爆発事故では165人が死亡、798人が負傷した。12月20日には広東省深圳市で近隣の工事現場から運び込まれた残土が崩れ、58名の死亡が確認され、行方不明者が100人を越えた。これらの事故は天津市当局による危険物取り扱いの甘さや深圳市当局の残土管理の不備による人災との批判が高まった。そのため当局は厳しい情報統制を行ったが、そのことがさらに批判された。改革の行方は前途多難と言える。

政権・体制批判への強硬な対応

　習近平の権威も高まり政権基盤も強化されたかと思われたが、政権批判や一党支配体制批判への強硬な対応は、政権基盤の弱さの裏返しと見られる。

—117—

反体制的な活動を行う知識人やジャーナリストなどの拘束が続いた。2015年7月、陳情者や農民工など社会的弱者を支援し、当局者による人権侵害を告発する人権派弁護士が相次いで拘束され、その数は150人を超えた。本土で販売できない共産党批判や指導者に関する書籍を扱っていた香港の書店「銅鑼湾書店」の関係者5人が2015年10月以降失踪していたが、2016年1月に中国当局に拘束されていたことが判明した。ウイグル族に対する中国政府の政策を批判したフランス週刊誌の記者がビザ更新を拒否され、2015年末に国外退去となった。2016年1月26日に外交部は国家安全危害容疑で拘束されていた人権団体代表のスウェーデン人を国外追放したことを認めた。

　逮捕された活動家への有罪判決は見せしめ効果を狙ったものである。2015年11月26日には言論統制強化を通知した政策文書を海外メディアに流した国家機密漏洩罪で高瑜氏に懲役5年が言い渡された。2016年1月22日には、『南方周末』紙の記事改ざん問題（2013年1月）で当局に抗議し公共の秩序を乱した罪などで民主活動家の郭飛雄氏に懲役6年の一審判決が確定した。

　伝統的メディアと新興メディアに対する統制も強まっている。2016年2月19日、習近平は人民日報社、新華社、中央テレビ局を視察し、「党と政府のメディアは党と政府の宣伝陣地であり、党の一族（姓党）であるべきだ」と党への忠誠を指示した。これに対し、中国版ツイッター「微博」に3,780万のフォロワーを有する著名企業家の任志強氏が「メディアは人民の利益を代表すべき」と批判したことで、同月29日に同氏の微博のアカウントは閉鎖された。

　反体制的な活動への対処を正当化するための法整備も進められた。2015年7月1日に採択された国家安全法は、「国家安全」の範疇に主権など対外的安全保障のみならず、一党支配体制、インターネット、宗教、民族、社会治安など国内の安定を含め、事実上中央国家安全委員会を「国家安全工作の政策決定と議事の調整に責任を負う」とした。12月27日に採択されたテロ対策法は、テロ情報について「いかなる組織または個人も虚偽のテロ事件情報を捏造し、広めてはならない。模倣を招きうるテロ活動実施の詳細を広めてはならない」などとして、国内外のネット企業への規制強化を盛り込んだ。

　2015年9月30日には外交部が5月にスパイ活動をしていた疑いで日本人2人を、

第3章　中　国

遼寧省の中朝国境付近、浙江省の軍事施設近くでそれぞれ拘束、逮捕したことを認めた。2014 年 11 月に施行された反スパイ法と刑法を根拠としている。法に基づく取り締まりは今後も強化されると思われる。

（佐々木　智弘）

経　済

2015 年経済の概況

　2015 年の GDP は実質 6.9％の成長（目標 7％前後）となり、2014 年の 7.3％よりさらに減速した。1 - 3 月期は 7.0％、4 - 6 月期は 7.0％、7 - 9 月期は 6.9％、10 - 12 月期 6.8％である。

　2015 年は成長構造に変化がみられる。付加価値に占める三次産業のウエートは 50.5％となった。さらに、需要項目別での成長への寄与率でみると、最終消費は 66.4％となっている。これまで、中国経済は工業・投資中心の成長構造が問題だといわれてきたが、今はサービス業・消費中心の成長構造への移行過程にある。

　消費者物価（CPI）は前年比 1.4％上昇した（目標 3％前後）。これに対し、工業生産者出荷価格（PPI）は、- 5.2％と、原油価格の下落・鉱工業の不振によりかなり大きく下落している。

　都市固定資産投資は、2014 年前年比 15.7％増から、10％増と大きく減速した。これは、不動産開発投資が 2014 年 10.5％増から、1.0％増に急減した影響が大きい。ただ、インフラ投資（電力以外）は 17.2％増と、不動産開発の落ち込みをカバーしている。また、分譲建物の販売面積は前年比 6.5％増となり、販売額も同 14.4％増と、不動産市場は回復傾向にある。

　小売総額（消費）は前年比 10.7％増と安定的に推移した。なかでも、全国インターネット商品・サービス小売額は、前年比 33.3％となった。

　輸出は前年比 - 2.8％となったものの、輸入が同 - 14.1％と大きく減少したことにより、貿易黒字は 5,945.04 億ドルとなった。

　新規就業者増は、1,312 万人（目標の 1,000 万人以上）であり、12 月末の都市登録失業率も 4.05％（目標の 4.5％以下）であった。雇用が深刻な状況とはなっ

−119−

ていないため、成長率が減速しても、雇用目標の確保をより重視する習近平指導
部は、大規模な景気対策を発動していない。

金融市場の混乱

2015 年は、年後半に株式市場・国際金融市場で大きな混乱が生じた。2014
年から上昇していた株価は、6 月中旬に調整局面に転じ、7 月上旬に至ると株価
の下落が加速した。当局は、大口株主の株売買停止や流動性供給を含む株価対
策を矢継ぎ早に打ち出し、株価はいったん小康状態となった。

つづく 8 月に、人民銀行は元レートを若干引き下げた。これは人民元がドル以
外の通貨に対して割高になっていたものを修正し、レート基準値算出方法の透明
化を図ったものであった。しかし、国際金融市場がこれに過剰反応し、中国経
済の先行きへの不安が広がり、再び株価が下落するとともに、元切下げ圧力が
強まった。このため、人民銀行はドル売り・元買いの介入を繰り返して、元相場
を支えた。このこともあり、12 月末の外貨準備は 3 兆 3,304 億ドルと、2014 年
末に比べ 5,127 億ドルの減少となった。

共産党中央委員会第 5 回全体会議 (5 中全会)

10 月に開催され、第 13 次 5 カ年計画 (2016 - 2020 年) に関する党中央建議
が採択された。ポイントは以下のとおりである。

(1) 「5 大発展理念」の提起

習近平総書記は第 13 次 5 ヵ年計画の指導思想として、次の「5 大発展理念」
を提起した。

①イノベーションによる発展：労働力人口も減少し、設備過剰な状態で、生産
性を引き上げることで潜在成長率を維持する。

②協調による発展：都市・農村や東部地域と中西部・東北地域の発展のバラン
スを図る。

③グリーンな発展：環境問題に真剣に取り組む。

④開放による発展：外資吸収と対外投資という双方向の開放レベルを引き上げる。

⑤ともに享受する発展：小康 (いくらかゆとりのある) 社会の全面実現のために、

—120—

発展の成果を広く国民と分かち合う。

（2）成長率の最低ライン

2020年にGDPと国民1人当たり所得を2010年に比べて倍増するという党の目標を確保するには、所要の成長速度を維持しなければならない。2011‐2015年の平均成長率実績は7.8％であり、習近平総書記は、2016‐2020年の平均成長率の最低ラインは6.5％以上であるとした。

（3）出稼ぎ農民の戸籍転換

都市における貧困・スラム対策として、1億人前後の出稼ぎ農民等を都市の中で早急に都市戸籍に転換し、子弟の義務教育・就業サービス・社会保障・医療・住宅保障等の基本的公共サービスを、都市戸籍住民と平等に提供することとした。

（4）農村貧困人口の脱貧困

中国の貧困基準によれば、2015年末時点で全国になお約5,575万人の農村貧困人口がおり、これを5年間で解消するとした。

（5）一人っ子政策の見直し

政府は2014年に、一方が一人っ子の夫婦が2人の子供を持てるという政策を実施したものの、希望する夫婦が少なく、政策効果が上がらなかった。このため、労働人口の減少に対応するため、1組の夫婦が2人の子供をもてる政策を2016年から全面実施することにした。

サプライサイド構造改革

習近平総書記は、11月の党中央財経領導小組会議において、「総需要を適度に拡大すると同時に、供給側を強化する構造改革に力を入れ、供給体系の質・効率向上に力を入れ、経済の持続的な成長動力を増強し、わが国の社会生産力水準の全体としての飛躍的上昇の実現を推進しなければならない」と指示した。これは、これまでのケインズ式の需要刺激中心の政策を改め、供給側を強化することにより、潜在成長率を高めようとするものである。

この会議の後、12月の中央経済工作会議において、当面の5大任務が決定された。

（1）生産能力過剰を積極かつ穏当に解消する

破産・清算案件の審理を加速する。ただ、できる限り多く合併再編を行い、破産・清算を少なくし、雇用の安定を重視している。

（2）企業のコスト引下げを支援する

以下の6分野での引下げ政策を打ち出している。

①制度的な取引コストの引下げ

②企業の税費用負担の引下げ

③社会保険料の引下げ

④企業の財務コストの引下げ

⑤電力価格の引下げ

⑥物流コストの引下げ

（3）不動産在庫を解消する

地方の三線・四線都市にはなお不動産在庫が多く、これを解消する。政府・企業が住宅在庫を買い上げ、戸籍を転換した出稼ぎ農民に低家賃で貸し出すことなどを想定している。

（4）有効な供給を拡大する

供給過剰がある反面、安全・安心・高品質なものなど需要者の求めるモノ・サービスを供給側が提供できていないという、需給のミスマッチを解消する。

（5）金融リスクを防止・解消する

地方政府債務リスクはまだまだ続く問題であり、これを有効に解消する。

（田中　修）

外　交

中国外交の分岐点

「新常態」とも言われる高度経済成長の構造的終焉は、対外政策をめぐる主要な条件の変化を意味する。この意味で、中国外交は分岐点にさしかかったと見ることができる。実際、「一帯一路」は、中国の積極的な対外的役割増大の象徴と見なされている。しかし、「一帯一路」には、国内企業のための海外市場の確保と創造という内向きの性格があることを、中国自身が認めている。

−122−

第 3 章　中　国

　中国市場の提供、海外投資や買収、パワー・プロジェクションの伸長など、「中国の台頭」は続くであろう。しかし、中国の経済停滞が長期化した場合、中国市場の縮小によって起こった海外企業や外国政府の苦境への対応如何によっては、諸外国の中国への不満は増大しかねない。また不況に突入しつつある国内からは、台頭とは逆の孤立主義に向かわせるような要因も存在している。しかし、これは中長期的要因で、2015 年に対外政策への反映は顕著ではない。

　10 月に開かれた中央政治局第 27 回集団学習会では、グローバルなガバナンスやバランスが主要なテーマであった。この学習会は、9 月の習近平訪米につき総括した性格もあったが、習近平は、グローバル・ガバナンス体制の変革はまさに歴史的転換点にあるとして、中国の国際的地位の向上や国際秩序への参与と主導という積極的な姿勢を強調した。12 月に開かれた中央政治局第 28 回集団学習会では、中華民族の愛国主義精神の歴史と展望が主題となったように、習近平のナショナリズムへの傾斜はきわめて明確である。「新常態」にもかかわらず、習近平は摩擦の発生が織り込まれた外交をなお進めようとしたということである。

　中国の外部環境を見ると、中国が最も重視する米国は、オバマ政権の末期で、国内は選挙モードに突入しつつあった。そのため、中国外交は、様子見の慎重さと機会主義的な既成事実の積み重ねが交錯したと考えられる。南シナ海における人工島造成はその典型的な例であろう。しかし、2015 年当初は中国の主動的な動きも目立ったが、その後は諸外国の動きが活発に進むこととなった。

　2015 年、中国は AIIB 設立と「一帯一路」構想で諸国の注目を浴びた。AIIB には、韓国や台湾だけでなく、中国の南シナ海政策に懸念を持つ ASEAN 諸国、さらに米国との関係が密接な先進国の英国など欧州主要国も雪崩を打って参加し、中国は米国主導の国際秩序がいよいよ変化しつつあると位置づけるキャンペーンを展開した。また、南シナ海における岩礁の埋め立てを本格的に進めたのも 2015 年の大きな出来事であった。

　しかし、これまでの中国の行動の積み重ねが同じ 2015 年のうちに逆効果となったことも明らかとなった。米国は、まず 2014 年 4 月 23 - 29 日、オバマ米大統領がアジア諸国を訪問し、「リバランス」を引き続き進める姿勢を示していた。中国の周辺では、安倍政権下の新安保関連法案が成立し、フィリピンが提訴した

－123－

仲裁裁判が進み、ベトナムが日米に接近し（米国政府の対越武器禁輸解除の検討も進んだ）、中国寄りであった韓国も日米との関係修復に努め、台湾では大陸寄りの国民党が総統選挙で大敗北を喫し民進党の蔡英文が勝利した。インドネシアも、2015年11月に高速鉄道計画を中国に発注しながらも、ナトゥナ諸島付近の海域における中国の法執行機関船の行動に怒り、中国漁船を厳しく取り締まるようになった。また、中国自身の行動ではないが、北朝鮮の核実験やミサイル発射実験などが、米韓間のTHAAD配備交渉の開始のきっかけとなり、中朝関係の悪化を引き起こすなどし、中国自身が安全保障にマイナスとなる懸念を表明するなど、受け身の姿勢をとることにもなった。

　中国外交は分岐点にあるのかもしれないが、一方で、中国が他国との摩擦を恐れない傾向は続くとも考えられている。そのため、変化があるとしても、一時的なものにすぎないのか、それとも中長期に続きうるのか、はっきりしていない。また、諸外国も中国にそれなりの配慮を行っている。2015年の中国外交の意味づけは、これから起こる出来事によって大きく変わりうるものとなった。

中朝関係

　2015年は中朝関係の悪化が進み、それが米中関係や東アジアの地政学にまで無視できない影響を及ぼした。中朝関係の決定的悪化は生じなかったが、進行中の東アジアの国際秩序の変動を背景とした新たな展開であったことは否定できないであろう。9月3日の「抗日戦争勝利70年」の軍事パレードでは、天安門の観覧台に習近平、プーチン・ロシア大統領、朴槿恵韓国大統領が並んだ。欧米主要国は首脳級の参加を見送り、日本の安倍首相は3日の軍事パレード以外の訪中と首脳会談の実現を模索したが、米国政府の求めもあり、見送ったと言われている。なお、習近平は、7月30日に開かれた中央政治局集団学習会で、新たな抗日戦争史観を提唱した。国民党、そして連合国との協力によって抗日戦争に勝ったとするヴィジョンである。

　軍事パレードには、北朝鮮からナンバー・スリーと目される崔竜海労働党書記が参加したが、習近平からは離れて立っており、習近平の北朝鮮冷遇と論評された。しかし、10月、劉雲山中央政治局常務委員が訪朝、金正恩第一書記と会

談したように、中朝関係の一定の修復が図られた。

　ところが、2016 年 1 月の核実験、2 月の「人工衛星」（事実上の長距離弾道ミサイル）の発射によって、中朝関係は大きく悪化した。これらは、米韓がTHAAD の韓国配備交渉を始めるきっかけとなった。中国とロシアは 3 月の国連安保理決議第 2270 号に賛成した。ただ、中露は経済制裁に参加するも、北朝鮮の崩壊を招かないように配慮を求めた。

　中国は北朝鮮の核とミサイル問題を、中国周辺の地域問題としてだけでなく、国際的な核管理レジームという観点から捉えるようになってきた。中国は核管理レジームを米中が協力できる主要なグローバルな問題の一つと見なしている。そして、日本のプルトニウム貯蔵を、核武装を準備するものとして批判し、中国メディアは、米国にある対日批判も紹介した。日米間で立場や利害が異なる問題を強調し、お互いに疑心暗鬼を生じさせ、日米同盟の弱化や動揺を進めようとする狙いがあると考えられる。

南シナ海問題と国際仲裁

　2015 年 10 月 27 日、米駆逐艦「ラッセン」が、中国が埋め立てを行ったスビ礁とミスチーフ礁から 12 海里内を通過した。一連の航行は「航行の自由」作戦と名づけられている。中国のミサイル駆逐艦「蘭州」とフリゲート艦「台州」などが「ラッセン」を追尾した。このころの米中間の意見交換は頻繁で、不測の事態の回避に努めたと考えられる。当初、多くのメディアは、「ラッセン」の航行を米中の緊張が高まった事例と見なしがちであったが、航行が、領海の「無害通航」を行っただけという解釈が成り立つともされた。つまり、米中の緊張はそれほど高くなかったということである。しかし、中国には中国の領海内における外国艦艇の「無害通航」を承認しないとする意見も多く存在する。

　フィリピンの常設仲裁裁判所への提訴以後、中比のやり取りは、高度に専門的な海洋法の用語を駆使して展開した。海洋法の専門家の分析を大々的に借用すれば、これまでの動きは、おおよそ次のようにまとめることができよう。2013 年 1 月、フィリピンは海洋法条約に基づく仲裁手続を始め、6 月に常設仲裁裁判所が設置された。2014 年 3 月、フィリピンは常設仲裁裁判所に、申述書を提出した。

この申述書には、中国の「九段線」に基づく主張は海洋法条約に違反している
などの内容を含んでいた。12 月、中国は常設仲裁裁判所の管轄権を受け入れず、
仲裁手続にも参加せず、仲裁裁判開始へのフィリピンの一方的手続は海洋法条
約違反であるなどとする「ポジション・ペーパー」を発表した。

　2015 年 10 月、常設仲裁裁判所は二国の主張について見解を発表した。海洋
法条約の紛争解決に関する規定は、紛争解決制度からの全般的な適用除外は
認めておらず、仲裁裁判における中国の欠席によっても常設仲裁裁判所は管轄権
を有し、また一方の当事者が交渉の可能性を尽くしたと結論した時には、それ以
上の努力を求められないとし、フィリピン側には有利な結果となった。

　なお、中国では、南シナ海問題について、今回の仲裁裁判が中立性を欠くと
いう認識を示した上で、中国は「九段線」という表現ではなく、海洋法（特に第
298 条）の「歴史的権利」に基づく主張を行い、また中国が「歴史的権利」を
有する海域では航行と飛行は自由であるとの立場をとるべきとの議論も出現した
（羅国強と張祖興『外交評論』2016 年第 2 期所収論文）。

　2016 年 5 月には、外交部条約法律局局長が、海洋法条約にある「強制的仲裁」
という概念を援用しつつ、常設仲裁裁判所に管轄権はないという反対意見を表
明した。

多国間協議

　2015 年は、中国が人工島の造成を本格的に進めるなど、南シナ海問題をめぐ
る動きはあったが、同時に多国間の枠組みでのやり取りも継続した。2015 年 4 月、
南京で拡大 ASEAN 国防相会議と専門家会合（ADMM‐Plus EWG）が開か
れた。EWG はいくつかの分野に分かれており、今回は対人地雷除去に関する会
合であった。8 月には外交部長の王毅がシンガポール訪問後に、クアラルンプー
ルで開かれた ASEAN+1（中国）外相会議、ASEAN+3 外相会議、EAS 外相
会議、ARF 外相会議に出席した。10 月には中国と ASEAN の国防大臣非公式
協議が北京で開催された。なお、3 日のシンガポールにおける記者会見で、王毅
は、南シナ海の建設活動凍結の提案は実現可能ではないとの趣旨の発言を行っ
ている。

第 3 章　中　国

　11 月、クアラルンプールで ASEAN 拡大国防相会議（ADMM Plus：ASEAN
諸国に日米中豪など 8 カ国）が開催されたが、南シナ海問題について米中が対立
し共同宣言は 2010 年の初会合以来、初めて見送られた。同月、ASEAN 首脳
会議、ASEAN+3、ASEAN と米国などとの個別の首脳会談、東アジア首脳会
議（EAS）、日・ASEAN 首脳会議などが開かれた。これらの会議に関する論評
はさまざまで、どの国の意向が貫徹できなかったかという点で大きく異なる。なお、
習近平はこれらの ASEAN 関連会議に先立ち、9 月の G20 と 11 月の APEC 首
脳会議などにも出席している。

　中国側の論評は米国と ASEAN との首脳会議につき、米国の強硬な要求に
ASEAN 側が難色を示したと強調した。しかし、日米の論評もこのようであった
わけではない。『朝日新聞』（11 月 22 日）は、「南シナ海における航行の自由を
保障することの重要性」という、中国の要求で ASEAN 国防相会議では削除さ
れた表現が、米・ASEAN 首脳会議の共同声明では明記され、米国の強い意向
が反映されたとしている。

　EAS では、南シナ海問題につき、カンボジアとミャンマーを除くすべての
ASEAN 加盟国がこの問題を提起し中国に批判が集中した（『日経新聞』11 月
23 日）。同日の『読売新聞』はロシアとラオス、カンボジアが南シナ海問題に触
れなかったとしている。

　『読売新聞』（11 月 23 日）によれば、李克強首相は南シナ海の「平和利用」を
主張し、5 項目提案を行った。すなわち、当事国が友好的・平和的に解決、域
外国は地域情勢を緊張させる行動をとらない、各国は国際法に基づき南シナ海
の航行と上空飛行の自由を行使し保護、などの内容である。

　EAS では南シナ海における行動規範の早期締結では一致したが、締結時期は
明記されなかった。11 月 17 日、中国の劉振民外交部副部長は人工島の造成は
完了したと述べ、また 22 日の記者会見において、人工島における軍事施設建設
と南シナ海における軍事化は切り離して考えるべきであると発言した。

　ASEAN の役割に関する中国側の主要な分析をみると、中国の役割が大きくな
るにつれ、ASEAN は分断され、その中心的役割（Centrality）には大きな限界
が来ているという見方が多くなったようである。

−127−

事実、2016 年 2 月に開かれた米・ASEAN 首脳会議では、フィリピンとベトナムが米国に同調しようとし、カンボジアやラオスは慎重姿勢であって、共同声明でも南シナ海への直接言及は避けたように、中国抜きの会議でも、ASEAN 側の対中配慮は明らかである。新華社も ASEAN は米国の言いなりにはならないと論評した。

　この会議では、米国も対中配慮をしたという見方が存在する。つまり、このころの北朝鮮に対する対応で、中国の協力をとりつけるために妥協したというのである。米中間では、朝鮮半島問題と南シナ海問題は連動していたと言えるであろう。この見方に立てば、このころの中国の既成事実の積み重ねは米国の立場を見透かしたものという解釈が成立する。そのほか、中国では、ASEAN 共同体を米国の軍事同盟と対比させ、ASEAN に米国の軍事同盟に対する制約要因となるという見方も存在する。

　総じて、年末の ASEAN 経済共同体の設立にも関わらず、中国は、ASEAN は分断され、役割が縮小していると見るが、同時に中国は ASEAN が米中のせめぎ合いの場であり続け、米国を牽制する役割を果たすことを期待していたと言えよう。

SCO・CICA における役割増大と対米戦略上の意味

　2015 年 7 月、ロシアのウファで上海協力機構（SCO）と BRICS の首脳会議がそれぞれ開かれ、習近平も参加した。この会議で、BRICS 開発銀行の創設、SCO の統合強化と外部への拡大、上海協力機構へのインドとパキスタンの加盟の手続き（2016 年に正式加盟の見込み）などが決まった。

　SCO のメンバー国はすべて 9 月の抗日戦争勝利式典等に参加することとなった。中国の対日政策が、東アジアに留まらない対外戦略の広がりの中に位置づけられていることが再確認されたといえよう。

　中国はアフガニスタン問題につき、2016 年 1 月パキスタンのイスラマバードで開催されたパキスタン、アフガニスタン、中国、米国の 4 カ国メカニズムの会合に、在アフガニスタン大使経験者の鄧錫軍を派遣した。中国によりアフガニスタンの安定やインドとの関係深化は「一帯一路」の推進に重要な意味を持つ。

第 3 章 中 国

2016 年 4 月 28 日、アジア相互協力信頼醸成措置会議（CICA:中国語では「亜信」と略称される）第 5 回外相会議の開幕式で習近平は演説し、地域的な安全保障機構の設立を提唱した。

つまり、CICA を基礎に、米国主導のアジア地域秩序とは異なる秩序を構築するという意思表明にほかならない。この演説の中で、習近平は、北朝鮮、アフガニスタン、シリアやパレスチナ問題に言及し、中国が果たす積極的な役割を強調した。2015 年 5 月に国務院新聞弁公室が発表した『中国の軍事戦略』白書も、「公平で有効な集団的安全保障メカニズムと軍事相互信頼醸成メカニズム（CBMs）の建設を推進」するとしていた。

これら一連の行動と発言から、中国が「韜光養晦」の基本方針から脱却を進めてきたといえる。ただ、2014 年の CICA 首脳会議でも習近平は地域安全保障の新しい枠組みの構築を提唱していたが、この 1 年で大きな進展は読み取れなかった。「韜光養晦」からの脱却に対して中国国内では慎重な意見もあるようで、そのプロセスはまだら模様といえる。

中国は、気候変動、イランの核と核安全保障（核不拡散を含む）を米中協力のモデル領域と位置づけていた（『文滙報』2016 年 3 月 29 日など。なお、この論評は北朝鮮の核問題にはほとんど言及していない）。2016 年 1 月にイラン核問題の最終合意が実現すると、中国は協議国の一員としての役割を強調した（『人民日報』日本語版 2016 年 1 月 18 日など）。なお、イランは「一帯一路」の一部を形成しており、その安定は中国にとっても意味を持つ。イランの核合意後、中国とイランは高速鉄道建設プロジェクトの契約を締結した。

2016 年 3 月 31 日から 4 月 1 日にワシントンで開かれた核セキュリティ・サミットに習近平は出席した。習近平の出席はチェコ訪問後で、2009 年にオバマ米大統領がプラハで核セキュリティ・サミット開催を提唱したいわれがあり、米中の関係緊密の演出であろう。また、習近平は、パリで開かれた国連気候変動枠組み条約第 21 回締約国会議（COP21）にも出席した。COP21 は 11 月 30 日から開かれ、12 月 12 日に「パリ協定」に合意、採択している。

ASEAN との関係も含めると、2015 年は「新常態」のもと、中国は米国とは協力と牽制という二面性を持つ外交を展開し、既成事実を積み重ねたが、受け

身の面も見られたといえるであろう。

（浅野　亮）

軍　事

南シナ海「領海化」とその背景

　中国は、米国が警戒感を高めているにもかかわらず、フィリピンやベトナムによる権利の主張を無視して、パラセル諸島（西沙諸島）やスプラトリー諸島（南沙諸島）の岩礁や暗礁を埋め立てて人工島を建設し、その上にレーダー施設や滑走路を建設した。

　中国は、「中国は、南シナ海の島嶼およびその付近の海域に対して、議論の余地のない主権を有している」と主張し、慎重に「領海」という言葉を使用するのを避けている。『国連海洋法条約』は、「沿岸国の主権は、領海といわれるものに及ぶ」と明記し、領海の限界として、「いずれの国も、この条約の定めるところにより決定される基線から測定して12海里を超えない範囲でその領海の幅を定める権利を有する」としている。

　領土紛争が解決し、南シナ海のすべての島嶼が中国の領土だと認められたとしても、中国の主権が及ぶのは、南シナ海の一部に過ぎない。それにもかかわらず、中国が、「歴史的権利」等の概念を用いて、「九段線」で囲まれる南シナ海のほぼ全域に自らの主権が及ぶとの主張と実際の行動を考慮すれば、中国が南シナ海を実質的に「領海化」しようとしていると考えられる。

　中国が南シナ海の「領海化」を図る主な理由として、海底資源および海上交通路の確保などが挙げられる。2014年5月、中国は、ベトナムも権利を主張する海域にオイル・リグを設置し、採掘作業を行った。また、中国が、タイ国内にクラ運河を建設することに固執するのは、米国によるマラッカ海峡封鎖を恐れるからであろう。エネルギー輸送を断たれれば、中国の経済はほぼ確実に破綻する。中国は、米国が、台頭する国（つまり中国）の経済規模が米国の経済規模に追いつく前に、当該国の経済発展を妨害してきたと分析している。そして、米国の妨害には軍事的手段も含まれる。

第 3 章　中　国

　一方で中国は、強引な手法を用いてでも、経済発展を継続しなければならない。経済発展が止まれば、指導部は権威を失い、中国社会がさらに不安定化し、共産党による一党統治が崩れる可能性もある。しかし、中国は、米国と軍事衝突したいわけではない。現段階で、米国との戦争に勝利できないことは、中国指導部にも理解されている。

　中国の南シナ海「領海化」には、米軍の活動を排除するという軍事的な意義もある。一つには、インド洋から地中海に至る地域に対して、米国と同等の軍事プレゼンスを示し、二つには、米国の中国に対する武力攻撃を抑止し、牽制するためである。

　中国は、米国との衝突を避けて西へ進むべきだという「西進」戦略を基礎に対外経済活動を展開している。2012 年に「西進」戦略を提唱した北京大学の王緝思教授は、「『西進』戦略は、中国内陸部の経済発展の支柱である」としている。中国が、西へ経済活動を展開するのは、国内の経済格差是正のための戦略でもある。

　中国指導部が進める「一帯一路」構想は、この「西進」戦略の実践であるとも言える。「一帯一路」とは、陸上の「シルクロード経済ベルト」と「21 世紀海上シルクロード」を意味する。陸上では、中央アジア、中東を経由してロシアやヨーロッパに至る、金融ネットワークを含む経済圏を建設することが目的であろう。

　中国が有利に経済活動を展開できる経済圏を建設するためには、中国が地域情勢に影響力を及ぼせることが重要である。中国が、経済活動のために軍事力の展開を急ぐようになったきっかけは、1991 年の湾岸戦争である。ライバルがいなくなった米国は、海洋戦略を変え、海上、空中、宇宙、電波が一体となった立体的な、まったく新しい戦い方を示した。

　米国のみが、軍事力によって自国に有利な地域情勢を創り出せることを理解した中国は、「海洋主権と海洋権益を防衛するだけでなく、海外における自己の権益を保護する能力を持たなければならない」と認識したのである。

　一方で、海上シルクロードは海上輸送路そのものを指している。現在でも、海上輸送路が最も優れた輸送手段であるのは、国境を跨がないからである。中国が海上輸送路をあきらめることはない。

　2015 年に発表された中国国防白書『中国の軍事戦略』は、こうした認識を明

—131—

確に反映していた。軍の任務の一つに「海外における利益の保護」を明記し、海軍の目標として、「近海防御型から、近海防御型と遠海保護型の結合への転換を実現する」ことを掲げている。

　中国では、湾岸戦争で米国が展開したような統合作戦を戦い、海外における権益を保護するために必要な装備が、空母だと考えられた。1980年5月に訪米した際に、「キティ・ホーク」および「レンジャー」という米海軍の空母に乗艦する機会を得た劉華清は、その航空戦力の展開能力に震撼し、中国海軍に空母の開発を指示した。

　2005年2月、当時の海軍司令員と海軍政治委員は、劉華清のもとを訪れ、中央による航空母艦の研究・開発・建造の正式決定を報告した。この時に報告されたのは、1998年に中国がウクライナから購入した「ワリヤーグ」のことである。2005年4月に、「ワリヤーグ」は大連造船所の乾ドックに移され、「遼寧」としての修復が開始された。

　「遼寧」は、多くの問題を抱えながらも、2012年9月に訓練空母として就役したが、実戦に供することはできない。他方、中国は現在、少なくとも2隻の国産空母を建造中である。また、空母を護衛し、空母打撃群を構成する、12,000トン級の055型駆逐艦の建造も進んでいる。中国では、055型駆逐艦を、「これまでの駆逐艦とは異なり、世界に展開して戦略的任務を遂行する艦艇」と位置付けている。

　中国海軍は、これまでも、「中国版イージス」とも呼ばれる「052C型／旅洋II型」および「052D型／旅洋III型」駆逐艦等の新型国産大型艦艇を南海艦隊（軍の改編前）に重点的に配備していた。南シナ海からさらに西方に展開するオペレーションを想定していたのである。

　しかし、中国が空母打撃群を展開したとしても、能力面では米国に大きく劣る。中国は、米海軍と同等の軍事プレゼンスを示すためには、米海軍の能力を低下させなければならないと考えてきた。中国が南シナ海全域をコントロールできれば、インド洋以西に展開しようとする米海軍の艦隊が南シナ海を航行する際に、航行を妨害し、コストを強要することができる。

　中国が南シナ海を「領海化」するもう一つの理由は、米国に対する核抑止であ

－132－

る。中国は、核弾頭を搭載した大陸間弾道ミサイルを発射可能な「094型／晋型」原子力潜水艦（戦略原潜）と「093型／商型」攻撃型原子力潜水艦を、海南島の亜龍湾海軍基地に配備している。

しかし、中国の「094型／晋型」戦略原潜が搭載するJL‐2弾道ミサイルの射程は8,000キロメートルと言われ、太平洋に出なければ、米国東海岸を射程に収めることができない。南シナ海は、東シナ海よりも、米海軍に探知されずに太平洋に出られる可能性が高いが、出港時から追尾されれば、これを振り切ることは難しい。戦略原潜は、ひとたび探知されてしまうと、抑止力にならない。攻撃型原潜に追尾され、核報復攻撃を行う前に攻撃される可能性が高くなるからである。しかし、ひとたび太平洋に出てしまった潜水艦の探知は、米海軍であっても不可能に近い。

中国海軍は、南シナ海における米海軍の対潜戦を排除する必要がある。実際、米海軍の潜水艦捜索・音響情報収集活動に対して、中国は妨害を行ってきた。2009年3月には、南シナ海において行動中の米海軍音響測定艦「インペッカブル」に対して、5隻の中国船が針路妨害している。

中国が南シナ海におけるコントロール強化のための活動を止めることはない。2015年9月の米中首脳会談において、習近平主席は、「スプラトリー諸島は軍事化しない」と明言したが、実際には、スプラトリー諸島も含めて、段階的に南シナ海の軍事化を進めている。

2015年10月には、中国海軍のJ‐11B戦闘機が、実弾を搭載して、パラセル諸島のウッディー島に展開した。中国海軍は、同島を中継基地として使用するとしている。同島には、対空ミサイルHQ‐9が展開していることも確認されている。

また中国は、スプラトリー諸島の複数の人工島に対空レーダー等を設置しており、2016年2月22日には、米国のシンクタンクが、クアテロン礁に高性能の高周波レーダーが設置されていることを明らかにした。

さらに、航空機の運用も開始された。2016年1月6日、中国政府は、2機の旅客機を借り上げ、スプラトリー諸島のファイアリークロス礁に着陸させた。中国は、試験飛行であるとしている。この時すでに、「中国軍機の人工島着陸は避けられなくなった」との指摘もあった。

そして、それは現実のものとなった。4月18日、米国防総省は、「中国がファイアリークロス礁に軍用機を着陸させた」と公表し、これに抗議した。中国は、病人を搬送する人道作戦であったと釈明したが、米国防総省は、「民間機ではなく軍用機を使用した理由がわからない」と指摘している。さらに、米国防総省は、「中国が約束を守り、スプラトリー諸島の拠点で軍用機の配備や巡回を行う計画がないことを再確認するよう求める」と述べた。

　しかし、中国は、近い将来、理由をつけて戦闘機をスプラトリー諸島にも展開し、これを運用しようとすると考えられる。その理由とは、地域の安全保障環境の変化であり、中国にとって、地域の安全を脅かしているのは米国の軍事行動である。

　中国にしてみれば、「防衛措置を採っている」ということである。実際、中国外交部は、「中国が南シナ海で適度な国土防衛施設を配置することは軍事化ではない」と公言しており、今後も「適度な国土防衛施設」の配置を継続することを示唆している。

南シナ海「領海化」と対米核抑止・非対称戦

　中国の南シナ海「領海化」は、対米核抑止を効かせるためであり、米国との軍事衝突を避けるためである。一方で中国は、米国と対等な軍事力を保有するための軍備増強を進めているが、実現までに時間を要する。

　中国海軍を例にとると、その増強は、劉華清が指示した「三段階の発展戦略」に沿って行われているように見える。第一段階は、2000年までに、近代的戦闘能力を具備することであり、第一列島線内外まで作戦範囲を拡大することである。第二段階は2020年までで、第三段階は2050年までに実現するとしている。

　第二段階の具体的目標は明言されていないが、第三段階までに、「世界一流の海軍力にすること」が目標として掲げられている。そして、2000年までの第一歩が、「大きな一歩」であると言う。近代的な海軍になる段階が、最も難しいと考えられていたのだ。

　第一段階は、約10年遅れで実現している。中国海軍の遠洋航海訓練が常態化されたのが、2009年頃からだからである。この頃から、中国艦隊が、第一列島線を抜けて太平洋に出る姿が確認されるようになった。

－134－

艦艇建造の状況を見れば、第二段階の目標は、空母打撃群を世界に展開し、軍事プレゼンスを示すことであると考えられる。現在、建造中の空母は、建造に6年を要するとされており、戦力化は2025年頃になると見積もられる。空母打撃群を展開できるようになるのは2030年頃になるだろう。第二段階も、約10年遅れで実現される可能性がある。

第三段階の「世界一流の海軍力」とは、米海軍と同等の海軍力という意味である。しかし、中国は、2050年に至るまでの時間も、米国の妨害を排除して経済発展しなければならない。そのために、中国が仕掛けるのが「非対称戦」である。中国は、核兵器の保有数および性能における米国との圧倒的な差を恐れている。中国は、米国に対する核抑止が効かないのではないかと考えるのだ。

中国は、米国との能力差を埋め、対等な核抑止を確立するために、サイバー攻撃、ジャミングおよび衛星破壊によって、米国の監視能力を低下させようとする。中国は、2007年に初の衛星破壊実験を行って以後、実際の衛星破壊を行っていないが、その能力を着実に向上させている。米国は、2013年には、中国が、最も高い軌道にある静止衛星の破壊能力も獲得したと分析している。

しかし、非対称な主体の間でバランスをとることは難しい。米国は、指揮通信情報ネットワークに対する攻撃が、中国の対米核攻撃の可能性を示すものであると考え、中国のこれら非対称の手段に対して強い警戒を示している。

中国が米国に対して仕掛ける非対称戦は、サイバー空間や宇宙空間においてだけではなく、実際の戦闘空間でも展開される。A2/AD（Anti‐Access/Area Denial：接近阻止・領域拒否）は、米軍と同様の戦力で戦っては不利なので、米軍が接近するのを阻止し、また一定の領域に入るのを拒否することで、戦力レベルが劣位でも有利な立場に立って戦う非対称戦である。

中国のA2/ADは段階的に構成されている。中国本土から最も遠方で米艦隊を攻撃するのが、対艦弾道ミサイル（Anti‐ship Ballistic Missile：ASBM）である。2015年9月3日に実施された軍事パレードで、DF‐21Dとともに、DF‐26も対艦弾道ミサイルであると紹介された。パレードを中継したアナウンサーは、DF‐21Dを紹介する際に、「中国の非対称戦の中でも重要な兵器である」と述べている。

DF‐21は、中国本土から1,500キロメートルの距離で米艦隊を攻撃できるが、DF‐26は射程距離が長いので、対艦弾道ミサイルとして運用されるとなると、米海軍は、中国本土から3,000キロメートル以上離れていても、ミサイル攻撃に備えなければならなくなる。

　ASBMは中国が最初に開発した訳ではなく、1960年代には、ソ連がR‐27対艦弾道ミサイルの開発を始めた。ソ連は1970年代からR‐27ミサイルの発射試験を行っており、ソ連では実戦配備されなかったものの、中国はこの技術を導入したと考えられる。

　次の段階が、H‐6K長距離爆撃機とこれに搭載されるDF‐10巡航ミサイルである。これら攻撃を潜り抜けた米艦艇は、通常動力型潜水艦の待ち伏せに遭う。

　中国の最新通常動力型潜水艦である「元」型／041型は、稼働している11隻のうち、9隻が東海艦隊に配備されていた。同型は、ロシアから導入した「キロ」型潜水艦の影響を強く受けているが、総合性能ではキロ型に劣るとも言われる。その「キロ」型潜水艦は、12隻が配備され、そのうち、8隻が東海艦隊に配備された。残り4隻は南海艦隊所属である。

　潜水艦とともに、米海軍艦隊を攻撃するのが、水上艦艇搭載の対艦ミサイルである。その対艦ミサイルは、ロシア製「SS‐N‐22サンバーン」であり、「ソブレメンヌイ」級に搭載されている。そして、中国が導入した同級4隻は、すべて東海艦隊に配備された。

　改編後、中国海軍は三大艦隊制ではなくなったが、これら最も信頼性の高い通常動力型潜水艦と対艦ミサイルを東部に配置している。中国海軍は、現在でも、米海軍との決戦は、台湾東方海域で行われると言う。実戦で使える空母を持たない中国は、ソ連と同様、対艦ミサイルと潜水艦で米海軍空母打撃群に対抗しようとするのだ。

習近平の軍事改革

　米国に対して非対称戦を仕掛ける一方で、習近平主席は、人民解放軍を「戦える軍隊」にするための具体的な努力を開始した。1949年の建国以来初めてとなる、大規模な人民解放軍の改革に着手したのである。

第3章　中国

2015年11月24日から26日の間、北京で開催された「中央軍事委員会改革工作会議」において、習近平主席が、「2020年までに、指導管理体制および統合作戦指揮体制の改革において、ブレイクスルーを遂げる」ことを宣言して以来、具体的な改編が実施されてきた。

この習近平主席の講話の中に改革の方向性が示されている。「指導管理」と「統合作戦指揮」の分離である。フォース・プロバイダーとフォース・ユーザーを分離するという意味だ。

この考え方をさらに明確に示しているのが、同じく習近平主席の講話の中で示され、以後、繰り返し使用されている「軍委管総、戦区主戦、軍種主建（中央軍事委員会がすべてを掌握し、戦区は主として戦闘し、軍種は主として（各軍を）建設する）」という原則である。軍種とは、陸軍、海軍、空軍およびロケット軍を指す。

2015年12月31日、陸軍指導機構、ロケット軍、戦略支援部隊が新編されて軍旗授与式が行われた。陸軍指導機構という名称の陸軍司令部が新設されたことは、陸軍、海軍、空軍およびロケット軍の位置づけを、同等にすることを意味している。

元来、中国人民解放軍は陸軍である。2004年に、海軍、空軍、第二砲兵司令員が中央軍事委員会入りする等、海空軍重視の兆候が表れてきていたが、それでも、海軍、空軍および第二砲兵は、組織上は陸軍の一部であった。海軍司令員や空軍司令員は、7大軍区の軍区司令員と同格とされていたのである。

同時に、「指導機構」という名称は、陸軍司令部が作戦指揮機能を持たず、部隊を監理する司令部であることも示している。この改編によって、人民解放軍の指揮系統は、中央軍事委員会から戦区への一本になり、戦区の「統合作戦指揮機構」という名称の司令部が、戦区内の陸、海、空、ロケット軍の部隊を統合運用する。一方の指導管理系統は、中央軍事委員会から各軍種への別系統となる。

「中央軍事委員会がすべてを掌握する」という表現には、軍改革のもう一つの意味が含まれている。それは、習近平主席による人民解放軍の掌握である。問題は、軍の党中央に対する忠誠である。中国では、権力闘争を展開する各権力者が、子飼いの軍や警察の部隊を使用する。「政権は銃口から生まれる」という

−137−

毛沢東の言葉は、今でも現実味を失っていない。

　実際、2012年4月に失脚した薄熙来は、失脚する以前、「二個集団軍が自分の掌中にある」と豪語していた。薄熙来が言う「二個集団軍」とは、成都軍区の主要構成部隊を指していた。地方の権力者が、軍の部隊を私兵のように使える状態だったといえよう。

　共産党中央の軍の掌握強化は、四総部の廃止、および、軍区の廃止／戦区の新設に現れている。四総部とは、軍の宣伝、思想、政治、組織、規律等に関する活動を担当する総政治部、作戦指揮および情報活動等を担当する総参謀部、軍の装備を管理する総装備部、基地・宿舎の整備を含む後方担当の総後勤部を言う。元来、中央軍事委員会のもとに、独立した形で存在していたが、軍の改編に伴い、15の職能部門の一部として、中央軍事委員会の中に取り込まれた。四総部の強大な権限を廃し、その権限をすべて中央軍事委員会に吸い上げるためである。

　「戦区」の成立は最も遅く、2016年2月1日、北京の八一大楼において、中国人民解放軍戦区の成立大会が挙行された。「戦区」の新設も、一筋縄ではいかなかったようだ。2015年11月には、「戦区」は4つになるとされていたが、12月になって、「5戦区」に変更された。

　「東部戦区」「南部戦区」「西部戦区」「北部戦区」の「4戦区」に、「中部戦区」が加えられたのだ。「中部戦区」が加えられることによって、「北部戦区」は地理的に二つに分断されることになった。部隊の運用効率を下げてでも、北京を含む地域に「中部戦区」を設置する必要があったということである。

　これら改革が功を奏せば、人民解放軍の運用は効率化され、戦闘能力は飛躍的に向上するだろう。しかし、習近平主席が、人民解放軍を掌握し、意のままに運用するためには時間が必要である。そして、党中央自身がそれを認めている。

　2016年1月1日に公表された『中央軍事員会の国防と軍隊改革の深化に関する意見』は、組織改編は基本的に2016年中に終了し、2017年から2020年にかけて改善や調整を行うとしているのだ。組織改編後に、4年の時間をかけて「改善・調整」を行わなければ、現状を打破することができないという意味である。

　現在でも、最新技術を用いた武器装備を備えつつある人民解放軍を侮って良

—138—

第3章　中国

い訳ではない。さらに、人民解放軍は軍備増強を継続している。一方で、人民解放軍が抱える問題は多く、かつ深刻である。そもそも、中国の経済発展が減速すれば、これまでのように武器装備品を調達できなくなる可能性もある。中国人民解放軍がどのような戦略を持ち、どの程度の軍事力を有するのか、これからも注意しなければならない要素は多い。

（小原　凡司）

香港・マカオ

揺らぐ「一国二制度」

　中国中央が香港やマカオに対する政策を変更し、「一国二制度」が変わってしまうのではないかとの懸念が香港で強まった1年であった。「中共建党94周年」と「香港返還18周年」にあたる7月1日に中国全土で施行された「国家安全法」が、香港やマカオにも「国家安全を擁護する責任」を規定し、国家の主権・統一擁護を「共同任務」と明記した。

　しかし、中国中央による締め付けに対して、「香港独立」や「香港の在り方を決める住民投票の実施」や「英連邦復帰」を求める声さえもあがった。香港の自治拡大を求める「本土民主前線」は、既存の民主派を生ぬるいと批判し、2016年2月28日の立法会（香港の立法府）補選で支持を伸ばした（ただし当選したのは穏健民主派の公民党・楊岳橋）。香港独立を主張する馬駿朗らが2015年2月にロンドンで立ち上げた「香港独立党」は、SNSを拠点に活動を展開した。2014年に「雨傘運動」を主導した学生らは、2016年9月の立法会選挙で候補を擁立する方針で、2016年3月に政党「香港衆志」や「香港民族党」を立ち上げた。いずれも組織力が弱くて議席獲得は見込めそうにないものの、中国からの「分離」を主張されることに対して中国中央は警戒を強めている。

　春節の2月8日には、旺角（モンコック）で「本土民主前線」などの若者が警官と衝突し、逮捕者や警官90人余りを含む多くのけが人を出した。この事件をめぐり、2月10日に張徳江政治局常務委員が北京で外交部、警察、軍などの関係者を集めて会議を開催し、「分離組織による策動」とみなして、「香港問題が

-139-

新疆やチベットと同様の問題になる」との見方で一致した。

　また、言論弾圧が厳しくなった一年でもあった。中国本土で販売が禁止されている中共指導部に対する批判や中共内の権力闘争をテーマとする書籍などを扱っていた「銅鑼湾書店」の関係者 5 人が、2015 年 10 月以降、相次いで失踪する事件が起きた。2016 年 1 月 10 日には、香港の民主派団体が中国政府に真相究明と関係者の早期解放を求め、6,000 人（主催者発表、警察発表は 3,500 人）規模のデモを実施するほどであった。米英や EU などが懸念の声明を出すに至ったこの「銅鑼湾書店」事件は、全貌が明らかにされないまま、香港の「一国二制度」の形骸化が進んだことを世界に示すことになった。

中国の反腐敗運動の影響でマカオ経済は縮小

　マカオの「基幹産業」とも呼べるカジノは、マカオの GDP 全体の約 3 分の 2 を占めている。しかし、中国経済の減速に加え、中国政府が進める反腐敗運動の影響で、中国人富裕層の高額利用者が 2014 年以降減少している。2015 年の賭博業収入は、2 年連続で前年割れを記録した（前年比 34.3％減）。中国の反腐敗運動が続くなかで、マカオは経済構造の転換が求められている。

（三船　恵美）

台　湾

「漢光 31 号演習」

　台湾最大規模の軍事演習である「漢光 31 号演習」が例年通り行われ、馬英九総統がこれを観閲した。2015 年度では、まず首都防衛戦を想定したコンピューター兵棋演習が 5 月に行われ、主として中国人民解放軍（解放軍）の奇襲攻撃に対する応急対応が試された。

　兵棋演習によると、解放軍による、弾道ミサイルおよび巡航ミサイルを使った奇襲攻撃の結果、総統府を含む台湾の政経中枢が麻痺し、レーダーサイトなども破壊され、しかも緒戦段階で空軍戦力の大部分を失うという惨憺たる結果になったと報道されている。10 月に公表された台湾の国防白書では、2020 年までに中

国が対台湾全面武力侵攻を可能とする作戦能力をもつと指摘しており、中台の軍事バランスの急速な変化が懸念される。

同年9月に行われた実動演習では、台湾周辺海域における防空作戦、対上陸作戦、南部の演習場における空陸戦闘訓練、サイバー作戦などが行われた。今回は、近年導入されたP-3C対潜哨戒機、CM-32国産の雲豹装甲車、盤石号補給艦、鋭鳶無人機、ステルス機能をもつコルベットの沱江艦などが投入された。

ペリー級フリゲートの調達

2015年12月、米国政府は、ペリー級フリゲート、AAV-7水陸両用強襲車、スティンガー携行地対空ミサイル、ジャベリン対戦車ミサイル、TOW 2B対戦車ミサイルなどの武器を台湾に輸出を承認すると発表した。これは、約18億3,100万ドルに達し、馬英九政権下では4度目の大規模武器輸入案件である。これらは、台湾の防衛力強化に貢献する。

しかし、これらは台湾が現在最も必要としている主要戦闘機や潜水艦などの主要装備ではない。ペリー級フリゲートは約30年前に実戦配備された中古艦艇であり、米国はこれを他国に事実上無償で提供する場合さえある。いわば米国の対台湾武器輸出は、台湾が必ずしも欲していない装備に「売値をつけた」ため、「巨額」の武器輸出案件となったといえる。もともと米国が売却を予定していたのは4隻であったが、実際に台湾が予算をつけたのは2隻に過ぎなかった。ペリー級フリゲート以外は、基本的に既存の装備を新型に更新したものである。

今回の武器輸出の執行通知は、同年9月の習近平訪米が終わってから、すなわち議会が法案を通してオバマ大統領が法案に署名した約1年後になってやっと実施された。このタイミングを逃すと、2015年度内に武器輸出ができなくなり、台湾で組まれた予算がいったんキャンセルされてしまう。オバマ政権がいかに対中国関係を重視し、対台湾武器輸出に消極的であったかが分かる発表のタイミングであった。

南シナ海への関与強化

馬英九政権は、南シナ海問題への積極姿勢を強めた。米国は、中国が南シナ

海に引いている「九段線」の歴史的根拠となっている「11段線」について、台湾に明確な法的な説明を求めてきたが、台湾当局はそれを避けてきた。むしろ台湾もまた馬英九総統は、2015年12月に港湾施設の改築を祝う名目で、南シナ海の南沙諸島最大の島である太平島（Itu Aba island）を訪問する予定であった。しかし、ぎりぎりまで検討した形跡があるものの、米国の反応を考慮し、内政部長を派遣して、自らの訪問は見送った。南シナ海に対する中国の強硬姿勢が続く中、馬英九総統による太平島訪問に対して、米国はこれを強く牽制していた。

　しかし、結局馬英九は2016年1月末に太平島を電撃的に訪問し、「南シナ海平和イニシアティブ・ロードマップ」を発表した。米国政府が「失望した」、「助けにならない」と表明した一方で、中国は馬が米国の反対を押し切って太平島を訪問したことに対して事実上好意的な反応を示した。中国の積極的な進出が進む南シナ海問題は米中間で最もリスクを伴う安全保障上の問題の一つとなりつつあるが、台湾当局は「中華民国政府」として、長年同島を実効支配しており、同島は「中華民国」のシンボルの一つとなっている。この問題について、馬英九政権は、米国側を選択するのではなく、むしろ「中華民国」の内政ロジックに忠実に従い、結果として南シナ海問題における中国の立場を後押しするのと同じ意味を持つ行動を選択してしまったといえる。

中台首脳会談と政権交替

　中国の習近平主席と台湾の馬英九総統が、2015年11月に、シンガポールで初の中台首脳会談を行った。両者は、中台間の政治的基礎が「1つの中国」に関わる合意である「92年コンセンサス」であることを確認した。当時は首脳会談の総統・立法委員選挙の最中であったが、その影響は限定的であり、2カ月後の2016年1月16日に行われた台湾の総統選挙では、民主進歩党（民進党）の蔡英文主席が、中国国民党（国民党）の朱立倫主席を、56.12％の得票率で、300万票以上の大差をつけて圧勝した。

　同時に行われた立法委員（国会議員に相当）についてであるが、国民党（および国民党系勢力）は、これまで過半数割れを起こしたことがなかったが、今回113議席のうち民進党が68議席を獲得し、初めて単独過半数に達した。これで、

民進党は行政府のみならず立法府も掌握し、今後通したい法案と予算を通せるようになる。政権交替は、馬英九政権下で進んだとされる分配の不公平感、台湾アイデンティティの高揚、中国への警戒感等の結果と考えられている。

　台湾独立志向が強く、米国や日本との関係緊密化を求めている同党の完全勝利は、東アジアのパワーバランスに影響を与える可能性が高く、中国の対台湾政策の調整を迫る結果となった。主要武器国産化、徴兵制復活、国防費の対 GDP 比 3% までの増加など民進党の提起した国防政策の実際の方向性も注目される。

（松田　康博）

コラム 外交と食事：中国
おもてなしと情報

　中華料理が「世界三大料理」の一つに数えられるように、中国人の食へのこだわりは相当なものである。それは外交においても例外ではない。1972年9月25日に田中角栄首相と大平正芳外相らが日中国交正常化を実現する目的で訪中した際の興味深いエピソードがある。

　この日の北京は気温が30度を超える暑さだったが、宿泊先の釣魚台迎賓館の田中の部屋の温度はあらかじめ17度に設定されていた。そのうえ、部屋には田中の好物であった台湾バナナ、富有柿と木村屋のアンパンが用意されていた。さらに、朝食には、田中の故郷の新潟県柏崎にある老舗の味噌屋の三年味噌で作られた味噌汁が出てきた。自宅で使われていたものと同じ味噌であったため、田中は驚愕したという（本田善彦『日・中・台　見えざる絆』日本経済新聞社、2006年、42-43頁）。

　当時の中国側の通訳の一人であった周斌によると、田中の訪中にあたり中国側は周到な準備をしていた。周恩来が日本側をよりよくもてなすために、深夜に会議を招集したこともあった（周斌『私は中国の指導者の通訳だった』岩波書店、2015年、243頁。）

　田中の秘書であった早坂茂三は、1972年5月上旬に東京に駐在していた中国人記者が二人来て、田中について詳細な取材をしていったことを明かしている。このとき早坂は、田中にとって快適な部屋の温度は17度であり、台湾バナナと木村屋のアンパンが好物であること、味噌汁には柏崎市の老舗の味噌屋の三年味噌を使っていることなどを話した（早坂茂三『政治家田中角栄』中央公論社、1987年、364頁）。

　当時、田中の訪中は日本だけでなく中国にとっても一大事であった。中国側のもてなしはその証である。とはいえ、当時は日本と中国にまだ国交がなく、日中間の人やモノの往来には制約があった。にもかかわらず、中国がこれほど徹底した情報収集を行い、田中の北京での生活や食事にまで気を配ったことは、「どんな情報でもその気になれば把握することができる」という中国側からの暗黙のメッセージとして、田中やその周辺の人々が受け止めたとしても不思議ではない。外国の首脳の食事へのきめ細かな配慮からホスト国の情報収集能力の高さが窺える興味深い一例である。たかが食、されど食である。

渡辺　紫乃
（上智大学准教授）

第4章　ロシア

概　観

　ロシア内政の最大の特徴は、高インフレ率や劣悪な社会インフラなど経済・国民生活の悪化で政府や地方行政府への国民の不満が高まり、それが地方選挙投票率の低さに現れていること、しかしそれにも関わらず、プーチン大統領への支持率は80％以上を保持していることだ。その理由は、①プーチンが「クリミア併合」やシリア空爆などで国民の大国主義的ナショナリズムを満足させている、②伝統の「皇帝信仰」の延長で、大統領は正しいのに官僚、企業家たちが腐敗・汚職にまみれているためという心理が強いためだ。それゆえ社会経済が悪化するほど、国民は強いプーチンを求めるのである。

　経済面では、2015年は国防費が28.3％増えて歳出総額の20.4％になり（2014年は16.7％）、近年の軍事費の圧倒的比重が強い印象を与える。国の威信、外交力とは力だとの信念が、「クリミア併合」やシリア空爆でますます強められたからであろう。油価の大幅下落がロシア経済に大きな打撃を与えており、2015年には47％も下落した。国際的なエネルギー市場でロシアは苦戦しており、資源保有国が無条件に優越的な地位を保った時代は過去のものとなった。対露経済制裁に対抗する逆制裁および輸入代替生産は、必ずしも順調ではない。食料品の代替生産はわずかに増えたが、製造業全体にはその影響は及ばなかった。インフレ率は12.9％だったが、2016年4月の大統領とのテレビ対話で国民は、近年家庭の食料支出などは2倍以上に増え、公式のインフレ率と実生活での感覚は大きくズレているとプーチンに訴えていた。ロシア経済の最大の課題である資源依存経済からの脱却と構造改革は進展していない。

　対外政策面では、ウクライナ問題で依然として米国や欧州との対立と対露制裁は続いている。ロシアは国際テロ対策の面での協力体制によって孤立脱却を図ったが、シリア空爆では欧米が批判するアサド政権支持が主目的と見られて、ロシアの行為はかえって欧米の不信感を強めた。トルコとの関係は、数カ月の間に蜜月関係から敵対関係に急変し、今日の国際情勢の急激な変化をまざまざと見せつけた。プーチン大統領は、資源は外交・国家戦略の手段だとして、政治的に対立するウクライナを迂回するガスパイプライン建設に全力を傾けてきた。しかし、「サウス・ストリーム」、「トルコ・ストリーム」がともに困難となり、「ノルド・ストリーム2」も多くの国の反対を受け、苦しい立場に置かれている。中央アジア問題では、

-145-

政権の不安定化に伴うイスラム過激派の伸長に神経を尖らせている。

　アジア政策では、中国との関係が複雑になっている。油価の下落などで中国の立場が強くなり、両国のエネルギー・プロジェクトは二転三転し、ロシアは中国から無視される傾向が目立つ。ロシアは過度の対中依存を脱する立場から日本との経済その他の面での協力を強く求めている。日露関係では平和条約交渉が行き詰まっているが、2016年5月のソチにおける日露首脳会談では、安倍首相が「従来の発想にとらわれない新しいアプローチ」を提案したとされたが、その内容は公表されていない。ロシアの求める経済その他の面での協力を最重視して、それを平和条約締結に結びつける政策と思える。

　軍事面では、被包囲意識や「西側の陰謀」という被害者意識を背景とした軍事力強化や「陰謀対策」が目立つ。米国のミサイル防衛（MD）計画への懸念は、欧州だけでなく極東地域にも及ぶようになった。中国との共同軍事演習も行われているが、真の信頼関係は成立していない。ロシア経済における軍事負担は、プーチン政権下で最高レベルに達した。

内　政

　2015年から2016年にかけてのロシア内政は比較的安定しており、プーチン政権に対する国民の支持率も高い水準で維持されている。例えば、「今度の日曜日に大統領選挙が行われるとしたらあなたは誰に投票するか」という質問に対して、特定の人物の名前をあげた回答者のうち80‐88%の回答者がプーチンと答える状態が2014年4月から2016年1月まで続いている。

　そのことが、石油価格の低迷と2014年のウクライナ政変以降の米欧日各国による経済制裁によってロシア経済が悪化し、また国際政治においてもロシアが孤立しているように見える状況の中で起きていることは、注目に値する。もちろん、本書の昨年度版において示したように、プーチン政権が、国内情勢が不安定化することを強く恐れ、国内治安を中心に引き締めを強化し、政権基盤をより強固なものとするための措置を次々と打ち出していることが、当面は、功を奏していると言うこともできる。確かに、プーチン政権は、以下に見るように、2015年に入ってからも、そうした引き締めの強化のための新たな措置を打ち出してもいる。し

かし、そうした引き締めの強化のもとでロシア国民が抑圧的な状態に置かれていると考えるのは正しくない。というのは、そもそも引き締め策が一般国民に向けられたものではないということもある。そして、ロシア経済の低迷も、欧米の経済制裁に起因しているとロシア国民が考えるのであれば、それはむしろ国民の団結力や忍耐力を強めることになるという面があることも見逃してはならないであろう。

　以下、いくつかの論点に絞って 2015 年から 2016 年にかけてのロシア内政を概観する。

国内治安引き締め策の継続とプーチンの世界観

　プーチン政権は、2015 年に入ってからも、国内治安を中心に引き締めを強化する措置の導入を継続している。

　例えば、2015 年 5 月 2 日には、マスメディアを通じたテロ活動・過激主義活動の呼びかけやそれらの活動を擁護することに対して 10 万 - 100 万ルーブルの罰金を課すことを規定した「ロシア連邦行政法違反法典第 13.15 条および第 20.29 条の修正法」が制定された。

　さらに、2015 年 5 月 23 日、「ロシア連邦刑法典」、「ロシア連邦刑事訴訟法典」、「ロシア連邦行政法違反法典」等の法律の一部を修正する「ロシア連邦の諸法令の修正についてのロシア連邦法」が制定された。この法律によって、「ロシア連邦の憲法体制の基礎、国家の防衛力または安全保障に対する脅威となる外国または国際非政府組織の活動はロシア連邦領土において望ましくないものと認定される」ことがあり、それらの組織に関与した個人は 5,000 - 1 万 5,000 ルーブル、公職者は 2 万 - 5 万ルーブル、法人は 5 万 - 10 万ルーブルの罰金が課されることとなった。

　このように、プーチン政権は、テロ・過激主義の脅威、政治的な活動を行う外国または国際的な NGO による国内政治の不安定化や内政干渉に対して依然として強い警戒心を持っている。その背景には、プーチン大統領の、世界の国々は多様であり、単一のモデルにしたがって発展していくわけではないという世界観が存在していると思われる。例えば、プーチン大統領は、2015 年 6 月 12 日に行われた国家賞授与式のスピーチで、25 年前の「国家主権宣言」採択に始まった

ロシアの民主主義と市場経済へ向けての改革の成功を想起したあと、「私たちは、ロシア国家の本質および精神的基礎を失うことなく維持し、国民の独自の民族的多様性、その歴史的一体性、祖国への献身および祖国の自由、独立、利益を擁護し守る覚悟という永年の伝統を持ち続けてきた。これらの愛国主義の理想は深くかつ強靱なものであり、なんぴとともそれ自身の枠組みによってロシアを作り替えることはできない」と述べている。また、2015年9月28日に行われた第70回国連総会における一般討論演説では、「私たちはすべて多様であり、それに敬意を払う必要がある。誰かが唯一これが正しいと認めた単一の発展モデルに従う義務は誰にもない」と述べている。

2016年下院選の前倒し実施の決定

2015年6月11日、下院の「統一ロシア」、「公正ロシア」、ロシア自由民主党の3会派は、2016年9月18日に予定されている統一地方選と同年12月4日に予定されている下院選とを同日に実施するため、下院選の実施を2016年9月18日に前倒しする法案を下院に提出した。統一地方選と下院選の同日実施の目的は経費削減である。ロシア連邦共産党は反対したものの、同法案は2015年6月19日に下院第一読会を通過した。これを受けて、上院は、この法案の憲法適合性について憲法裁判所に照会したところ、憲法裁判所は、2015年7月1日、憲法の規定は、憲法上有意な目的があれば、任期中の下院議員の任期の短縮となる選挙日程の変更を1回だけ行う可能性を排除していないとの決定を下した。かくして、同法案は、下院・上院を通過し、7月14日、プーチン大統領が署名して発効した。

クリル諸島（千島列島）社会経済発展プログラムの承認

2015年8月10日、ロシア連邦政府は「2016‐2025年度クリル諸島社会経済発展」連邦特別プログラムを承認した。それに先立ち、7月23日の政府会議でメドヴェージェフ首相は、このプログラムの目的が、島民の生活条件の改善、定着、雇用の確保、インフラ整備であるとし、インフラには国防インフラも含み、国境警備を担う軍部隊のプレゼンスにも注意が払われると指摘した。この文脈で、メドヴェージェフは、クリルへの再訪に言及した。

統一地方選の結果

2015年9月13日、統一地方選の投票が行われた。21の連邦構成主体首長選挙、11の連邦構成主体議会選挙、23の連邦構成主体中心都市の市議会選挙を含む84の連邦構成主体で1万以上の各種選挙が行われた。

連邦構成主体首長選挙では、いずれも「統一ロシア」の現職が当選を果たし、しかも18の連邦構成主体では、得票率で次点候補に2倍以上の差をつけるという現職圧勝の中、イルクーツク州では「統一ロシア」の現職とロシア連邦共産党候補（下院議員）による決選投票が行われ、共産党候補が逆転勝利するという波乱が起きたことが注目された。しかし、問題はむしろ、投票率50%以下の連邦構成主体が15もあったという低投票率にある。低投票率は、現職の圧勝が予想される、いわゆる「無風選挙」で見られるものと考えられがちであるが、今回の首長選挙を見ると、決選投票にまでもつれ込んだイルクーツク州でも、投票率では第1回目投票が29.17%、決選投票でも37.22%に留まっている一方で、「統一ロシア」の現職首長の圧勝が予測され、事実、そのような結果に終わったケメロヴォ州の投票率が92.04%（当選した現職の得票率は96.69%）、タタルスタン共和国の投票率が84.07%（同じく得票率94.40%）であったことからすると、低投票率の原因は、別のところにあるとも考えられる。

連邦構成主体議会選挙、連邦構成主体中心都市の市議会選挙でも、全体的な低投票率は同様であるが、おおむね「統一ロシア」が50 - 60%という高い得票率を得ており、「統一ロシア」の党勢は、2008年頃のピークには届かないものの、2011年下院選で改選前の315議席から238議席に議席を大幅に減らしたときのような劣勢状態からは回復傾向にあることが示された。他方で、共産党は退潮傾向にあり、イルクーツク州知事選挙は例外的で特殊な出来事であったことが分かる。

これらの統一地方選の結果から、2016年9月の下院選の結果を予測すると、「統一ロシア」は2007年と2011年の中間程度の議席を獲得、共産党は議席減、「公正ロシア」とロシア自由民主党は若干の議席増ということになろう。

大統領教書演説

2015年12月3日、プーチン大統領は、上下両院議員、閣僚、憲法裁・最高

裁両長官、連邦構成主体首長・議会議長、宗教指導者等をクレムリンに招いて、恒例の連邦議会向け大統領年次教書演説を行った。

演説は、国際テロと戦うロシア軍人への謝辞を述べ、殉職者・テロ犠牲者に対する黙祷から始まった。大統領は、テロの脅威の高まり、多数のロシア出身者がシリアで非合法戦闘員として戦っており、その帰還阻止がシリア空爆参加の理由だと述べ、国連と国際法に基づく反テロ戦線の結成を呼びかけるとともに、ロシア軍機を撃墜したトルコを強く非難した。

2016年に予定される下院選挙について、選挙戦が、公正、透明、法令遵守のもとで行われることにより、選挙結果の社会的信頼と正当性が担保されることを指摘した。

大統領は、経済情勢について、肯定的な傾向が現れていること、輸入代替プロジェクトに対する投資環境の整備の継続を確認するとともに、2020年までに食糧の全面的国産化を主張した。また、外国との広範なビジネス協力の必要性を指摘し特にユーラシア経済連合、上海協力機構、東南アジア諸国連合（ASEAN）等との協力について、また極東地域振興が最重要の優先課題であること、北洋航路の重要性などについて言及した。

そのほか、人口政策、保健事業、教育など、社会問題についても、一定の時間が割かれたが、今後の政策については、全体として具体性を欠いており、現下の内外の政治経済情勢の先行き不透明感・不確定性の増大を反映したものとなっていると言える。

（上野　俊彦）

経　済

概要

ロシアでは、油価の下落やウクライナ紛争に関わる経済制裁などにより、2014年から経済成長率の低下、インフレの高進、ルーブル・レートの下落など、経済の危機的な状況が生じていた。これに対して、ロシア政府は2015年1月27日付政府指令第98号により「2015年における持続的経済発展と社会的安定の保

証に関する優先措置計画」を採択し、総計 2 兆 3,322 億ルーブルの支援策を打ち出した。ロシアが 2014 年から課している逆制裁（欧米などからの農産物・食品の輸入禁止措置）が継続され、ルーブル・レートが大幅に下落しているために、ロシアの輸入が大きく減少している状況下で、これまでの輸入品を国産品によって置き換える輸入代替が、このような支援策の中でもっとも重視された。メドヴェージェフ首相やクドリン元財相をはじめとするいわゆる「改革派」の官僚・経済学者からは、大幅な規制緩和や民営化などにより経済改革を進めて、成長モデルを変えることを提案する動きもあったが、こうした面での改革はあまり進まなかった。

　2015 年には、油価が大方の想定を下回るレベルにまで下がったため、国内の需要が大きく減退し、輸入代替は一部の工業部門でしか進展しなかった。この結果、ロシアの経済成長率は、マイナス 3.7％を記録することとなった。また、経済制裁が継続されたことで、ロシアの対外経済関係に対する影響が深刻化し、ロシアへの投資やロシアの銀行等に対する資金の貸付がさらに大きく減少することとなった。

油価下落の影響

　油価の下落は、企業や家計の需要の減退をもたらした。油価は、2015 年 2 月の経済発展省の予測の中では、1 バレル = 50 ドルと想定されていたが、2016 年初めにかけて、1 バレル = 30 ドルを切る水準にまで下がったことから、ロシア経済に対する打撃が一段と大きくなった。2015 年には、年平均価格（IMF 公表の世界平均価格）で見ると、47％もの油価下落が生じたので、2009 年に 36％の油価下落に対して GDP が 7.8％縮小したことを想起すると、2015 年における GDP の縮小幅（3.7％）はむしろ小さかったとも言える。

　2009 年と比べた場合の 2015 年の特徴は、家計消費の減少（9.6％）が投資（固定資本形成）の減少（7.6％）よりも大きかったことである。家計の需要減退については、油価下落の直接的影響に加えて、油価下落がルーブル・レートの大幅な下落をもたらし、それが 12.9％という高いインフレをもたらしたことにもよっている。

　国内需要の減退とルーブル安の進行により輸入額も 37.4％減少し、輸出の減

−151−

少幅（31.4％）を上回った。このうち、食品・同原料の輸入額は33.7％の減少で、なかでも逆制裁が強化されたEU諸国からは51.7％もの減少となった。

このように輸入が大幅に減少する状況のもとで、政府が力を入れた輸入代替政策の成果は、食品や医薬品の生産増加に現れた。鉱工業生産が対前年比3.4％の減少となり、ほとんどの部門で減産となったなかで、食品が2.0％、化学が6.3％の増産を記録した。食品については、2015年において逆制裁の1年延長や適用対象国の拡大などがなされており、輸入代替が進まざるを得ない状況にあった。化学部門の中では医薬品が8.9％増となったほか、電気機械部門のなかの医療設備も19.4％増であった。医薬品と医療設備は、輸入品あるいは輸入原材料・部品への依存度が非常に高く、ルーブル安による価格上昇が輸入を大きく減少させたこと、さらに、政府が、2015年以降、医薬品と医療設備の輸入を制限するような措置を取ったことにより、輸入代替が進んだ。しかしながら、国内需要の減退が非常に大きかったため、輸入代替が製造業全体に広がるようなことはなかった。

ロシア経済を支える鉱業部門は0.3％の増産となり、辛うじて減産を免れた。主要品目では、原油、石炭、LNGが増産、天然ガスが減産となった。原油、石油製品、天然ガス、LNGについては、輸出額は大幅に減少したものの、輸出量は数％程度増加しており、単価の大幅下落を数量の増加で補おうとした側面が見られた。

油価下落は、輸出額の大幅な減少をもたらしたが、輸入も大きく減少したため、貿易収支は1,458億ドルの黒字であった。サービス収支や投資収益収支などの赤字が減少したため、経常収支の黒字は19.3％増加して、696億ドルであった。

経済制裁の影響

経済制裁のもっとも大きな影響は、ロシア経済の先行きに対する不透明感の蔓延として現れた。特に、この影響はロシアと外国との資本取引に現れ、ロシアに対する外国直接投資が、2014年に引き続いて大きく減少した。また、ロシアの銀行等が国際金融市場で資金を借りることがきわめて困難になった。このため、銀行等は対外債務について借換えを行うことができず、返済を迫られることとなっ

た。この結果、銀行・その他民間部門の対外債務は 2015 年の 1 年間に 734 億ドル減少した。

国際収支表の民間資本収支を見ると、負債（銀行・企業等の資金借入れや投資受入れ）が大きく減少し、外国への資本流出も減少した（外国から資産が引き上げられたことを意味する）ため、資本の純流出額は 2014 年と比べて大幅に減少した。上述のように経常収支の黒字が増加したことと合わせて考えると、為替市場におけるドルを買う動きが 2014 年と比べて小さくなるはずであった。それにもかかわらず、ルーブルの為替レートが、年平均の対ドル・レートで見て、2015 年に 37％も低下したことには、経済の先行きへの不安感といった心理的要因がはたらいたものと考えられる。

ただし、これには、ロシア中央銀行が 2014 年 11 月から為替市場への介入を原則として止める政策を取るようになったことも影響していると見られる。実際、中銀による為替市場への介入は、2015 年の 5-7 月を除いてなかった。このため、ロシアの外貨準備の減少は、2015 年の 1 年間に 171 億ドル（4.4％）に留まった。2016 年初現在、ロシアは外貨準備の大きさ（3,684 億ドル）で、中国、日本、サウジアラビア、スイス、台湾に次ぐ世界第 6 位である。

軍事に関わる輸出と連邦予算

プーチン大統領によると、2015 年のロシアの武器輸出額は 145 億ドルであった。武器の輸出は 58 カ国に対して行われ、主要相手国は、インド、イラク、ベトナム、中国、アルジェリアであったとされている。例年は、ロシアの武器輸出額の大半を占める「ロシア国防輸出」社の輸出額が発表されているが（2014 年の輸出額は 132 億ドル）、2015 年については公表されていないようである。

2015 年の連邦予算の歳入は対前年比 5.8％の減少、歳出は同 5.3％の増加となり、財政赤字は対 GDP 比 2.4％となった。歳出の中では、国防費が対前年比 28.3％増え、突出した増加となった。国防費が歳出総額に占める比重は、2014 年には 16.7％であったが、2015 年には 20.4％に達した。一方、安全保障・治安費は対前年比 5.8％の減少であった

2015 年 12 月 14 日に採択された 2016 年の連邦予算では、歳入が 2015 年と比

べて 0.6％の増加、歳出が同 3.3％の増加、財政赤字は対 GDP 比 3.0％となって
いる。この数年間、ロシアの財政赤字は、油価下落に備えて蓄えられてきた予備
基金によって補填されてきたが、その予備基金の残高が 2015 年末には対 GDP
比 4.5％に減少したことから、超緊縮型の予算となっている。特に、これまで増
加率の高かった国防費と社会・文化措置費（その 4 分の 3 は年金などの社会政策
費）についても支出が抑制されたことが大きな特徴である。国防費は 2015 年実
績と比べて 1.3％の減少であり、社会・文化措置費は 3.0％の増加に抑えられた。

ロシア極東の経済状況

2015 年の地域別 GDP データはまだ得られないので、鉱工業生産データを見る
と、2015 年にはロシア全体の生産増加率がマイナス 3.4％であったのに対し、極
東連邦管区では 1.0％のプラスの増加率となった。製造業だけで見ると、ロシア
全体がマイナス 5.4％であるのに対し、極東ではマイナス 10.0％であったが、鉱業
が 7.7％の増産となったことが鉱工業生産全体のプラス成長をもたらした。サハリ
ン州の鉱業が 14.6％の増産となったことがこれに寄与している。小売商品売上高
は、ロシア全体が 10.0％の減少であったのに対し、極東では 0.9％の減少に留まり、
投資も、ロシア全体の 8.4％の減少に対し、極東では 3.4％の減少に留まっており、
マクロ経済指標では、概して極東はロシア全体よりもよい状況であった。

クリル諸島（千島諸島）の社会・経済発展に関しては、2006 年 8 月 9 日付政
府決定第 478 号によって採択された連邦目的別プログラム「2007 - 2015 年にお
けるクリル諸島（サハリン州）の社会・経済発展」が終了することに伴い、2015
年 8 月 4 日付政府決定第 793 号により、2016 - 2025 年を期間とする同名の連邦
目的別プログラムが採択された。このプログラムに関わる総経費は 689 億ルーブ
ル、その内訳は、連邦予算が 279 億ルーブル、サハリン州統合予算が 317 億ルー
ブルなどとされている。2007 - 2015 年のプログラムでは、総額が 276 億ルーブル
とされるなかで、連邦予算から 209 億ルーブル、サハリン州統合予算から 48
億ルーブルの支出であったから（2014 年 12 月 26 日付政府決定第 1556 号による
修正値）、2016 - 2025 年においてはサハリン州の財政的負担がよく大きくなる想
定となっていることが分かる。新しいプログラムでは、クリル諸島の定住人口を

第 4 章　ロシア

2015 年の 1 万 9,658 人から、2025 年には 2 万 4,390 人にまで増やすことなどの
目標が定められ、交通インフラ整備などの投資案件が数多く定められている。

（田畑　伸一郎）

対外政策

ロシア対外政策の基本方向

　2015 年から 2016 年にかけて、ロシアと欧米、特に米国とは対立、不信関係を
強め、ロシアの対欧米政策もより厳しいものになっている。欧米との緊張関係
の反動で、中国とは公式的には良好な関係を維持しているが、経済面などでは
対立、不信関係がむしろ強まっている。2015 年秋には親密な信頼関係を構築し
たと思われたトルコとの関係も急変し、厳しい対立関係に陥った。ロシアのメディ
アでは最近、19 世紀末のアレクサンドル 3 世皇帝の次の言葉がしばしば想起さ
れるが、そのことがロシア人の強い対外不信と国際的孤立を示している。

　「我々は常に次のことを忘れてはならない。つまり、我々は敵国や我々を憎んで
いる国に包囲されているということ、我々ロシア人には友人はいないということだ。
我々には友人も同盟国も必要ない。最良の同盟国でも我々を裏切るからだ。ロシ
アには二つの同盟者しかいない。それはロシアの陸軍と海軍である。」

　他方では、ロシアは「クリミア併合」以来の国際的孤立や対露制裁から脱却す
る努力も行っており、欧米との対テロ作戦での協力がそのきっかけになると期待
をかけた。ロシアはシリア空爆を開始し、当初は対テロでの西側との協力により、
ウクライナをめぐる欧米との対立が後景に退くことを期待したが、実際にはシリア
をめぐる欧米との対立もウクライナをめぐる不信も解消していない。

　ロシアとの経済的関係が深い欧州では、特にイタリアやフランスなどでは、対
露関係改善を求める動きも出ており、ロシアは欧州と米国の切り離し作戦を展開
している。また、領土問題解決を強く望む日本との関係を、孤立脱却の突破口に、
つまり G7 による包囲に楔を打ち込む契機にしようとして、最も信頼する国家間で
しか持たれない外務・防衛閣僚協議いわゆる「2 プラス 2」— 2013 年 4 月安倍
首相訪露の際に創設されたが、その後活動は休止状態 — の復活や経済その他

-155-

の面での協力関係強化を日本に呼びかけている。一方で、北方領土のインフラ整備などのロシア化や軍事力強化は、着々と遂行している。

旧ソ連諸国（CIS諸国）では、中央アジアの動向に神経を尖らせている。というのは、主要国であるウズベキスタンやカザフスタンで、高齢化した有力な指導層の交代をきっかけに体制が不安定化し、それを契機にイスラム過激派が勢力を伸ばして、そのテロ活動がロシア国内に波及することをロシアは恐れているからだ。

守られない欧米とのウクライナ停戦合意（ミンスク2）

「クリミア併合」でG8から外され孤立したロシアは、2014年9月の停戦合意「ミンスク1」が事実上ロシア支援下の親ロシア派武装勢力によって直ちに反故にされた後、2015年2月の「ミンスク2」によって西側との対立を解消し新たな関係を構築するかに思われた。シリア問題などの先鋭化により、ウクライナでの停戦合意は一時期には守られているかに見えたが結局は破られ、欧米とロシアは互いに相手を批判している。この状況下で欧米の対露経済制裁も2015年7月以後延長されてその後も継続されている。ロシアも欧米に対して2014年8月より1年期限で導入した食料品輸入禁止など対抗的逆制裁を、2015年6月に、1年延長することを決めた。

「クリミア併合」は力による国際秩序の変更だとして日本を含む国際社会は認めていないが、ジョージアの南オセチア、アブハジアのロシア保護領化のように、現実には「併合」は既成事実化しつつある。これにはロシアだけでなく、1994年のブダペスト覚書で核放棄の代わりにウクライナの独立と主権保護を約束した英米などにも責任がある。このような力による現状変更の既成事実化を国際社会が黙認すると、南シナ海などにおける中国の行動などにも影響が及ぶ恐れがある。

NATOは、ウクライナ問題でロシアの脅威を強く感じているポーランドやバルト諸国への軍事協力を強める姿勢をとった。これに対抗して、ロシア軍用機はバルト海や欧州上空での活動を強化している。

シリア空爆でかえって強まった欧米との不信関係

シリア、イラクで一定地域を支配する国際テロ組織「イスラム国」（IS）は、ロ

―156―

第 4 章　ロシア

シアにとっても欧米にとっても共通の脅威となった。欧米に続きロシアによるシリアへの空爆開始（2015 年 9 月 30 日）で、そしてまたパリでの IS によるテロ事件（2015 年 11 月 13 日）により、共通の対テロ作戦でロシアと欧米は協力の可能性が生まれたかに見えた。10 月末にエジプトでロシア旅客機が墜落したとき、ロシア当局はテロ事件だと認めようとしなかった。ロシア国民から、シリア空爆の報復だと批判される可能性があったからだ。しかしパリでテロ事件が起きるとロシアは、事故調査委員会の報告を待たず直ちにテロ事件と断定、欧米に対テロ作戦で連帯を呼びかけて孤立を脱却しようとした。フランスのオランド大統領が呼応して奔走したが、ロシアとトルコとの衝突、シリア対応でのロシアと欧米の不信などにより、このテロ事件を契機とする孤立脱却策は不成功に終わった。

　シリア攻撃を開始したロシア軍機は、IS だけでなくアサド政権と戦う勢力をすべて「テロ集団」とみなして、シリア北部のトルコ系住民の多い地域やその他の反アサド勢力の強い地域などを積極的に空爆した。ロシアは中東への影響力保持の足場としてアサド政権の存続を望んでいるからである。一方、欧米はアサド政権の独裁的な弾圧政策に反対して反アサド勢力を支援し、空爆の主たる目標を IS に絞ってきた。このように、対テロ作戦としてのシリア空爆も、欧米とロシアの思惑は異なっていて、ロシアのシリア空爆開始により欧米とロシアの協力関係が深まるのではなく、反対に不信感がかえって強まった。

　2016 年になって、ロシアだけでなく欧米も肩入れして、シリアのアサド政権と政権反対勢力の話し合いによる停戦合意と安定政権樹立の試みがジュネーブなどで幾度か行われた。しかし、ロシアと欧米との思惑の違いにより、またアサド政権とシリア反体制派の強い不信感、さらに反体制派内部の抗争により、シリアの危機情勢は続いている。ロシアは、2016 年 3 月 14 日に突然シリア駐在のロシア軍の一部の撤退開始を表明した。この発表は「アラブの春」の影響によるシリア内戦 5 周年、ジュネーブにおけるアサド政権と反政府勢力の和平交渉開始日に合わせて行われた。背景には、アサド政権の相対的な安定があるが、ただ撤退してロシア軍は一部で、シリアに展開しているすべての近距離ミサイル、S - 400 などの対空システムは配備を継続しており、ロシア軍はいつでもシリアに全面展開できる状況にある。

—157—

複雑化するトルコ、サウジアラビアとの関係

　2015年秋には、ロシアとNATO加盟国トルコの親密な関係が誇示され、9月にはモスクワでのイスラム寺院の落成式にトルコのエルドアン大統領が主賓として招かれた。しかし2015年11月には、ロシアの戦闘爆撃機がトルコ領空侵犯の廉でトルコ軍に撃墜され、ロシア・トルコの関係は一挙に戦争寸前の状態になった。撃墜事件以前にトルコは、ロシア機のシリア攻撃がアサド政権に抵抗しているシリア北部のトルコ系住民地域を空爆していることに強く反発していた。2014年12月にプーチン大統領がトルコを訪問した際ロシアは、黒海海底経由でブルガリアさらに西欧に通じるガスパイプライン「サウス・ストリーム」を中止して、トルコ経由の「トルコ・ストリーム」に変更すると突然発表した。しかしこの新パイプラインは当初から実現性が疑問視されていた。欧州諸国は、欧州のガス市場をロシアのガスプロムが支配することを懸念し、エネルギー面でのロシア依存脱却政策を強め、それにブルガリアも同調したために、「サウス・ストリーム」の突然の中止が発表されたのだ。

　対トルコ政策ではロシアはジレンマに陥った。ロシアはトルコ軍によるロシア機撃墜に対して、厳しくトルコを非難したが、NATO加盟国であるトルコへの軍事対応はできなかった。もしロシアがトルコに軍事対応するなら、NATOの規約によりその加盟国全体を敵に回すからだ。ただ、NATO加盟国であるがゆえに攻撃を控えれば、ロシアに脅威を感じている周辺国のNATO加盟機運を一挙に強めることになる。そこで、ロシアはトルコに対して、自らの大きな経済損害を覚悟で観光、建設、その他の経済分野で強力な対トルコ経済制裁を発動した。2015年12月には輸出するガス価格の値上げを要求、トルコのガス会社がこれを拒否すると、トルコの民間向け輸出を一時最大4割減らした。ただ、ここでロシアは別のジレンマに直面した。対トルコ経済制裁を発動するとしても、ロシアにとって国家戦略的に重要なこれまでのガス輸出契約や原発輸出の契約まですべて破棄するわけにゆかない。したがって、トルコとの関係を最悪の状況にすることは避けている。

　伝統的に親米国だったサウジアラビアが、オバマ米大統領の対イラン政策に反発している状況のもとで、ロシアはサウジアラビアとの新たな関係構築に動いた。

2015 年 6 月に同国の実力者で国防相や経済開発最高評議会議長も兼ねるサルマ
ン副皇太子を招き、原発建設など核技術面での協力、軍事、宇宙開発、石油ガ
ス部門での協力に関する合意を結んだ。ただ、2016 年 1 月初めにサウジアラビ
アとイランは国交断絶状況に陥り、イランとの関係を重視するロシアは、サウジア
ラビアに対して微妙な対応を迫られている。

二転三転するエネルギー政策

　ロシアは資源大国であり、プーチン大統領は資源は国家戦略の手段だと公言
してきた。ウクライナの政変に関連して、ロシアとウクライナが政治的に対立し、
2006 年にウクライナ経由のガスパイプラインが一時ストップしたことは、西欧に
衝撃を与えた。同様の事態はその後幾度も生じ、ロシアはウクライナを迂回する
パイプライン建設に力を入れた。バルト海底経由でドイツに通じる「ノルド・スト
リーム」に続いて前述の「サウス・ストリーム」計画を精力的に推進したが、EU
の抵抗でそれは突然中止された。2015 年 9 月には「ノルド・ストリーム 2」計画
が発表されたが、それに対してもロシア・エネルギーへの依存率を低下させるこ
とを戦略目標にしている EU 内で強い反発が起きた。リトアニア、ラトビア、エス
トニア、ポーランド、ハンガリー、ルーマニア、スロバキアは、計画に反対する共
同書簡を EU 本部に送った。
　ロシアのエネルギー資源外交の最大の失敗は、エネルギー高価格が続くことを
前提に、国際エネルギー市場において高姿勢の強気に終始してきたことだ。エネ
ルギー価格の大幅下落で、国際エネルギー市場では買い手の方が強い立場に転
じた。ロシアの立場も大きく揺らぎ、アジアでも中国との間のエネルギー輸出契
約とパイプライン建設契約、日本などとのウラジオストクの液化天然ガス工場建
設プロジェクトなどが二転三転している。

中央アジア、CIS諸国

　現在ロシアが最も懸念している問題は、旧ソ連諸国からイスラム過激思想に惹
かれた青年たちが、IS 支配地域やアフガニスタンなどに数千人から 1 万人近く渡っ
ていることだ。彼らが過激思想をさらに強め、戦闘力や組織力を身につけて帰国

し、ロシアや中央アジア諸国などでテロ活動が頻発することに神経を尖らせている。中央アジア諸国からロシアに出稼ぎに出ている青年たちが、ロシア経済の低迷で帰国して自国で失業者、不満層となって、過激思想に傾斜する可能性も高い。78歳のカリモフ・ウズベキスタン大統領、75歳のナザルバエフ・カザフスタン大統領がそのポストを去った後、中央アジア最大のこの2カ国の政情が不安定化することにも、ロシアは強い懸念を抱いている。

（袴田　茂樹）

極東政策

対中政策

　戦後70周年に当たる2015年、中露両国は共同で戦勝を祝うことを決め、相互の首都での戦勝式典にプーチン大統領と習近平国家主席が相互に参列し、歴史認識問題で結束を強めた。両首脳は2015年に計7回首脳会談を行い、互いに「親友」と呼んで盟友ぶりを誇示した。2014年のウクライナ危機で西側の制裁を受けるロシアは、中国一辺倒外交に舵を切った印象を与えた。しかし、米中による「G2」体制を掲げて対米関係を最優先する中国は、しだいにロシアを無視し始めた。

　毎年恒例の中露公式首脳会談は、2015年5月9日の対独戦勝式典の前日モスクワで行われ、両国は戦勝国として結束し、歴史の改ざんに反対することで一致。中国の新シルクロード構想とロシアのユーラシア経済同盟の連携を強化することを決めた。

　西側諸国首脳が一斉にボイコットした赤の広場での戦勝式典では、習主席が主賓扱いされた。軍事パレードには中国人民解放軍部隊も参加。プーチン大統領は中国に配慮し、式典演説で初めて「日本軍国主義」に言及した。

　一方、習主席は訪露前にカザフスタンを訪れ、訪露後にはベラルーシを訪問し、同国と友好協力条約に調印。旧ソ連諸国への浸透を強めた。ロシアの経済危機が進行する中、ユーラシア経済同盟を構成するカザフとベラルーシは中国との経済関係強化に軸足を移した。

第4章　ロシア

　9月3日北京で行われた抗日戦勝記念式典にはプーチン大統領が参列した。両首脳は式典後首脳会談を行い、習主席は日本を念頭に「歴史を書き換えようとする試みがあるが、われわれの歴史観は一致している」と述べた。プーチン大統領は「われわれは巨大プロジェクトを含む全プランを実現する」と経済協力を訴えた。

　両国はその際、30近い経済協力文書に調印したが、いずれの案件も中国の消極姿勢が目立った。懸案の天然ガス・パイプライン西ルートの建設問題では合意に至らなかった。着工している東ルートも工事が中断しており、原油価格下落や中国経済減速で、中国はロシアとのエネルギー協力への関心を低下させている。

　国営石油最大手のロスネフチが中国と進めていた東シベリアのバンコール油田の約5割の権益売却交渉は事実上決裂し、ロスネフチは2016年3月、インドに売却することで合意した。欧米の経済制裁で資金繰りに窮するロスネフチが、インドとの成約を優先した。

　中露貿易も停滞し、2015年は前年比で約30％減少し、目標の1,000億ドルを大きく下回った。ロシアは歴史認識問題で中国に同調することで中国からの経済的配当を得ることを狙ったようだが、空振りになりつつある。中国の王毅外相は「ロシアが単独で経済危機を克服するよう望む」と述べ、ロシアへの金融支援を否定した。

　プーチン大統領は2016年3月、対外軍事技術協力について演説した際、中国より先にインド、エジプト、ベトナムを挙げ、過度の対中依存から脱却する意向を示唆した。

　一方で、両国は2015年、地中海と日本海で恒例の軍事演習を行い、軍事的連携を誇示した。双方は米地上配備型迎撃システム「高高度防衛ミサイル（THAAD）」の在韓米軍配備に向けた動きに「重大な懸念」を示し、結束を確認した。

対朝鮮半島

　ロシアと北朝鮮の交流は2014年から活発化し、閣僚や政府高官の相互訪問が進んだ。中朝関係の冷却化が背景にあり、北朝鮮側のアプローチが目立った。

-161-

金正恩労働党第一書記は 2015 年 5 月の対独戦勝式典に出席し、初の外遊を果たすのではと観測されたが、土壇場で出席を見送った。北朝鮮は「内政問題のため」とロシア側に伝えた。

金第一書記の訪露準備のためモスクワを訪れた玄永哲人民武力相は帰国から 10 日後に反逆罪で処刑されたと韓国情報機関が発表した。訪露準備の不調が原因ともいわれる。玄氏はプーチン大統領とも会っており、ロシア側は不快感を示した。

その後両国の交流は下火になったが、北朝鮮はロシアからの原油購入量を増やすなど、経済関係は拡大している。両国は 2016 年 3 月、ロシアに不法入国したり、不法滞在する北朝鮮国民を送還することを規定した協定に調印した。この協定は国連人権機関などの批判を浴びた。

北朝鮮は 2016 年 1 月、4 回目の核実験を行い、「水爆実験」と強調したが、ロシアは「国連安保理決議の深刻な違反」と非難した。プーチン大統領はオバマ米大統領と電話協議し、「国際社会は厳しい態度を取らざるを得ない」との認識で一致した。しかし、プーチン大統領は、「全当事者が自制を保ち、北東アジアの緊張を高める行動を取らない」よう求め、ミサイル防衛（MD）を進める米国を牽制した。

北朝鮮の一連のミサイル実験でも、ロシアは懸念を表明しながら、北朝鮮を追い込む制裁強化には反対している。北朝鮮報道機関は、2016 年に金第一書記が年賀状を送った相手として、プーチン大統領、習主席の順で伝え、ロシアを優先する意向を示した。

対日政策

ロシアが 2015 年に戦勝 70 周年を盛大に祝賀したことは、「戦利品」である北方領土問題にも打撃となり、ラブロフ外相は「ロシアの 4 島領有は大戦の結果であることを日本が認めなければならない」と強調した。2014 年、2015 年に続いてプーチン大統領の訪日は実現しなかった。しかし、平和条約締結を目指す安倍晋三首相は 2016 年 5 月にソチでプーチン大統領と非公式首脳会談を行い、大統領訪日実現に意欲を示した。

戦勝祝賀ムードに合わせて、2015 年 7 月に北方領土の択捉島で愛国主義団体

による「青年教育フォーラム」が開かれ、メドヴェージェフ首相が出席した。同首相の北方領土視察は 2010 年、2012 年に次いで 3 度目。日本政府は訪問を避けるよう求めたが、ロシア側は「自国の領土に首相が行くのは勝手だ」と無視した。

同首相は 7 月の閣議で、2015 年で期限切れとなるクリル社会経済発展計画を 10 年間延長し、2025 年までの新計画を承認した。前計画（2007 - 2015 年）は総額 280 億ルーブルだったが、新計画は約 700 億ルーブルに拡大し、インフラ整備を強化して定住人口を増やすとしている。

岸田文雄外相は 9 月に訪露し、外相会談を行ったが、ラブロフ外相は記者会見で、「領土問題は話していない。平和条約問題を討議した」と述べるなどぎくしゃくした印象を与えた。モルグロフ外務次官も「領土問題は 70 年前に解決済みだ」と突き放した。

ウクライナ危機後、日本が制裁を発動したまま領土問題で成果を得ようとすることにロシア側が反発した形だ。ロシアによるシリア空爆作戦も日露関係を停滞させた。2015 年の二国間貿易もロシア経済危機の影響で、前年比で約 30％減少した。

2015 年の日露首脳会談は、9 月の国連総会、11 月のトルコでの G 20 首脳会議の場で行われた。11 月の会談では、大統領訪日時期を特定せず、「最も適切な時期に行う」ことで一致し、プーチン大統領はロシア地方都市での非公式会談を打診した。

2016 年に入ると、ロシアの経済危機や欧米からの孤立、中露関係停滞の中で、ロシア外交における日本の位置が相対的に高まった。日本が G 7（主要 7 カ国）サミット議長国であることも、日本の存在感を高めた。

ラブロフ外相は 2016 年 4 月、北方領土の 4 島すべてが交渉対象になるとの認識を示した。4 月の訪日では、「両国関係をすべての分野で発展させなければならない」と前向きな姿勢を見せ、安全保障に関する日露高官協議開催で合意した。

プーチン大統領も 4 月、北方領土問題で、「クリルの将来をめぐる妥協策がいつか見いだせると思う」と語った。ロシア側は従来、ウクライナ問題をめぐる欧米の対露制裁に日本が同調し、政治対話を停滞させたと批判してきたが、大統領は「米国の圧力にもかかわらず日本の友人は（ロシアとの）関係維持に努めて

いる」と述べ、5月の安倍首相訪露を評価した。

　しかし、ロシアは1956年の日ソ共同宣言に基づく歯舞、色丹2島の引き渡しを基礎に領土問題を決着させる基本路線は変えていない。ラブロフ外相は1月の会見で、56年宣言が両国議会で批准された最も重要な文書とした。また、「日本が第二次大戦の結果を認めることなしに前進することはできない」とし、4島が合法的にロシア領となったことを承認することが前提と強調した。

　安倍首相は2月、「戦後70年を経ても領土問題が存在し、平和条約が結ばれていないのは異常だ。プーチン大統領と私はこの認識で一致しており、何らかの形で問題解決が不可欠だ」とし、首脳交渉で妥結を図ることに意欲を見せた。

（名越　健郎）

軍　事

国家安全保障戦略の改訂

　2015年12月31日、安全保障政策の指針である「国家安全保障戦略」が改訂された。従来の「国家安全保障戦略」は2009年に策定されたものであり、6年ぶりの改訂となる。

　2015年版「国家安全保障戦略」は2009年版と基本的構成を共有しているが、いくつかの点で興味深い変化も見られた。

　全般的な情勢認識に関して言えば、2009年版ではロシアがソ連崩壊後の危機を乗り切り、大国として復活しつつあること強調されていた。また、従来の安全保障政策文書では、冷戦後の世界が米国とその同盟国による「一極支配」であり、これに対抗して「多極世界」を実現しなければならないとされていたのに対し、2009年版はすでにこのような多極世界が出現しつつあるとしていた。このあたりは、リーマンショックによる米国の国力の衰えや、2000年代に新興国の一つとして台頭したロシアの自信が窺われよう。

　一方、2015年版では、ロシアが実際に大国として国際的な影響を発揮しているとの自己認識を示す一方、近年の西側との関係悪化については、ロシアの自律的な対内・対外政策を阻止するための封じ込め政策であるとの強硬な認識が示さ

れている。また、「多極世界」がすでに形成されつつあるとする点は2009年版と
同様だが、その受け止め方には若干の変化がある。2009年版では、グローバル
化の一方で新興国が台頭し、「質的に新しい地政学的状況が生じつつある」「地
域外勢力の関与なしに、地域ベースで現存する問題の解決を模索し、危機的状
況を打開しようとする傾向が形成されつつある」などとされていたが、2015年版
は「多極世界」が大きな不安定性に満ちたものであるという認識を基調とし、「国
際関係において力のファクターが持つ役割は低下していない」と述べる。これは
2014年末に改訂された「軍事ドクトリン」とも通底するものであり、大規模な国
家間戦争の蓋然性は低下しても、より小規模な紛争や非在来型の紛争の危険性
はむしろ高まっているとの認識が示されている。

　そこで2015年版「国家安全保障戦略」における脅威認識について見てみる
と、西側に関しては従来通り、NATOの東方拡大や域外軍事介入、米国のミサ
イル防衛（MD）計画や極超音速兵器計画などが戦略的安定性の毀損要因であ
るとしている。ただし、ここでもより直接的な表現が目立つようになっているほか、
従来は欧州に限定されていたMDへの懸念が中東およびアジア太平洋地域にも
拡大された点は特筆に価しよう。ことにアジア太平洋地域については日米のMD
協力が念頭に置かれていると見られ、今後の日露関係において当該分野が安全
保障上のイシューとして浮上してくる可能性も出てきた。

　一方、非在来型の脅威としては、外国の扇動による体制転換、通称「カラー
革命」に対する言及が大幅に増加した。ロシアは2010年代の「アラブの春」や
2014年のウクライナ政変を経て「カラー革命」に対する脅威認識を先鋭化させて
おり、国防省主催のモスクワ国際安全保障会議では米国をはじめとする西側諸
国がこのような体制転換を仕掛けているとして非難の姿勢を強めていた。前述の
2014年版「軍事ドクトリン」では、このような脅威に関して主に軍事的な側面か
ら多くの言及が見られるが、2015年版「国家安全保障戦略」の場合は文化、社
会、教育、マスコミなどの非軍事分野においても「カラー革命」への備えを強調し、
愛国・保守教育や情報通信に対する監視の強化などの方針を打ち出している。

　対外関係の面では、中国との二国間関係に関する記述が初めて登場し、「ロシア
連邦は中華人民共和国との幅広いパートナーシップ関係と戦略的連携をグローバ

ル・地域的安定性を維持するキー要素であると見なし、これらを発展させる」との
認識が示された。ウクライナ危機以降の対中接近を反映した結果とみられる。また、
インドについても「ロシア連邦はインド共和国との良好な戦略的パートナーシップが
重要な役割を担っていることを確認する」との記述が初めて盛り込まれた。

軍事態勢

　ロシア軍の全般的状況に関しては、2015年12月に実施された国防省拡大幹
部会議においてショイグ国防相からプーチン大統領に対して行われた報告からあ
る程度のことを掴むことができる。

　まずロシア軍の人員充足状態であるが、同報告では92%とされている。ロシ
ア軍の定数は100‐107万人と見られ、これに従えば現在のロシア軍は実勢92‐
98万人程度と考えられよう。また、2015年には、契約軍人(志願兵)が過去最
多の35万2,000人に達したことも注目される(2016年は38万4,000人となる予
定)。一方、徴兵は春季徴兵15万145人、秋季徴兵14万7,100人の合計29万
7,245人とほぼ例年通りであったため、2016年は契約軍人が初めて徴兵を上回る
ことになった。また、2015年の徴兵では、2014年にロシアがウクライナから併
合したと主張するクリミア半島で初めて徴兵が実施されている。将校等の人数に
ついては明らかにされていない。

　個別の軍種に関しては、空軍と陸軍で大きな変化があった。

　2015年8月、空軍と航空宇宙防衛部隊(軍事宇宙プログラムおよび重要政経
中枢の防空を担当する独立兵科)が統合され、新軍種の航空宇宙軍(VKS)へ
と再編された。これにより、ロシア軍は3軍種(陸軍、海軍、航空宇宙軍)およ
び2独立兵科(空挺部隊および戦略ロケット部隊)態勢へと移行したことになる。
ただし、航空宇宙軍については行政上の合理化によるメリットが強調されており、
実際の運用上に大きな変化が生じている兆候は今のところ見られない。

　陸軍においては、2008年以降の軍改革によって従来型の重師団編成から小型
旅団(兵力3,500人)への移行が進められてきたが、この構想を推進したセルジュ
コフ国防相が2012年に失脚したことにより、一部で師団編成復活の動きが見ら
れるようになった。特に2015年にはこの動きが顕著で、欧州正面を担当する西

—166—

部軍管区では既存の部隊を再編した戦車軍が新設されるとともに（軍レベルで機甲部隊が編成されたのはソ連崩壊後初めて）、新たに3個師団が新編されるとの方針が繰り返し表明されている。ウクライナ危機によって欧州正面全体で緊張が高まる中、ロシアとしても同正面における地上戦力を再強化することを狙っているものと見られる。

軍事支出および装備近代化計画の行方

　2015年度のロシア連邦予算における予算項目「国防」は、3兆2,868億530万ルーブル（約6兆2,450億円）で、2014年の約2兆2,489億ルーブルから1兆ルーブル以上も増額された。その内訳をみてみると、最大の支出項目である「ロシア連邦軍」向け支出が毎年2兆5,000億ルーブル前後、「応用科学研究」が2,500‐3,000億ルーブル前後、「核兵器コンプレクス」向け支出が400‐500億ルーブル前後、「その他の諸問題」3,500億ルーブル前後となっている。

　だが、3兆2,868億ルーブルという金額はGDPの4%以上、連邦予算の20%にも相当し、ロシア経済に対する軍事負担はプーチン政権下で最高レベルに達した（2000‐2008年までの第一次プーチン政権下では、国防費はGDPの3%以内に抑制されていた）。くわえて、国際的な原油価格の急落によって政府歳入のほぼ半分を占める石油・天然ガス関連収入も激減したことから、ロシア政府は一律5%の歳出カットに乗り出した。当初、国防・安全保障に関連する予算はカットの対象外とされていたものの、最終的には国防関連費も他分野並みに削減された模様である。正確な削減額ははっきりしないが、最終的には3兆1,100億ルーブル程度になったと見られる。

　こうした中で、これまで早いペースで進んできたロシア軍の装備近代化にも減速傾向が見られるようになってきた。ロシアは2011年以降、総額19兆ルーブルを投じた「2020年までの国家装備計画（GPV‐2020）」を進め、2020年までに全軍の70‐100%を装備更新する計画であった（達成目標は軍種・兵科により異なる）。

　同計画は、その中間地点である2016年に履行状況の見直しを行い、新たな「2025年までの国家装備計画（GPV‐2025）」へと発展解消されることになって

いた。だが、その予算総額を 30 兆ルーブルまで拡大するよう主張する軍と、これに反対する財務省との間で意見がまとまらず、計画の開始は 2018 年へと先送りせざるを得なくなった。これに伴い、新型航空母艦や新型迎撃戦闘機といった一部の新型装備の開発開始が先送りされたほか、新型鉄道移動式 ICBM の開発が中止されるなどの影響が生じているとされる。2015 年 5 月の戦勝記念パレードに登場した各種新型戦闘車両についても、調達ペースを大幅に低下させる模様である。

また、2014 年 6 月以降、ウクライナが軍事関連製品の対露輸出を全面的に禁止した影響も出始めている。ことにウクライナで一部コンポーネントの製造や最終組み立てが行われていたヘリコプターおよび艦艇用ガスタービン機関の調達に関しては影響が顕著である。例えばロシア国防省は近年、年間 100 機以上のヘリコプターを調達してきたが、2015 年はこれが 88 機に落ち込み、主力ヘリコプター工場であるカザン航空機工場は操業時間の短縮を強いられている。艦艇については、北方艦隊や黒海艦隊向けの新型フリゲート用エンジンが入手できておらず、一部についてはインドへの売却も検討されている状況である。

これに対してロシア政府は輸入代替による産業強化を唱えており、その一環としてサンクトペテルブルグのサトゥルン科学生産合同を中心としてヘリコプター・艦艇用国産ガスタービンの開発・製造を開始した。ヘリコプター用エンジンについてはすでに新工場での生産が少数ながら開始されており、2010 年代末までにはほぼ所要量を満たすことが可能となる見込みである。艦艇用エンジンについては 2017 年から試験開始とされ、実用化は 2020 年前後になると見られる。

シリアにおける軍事作戦

2015 年 9 月末、ロシアはシリア領内での空爆を開始した。同作戦のためにシリア北西部のラタキア県アル・フメイミム基地に戦闘機や攻撃機など 50 機前後が派遣されたほか、10 月以降は艦艇や爆撃機による長距離巡航ミサイル攻撃や絨毯爆撃が実施され、一時は崩壊寸前と見られていたアサド政権軍の形勢を逆転させる上でロシアの軍事力は大きな働きを示した。また、これはロシアが実施した中東への軍事介入としては過去最大規模のものであった。

第4章　ロシア

　軍事的に見ると、ロシア軍の攻撃手段は依然として無誘導兵器が中心であった
ものの、レーザー／衛星誘導兵器や長距離巡航ミサイルなどの精密攻撃手段が
一部に用いられたほか、偵察・監視手段や電子妨害手段なども過去の軍事作戦
に比べて格段に近代化されたものが投入された。また、11月にロシア空軍機が
トルコ空軍機に撃墜されたことを受けてラタキア基地にはS-400防空システムお
よび最新鋭のS-400防空システムが配備されており、シリア北部において域外勢
力の介入を阻止しうる強力なA2/AD（接近拒否／領域阻止）能力が展開されて
いると評価されている。プーチン大統領は2016年3月に入ってシリアに派遣され
ている部隊の「主要部分」を撤退させると発表したが、実際は一部が撤退したの
みで、大部分は依然としてラタキア基地に配備され続けているのが現状である。

治安部隊の再編

　2016年4月、内務省隷下の治安部隊を大幅に改革するよう命じる大統領が発
出された。従来、内務省は通常の警察組織のもとに鎮圧部隊であるOMON（特
別任務機動隊）および対テロ特殊部隊SOBR（緊急対応特殊部隊）を置く一方、
警察とは別個に国内軍を有していた。国内軍は装甲車両や火砲を装備し、チェチェ
ンなど北カフカスのイスラム過激派勢力の掃討作戦を主に担当する重武装部隊で
ある。

　4月の大統領令では、これらの治安部隊を統合した国家親衛軍と呼ばれる新
組織を設置し、その長官は内務大臣ではなく大統領に直属すると規定されている。
現在、国内軍の兵力はおよそ17万人とされるが、OMONおよびSOBRと統合
することで総兵力は40万人ほどになると伝えられる。

（小泉　悠）

-169-

コラム 外交と食事：ロシア
熊のもてなし？―ロシア人のもてなし方

　「熊のもてなし」という言い方がロシア語（ドイツ語にもある）にある。それは熊が相手をもてなすつもりで撫でたら、相手は大けがをしてしまう―― そういうことを喩えた言い方だ。

　熊ほどではないが、ロシア人のもてなし方は一風変わり、しかも豪快だ。ロシアにはソ連時代の質素さが残っているのか、公式の宴席での食事で特に記憶に残るものはない。こういう時に出てくる「御馳走」はチョウザメの薄切り、そしてキャビア止まりで、あとは牛かチョウザメのステーキ、そしてもちろん、重ねに重ねる酒杯こそがメインなのだ。

　その代わり、ロシア人は場所、そしてインテリアに凝る。モスクワのレストランも、一角の壁がせり上がると、そこには夜の赤の広場が灯を煌々と浴びてたたずんでいたり、ガラス張りの床の下の水槽を、これから食べられるチョーザメが何匹も泳ぐなどと、意匠は様々だ。

　首脳レベルでも、もてなしには場所に凝る。サウナに呼んできたら、まず最高の親密度の表現と見てよい。腹這いになった（仰向けでもいいが）客の背を白樺の枝葉でたたいて汗を流させたり、サウナでゆだるとマイナス10度の戸外に飛び出し、雪の中を転げまわる。そして室内に戻るとウォッカで乾杯してシャシュリク（羊肉の串焼き）にかぶりつく。こういう付き合いをすれば、領土問題も解決するだろう。

　筆者の記憶では、日本の首脳とエリツィン大統領との会談の後ではサウナが用意されていることが数回あったが、首脳同士が裸で会いまみえることは結局なかったと思う。そして引退した橋本龍太郎首相が旧友エリツィンを訪ねてきた時は、花粉の飛び交う春先にモスクワから150キロも離れた別荘に呼ばれ、家族総出でもてなされたが、おつきの大使館員達は花粉で目を真っ赤にして帰って来た。

　プーチンも、交通不便な別荘に外国賓客を呼ぶのが好きだ。5月のはじめ、安倍首相が訪れたソチもそうだ。ソ連時代の要人は風光明美なクリミアのヤルタをよく使っていたが、ここはウクライナに属することになったので、ソチに替えたのである。プーチンにしてみれば最高のもてなしのつもりなのだろうが、首脳に随行する代表団員にとっては不便きわまりない。そのためか、以前は旧ソ連諸国の首脳しかこういうところには行かず、まるで参勤交代みたいな感じもしたものだが、今では西側の首脳や外相もソチにプーチンを訪れる。ここの方が、彼とじっくり話ができるし、彼お得意の外国賓客との会談に遅れることもやりにくい。もっとも、安倍首相に対しては1時間近く待たせたが。何れにせよ「熊のもてなし」にも、いいところはある。

河東　哲夫
（Japan and World Trends代表）

第5章　朝鮮半島

概　観

　朴槿恵政権3年の「評価」とされた2016年4月の総選挙で、与党「セヌリ党」は過半数を大きく下回った。「独善的」と評される朴大統領の統治スタイルや経済面で成果を出せていないことへの不満が、背景にあったものとみられる。

　日韓国交正常化50周年を迎えた2015年に日韓首脳会談がようやく開かれ、12月には慰安婦問題に関する政府間合意が成立するなど、日韓関係は進展を見せた。だが総選挙で敗北したことにより、朴政権が日韓合意の履行や日本との安保協力など国内で意見が分かれる問題について反対を抑えることは難しくなった。

　韓国は、同盟国である米国と最大の貿易相手国である中国との間で、引き続き難しいかじ取りを強いられた。韓国は、ターミナル段階高高度地域防衛（THAAD）ミサイルの在韓米軍への配備について、中国に配慮して、公式議論も決定もないとしていたが、北朝鮮による第4回核実験および長距離弾道ミサイルの発射を受けて、米国との協議を開始すると発表した。

　韓国軍は、北朝鮮の核・ミサイルの脅威に対応できる能力を獲得するため、2020年代中盤の完成を目標に、キルチェーンおよび韓国型ミサイル防衛システム（KAMD）の構築に引き続き注力している。

　米韓連合軍は、2016年3月から4月にかけて史上最大規模の軍事演習を行った。新たに署名した「作戦計画5015」に基づき、北朝鮮の核・ミサイル施設だけでなく、北朝鮮指導部を狙った軍事演習を行ったと報じられた。

　一方の北朝鮮は、2015年から2016年にかけて、朝鮮労働党創建70周年慶祝行事と36年ぶりとなる第7回党大会の二つの重要イベントを見据えつつ、米国、韓国との対話再開を模索した。

　米国に対しては、2015年初めに核実験と米韓合同軍事演習の相互モラトリアムを提案したのに続き、10月には朝鮮戦争休戦協定の平和協定への転換を提案し、「核実験か、平和協定か」の選択を米国に迫ったが、米国の呼応を得ることはできず、2016年1月には4回目の核実験を強行して核開発能力の進展を誇示した。また、韓国に対しては、2015年8月に軍事境界線付近で砲撃事件を引き起こすことによって、韓国との2プラス2の高位級接触を実現したものの、本格的な当局間会談に繋げるには至らず、韓国が北朝鮮の核実験・衛星打ち上げの制裁措置として開城工業団地の操業を中止したことに強く反発し、朴大統領に対する名指し非難と軍事的挑発を繰り返し、軍事的緊張の醸成を図った。

−171−

このようななか、2016年5月に開催された第7回党大会は、金正恩が党委員長に就任するとともに党の組織を改編したほか、金日成・金正日時代を総括して自らの路線を提示し、金正恩体制の完成を内外に印象付けた。金正恩党委員長は並進路線を改めて標榜する一方、韓国との軍事当局会談の必要性に言及し、米国に対しても対話の可能性を示唆したことから、任期後半を迎えた朴槿恵政権や大統領選挙を控えた米国との駆け引きが注目される。

北朝鮮（朝鮮民主主義人民共和国）
内　政

朝鮮労働党36年ぶりの大会開催へ

　北朝鮮の朝鮮労働党は、2015年10月30日、第7回党大会を2016年5月初めに招集すると発表した。朝鮮労働党が大会を開催するのは、1980年10月の第6回大会以来、実に約36年ぶりのことである。

　党規約で5年ごとに開催される党大会が長期にわたって開催できなかった背景には、1980年代から90年代における韓国との経済格差の拡大やソ連・東欧社会主義圏の崩壊、それに伴う深刻な経済危機など、内外の危機的状況があったと考えられる。そのようななかで、先代の金正日総書記は先軍政治を標榜し、国防委員会を中枢とする軍優先の非常体制を長期にわたって敷いたのである。

　しかし、金正日も2008年の脳卒中発症後、自らの権力基盤強化のため、2010年9月に党大会に準ずる党代表者会を開催し、党重視へと舵を切るとともに、中国に接近して中朝貿易を大幅に拡大させ、経済再建に本腰を入れた。後を継いだ金正恩第一書記も、政治局や中央軍事委員会会議を積極的に開催して党の意思決定機能を稼働させたほか、張成沢元国防委副委員長らを「反党宗派分子」として粛清し、党内を引き締めた。中朝貿易の拡大に支えられて経済が比較的安定してきたことや、後述のように南北当局間対話が合意され、大会で党の最重要目標である南北統一の展望を語る可能性が開けたことも開催を決意する背景と

−172−

なったと考えられる。

　かくして、金正恩政権は、金日成、金正日が開けなかった第7回党大会を開催することによって、朝鮮労働党の支配体制の正常化を誇示し、もって金正恩第一書記の権威をさらに高めようとしたものとみられる。

　党大会の開催に向け、朝鮮労働党は、2016年2月17日、党中央委・中央軍事委共同スローガンを発表し、「70日戦闘」（2月23日-5月2日）を展開して政治学習と生産活動への大衆動員を強化して雰囲気の醸成を図った。そして、4月12日の朝鮮労働党朝鮮人民軍代表会を皮切りに各道レベルの代表会を相次ぎ開催して大会に派遣する代表を選出し、同27日、党大会を5月6日に開幕する旨明らかにした。

第7回党大会　①金日成・金正日時代との差別化

　朝鮮労働党第7回大会は、平壌市の4.25文化会館において、2016年5月6日から9日までの4日間の日程で開催された。大会への参加が伝えられた海外代表団は、在日本朝鮮人総聯合会（朝鮮総聯）の祝賀団（団長：夫永旭大阪府本部委員長）と在中朝鮮人総聯合会祝賀団のみであり、外国の友党代表団の参加は伝えられなかった。北朝鮮は、中国共産党との摩擦が表面化することを回避するため、友党の代表団を一切招請しなかったとみられる。

　大会では、①党中央委員会事業総括、②党中央検査委員会事業総括、③党規約改正、④金正恩の党最高首位推戴、⑤党中央指導機関選挙の5議題が上程され、スーツ姿で登場した金正恩第一書記が初日から2日間、約3時間にわたって党中央委員会事業総括を行った。

　金正恩第一書記の演説は、内政問題、統一問題、対外問題などに関し、第6回大会以降の活動を総括し、今後の目標や課題を提示する形で進められた。言及された個々の政策については、経済と核の「並進路線」など、すでに金正恩政権が打ち出したものがほとんどで、新味のある内容は必ずしも多くはなかったものの、演説の構成を見ると、金日成・金正日時代との差別化を図ろうとする思惑がうかがえた。一つは、金正日時代の「強盛国家」建設路線が総括部分で言及されたものの、課題部分では「社会主義強国」建設に置き換えられ、「強盛国家」

をなす政治、軍事、経済の「3強国」の構成が、「科学技術強国」、「経済強国」、「文明強国」、「政治・軍事強国」の4強国の構成に置き換えられた。「科学技術強国」と「文明強国」が金正恩のオリジナルであり、人工衛星の打ち上げや「未来科学者通り」をはじめとする近代的な都市開発を金正恩の権威付けに利用したものと言える。

また、「先軍政治」については、総括部分で金正日の功績として称賛しつつも、課題部分では「軍事強国」が「政治・軍事強国」として統合されるとともに、「先軍」を軍事力強化の文脈でのみ用い、軍を「朝鮮労働党の軍隊」と位置付けて、軍が革命を先導する「先軍後労」の原則には言及しなかった。なお、大会で採択された党中央委事業総括を支持する決定書では、「朝鮮労働党の軍隊」に関する文脈の中で、「軍隊内に特殊化、貴族化、官僚化の現象や、特権、権勢が現れないよう、思想教育と思想闘争を強化する」との言及があり、金正恩政権発足後の軍幹部の頻繁な更迭や階級引き下げの背景に、肥大化した軍の権勢を押さえ込む狙いがあったことを改めて窺わせた。

さらに、第6回大会で金日成が提唱した高麗民主連邦共和国創立方案についても、課題部分では「連邦制方式」とのみ言及し、「一国家、二制度、二政府」を骨格とする金日成の高麗民主連邦共和国創立方案にはもはや拘泥しない可能性を示唆した。

このほかに目を引く点としては、まず、経済建設において2016年から2020年までの「国家経済発展5カ年戦略」の遂行が強調された。「計画」としなかった理由は必ずしも明らかではないが、北朝鮮は、かつて長期経済計画が未達成に終わり、「調整期間」を設けるなどして帳尻合わせ苦労した経験があるだけに、結果に対する党の責任を予め回避する狙いがあるとも考えられる。

また、軍事面では、並進路線に基づき、核武力の質的・量的強化を進める方針を確認する一方で、防空システムの水準を向上させ、「領空の要塞化」を実現するよう強調した。このような言及からは、核抑止力を誇示しつつも、米韓軍のピンポイント攻撃への脆弱性に対する北朝鮮の不安感が垣間見える。

対外関係では、大会前の強硬姿勢とは対照的に、対話姿勢を前面に立て、局面の転換を図る思惑をうかがわせた。すなわち、韓国に対しては、南北関係の

第 5 章　朝鮮半島

根本的改善と問題の対話・交渉による解決を主張し、特に、軍事当局間会談の必要性を強調した。また、米国に対しては、対北敵視政策の撤回と休戦協定の平和協定への転換、在韓米軍の撤収と、従前通りの要求をするに止まり、対話に向けた直接的な言及はなかった。しかし、「世界の非核化」に寄与するとして、核兵器の先制不使用と核拡散防止義務の履行に改めて言及して米国に対する配慮を示した。注目されるのは、並進路線の「恒久的な堅持」を主張しつつも、その前段に、従前主張していた「世界の非核化が実現する時まで」ではなく、「帝国主義者の核による威嚇と専横が継続する限り」との条件を付したことである。「威嚇と専横」は北朝鮮側の認識の問題であり、認識が変われば「世界の非核化」の前であっても「並進」は恒久的なものではなくなり得るということであり、外部にとっては分かりにくい表現であるが、米国との取引に応じる可能性を示唆したものとして注目されよう。

第 7 回党大会　②組織・人事の刷新

　第 7 回党大会では、党規約の改正が行われ、党の最高職責の名称を「朝鮮労働党委員長」に改めるとともに、党中央委書記職を「党中央委副委員長」とし、書記局を「政務局」に改称した。その上で、大会は金正恩第一書記が党委員長に推戴されたことを宣布した。委員長制の導入は金日成時代への回帰との見方もあるが、1966 年の総書記制導入以前の金日成の肩書きは「党中央委員会委員長」であり、「党委員長」は、金正日が 1997 年に導入した「党総書記・党中央委書記」制を「党委員長・党中央委副委員長」に改めたものと見るべきであり、書記局を「政務局」に改めたことと合わせれば、金正恩は、金日成・金正日時代と異なる独自の機構体系に改編したと言えよう。

　党大会では、最終日の 5 月 9 日に開催された党中央委第 7 期第 1 回全員会議における党中央委の主要幹部の選出結果が通報された（表 1）。政治局委員については、病気説が伝えられる姜錫柱と長老格の呉克烈・李勇武国防委副委員長が抜け（いずれも党中央委員には残留）、李洙墉外相と対韓担当書記の金英哲、軍需工業部長の李萬建が登用された。また、政治局候補委員については、趙然俊組織指導部第一副部長のみ残留し、3 人の地方党委員長や李容浩外務次官な

−175−

表1　党中央委主要幹部

	氏名	政治局	政務局	中央軍事委	主要役職
1	金正恩	常務委員	党委員長	委員長	軍最高司令官
2	金永南	〃			最高人民会議常任委員長
3	黄炳瑞	〃		委員	軍総政治局長
4	朴奉珠	〃		〃	内閣総理
5	崔龍海	〃	副委員長		国家体育指導委員長
6	金己男	委員	〃		党宣伝扇動部長
7	崔泰福	〃	〃		最高人民会議議長
8	李洙墉	〃	〃		外相
9	金平海	〃	〃		党幹部部長
10	呉秀容	〃	〃		最高人民会議予算委員長
11	郭範基	〃	〃		党部長
12	金英哲	〃	〃	委員	党統一戦線部長
13	李萬建	〃	〃	〃	党軍需工業部長
14	楊亨燮	〃			最高人民会議常任副委員長
15	盧斗哲	〃			副総理・国家計画委員長
16	朴永植	〃		委員	人民武力部長
17	李明秀	〃		〃	軍総参謀長
18	金元弘	〃		〃	国家安全保衛部長
19	崔富一	〃		〃	人民保安部長
20	金秀吉	候補委員			平壌市党委員長
21	金能五	〃			平安北道党委員長
22	朴泰成	〃			平安南道党委員長
23	李容浩	〃			外務次官
24	任哲雄	〃			副総理
25	趙然俊	〃			党組織指導部第1副部長
26	李炳哲	〃			党軍需工業部第1副部長
27	奴光鉄	〃			人民武力部第1副部長
28	李永吉			委員	前総参謀長
29	金京玉			〃	党第1副部長
30	ソ・ホンチャン			〃	陸軍上将

出所：朝鮮中央通信ウェブサイトおよび韓国報道から筆者作成

ど新たな幹部が抜擢された。李洙墉外相と李容浩外務次官という二人の西側外交に通じた外交官が党要職に登用されたことは、党中央委候補委員から委員に昇格した金桂官外務次官とともに、対米外交を見据えた人事として注目される。

　政務局については、金正恩を含む10人のメンバー全員が政治局委員となっており、政治局委員（19人）の過半数を占めている。政務局の任務は明らかではな

いが、金正恩委員長を補佐する側近グループとして、軍事を除く全般的な事業に
ついて指導権を掌握する可能性がある。

　中央軍事委員会については、軍司令官クラスの将官が抜ける一方、朴奉珠総
理や党統一戦線部長とされる金英哲と党軍需工業部長の李萬建の二人の党中央
委副委員長が加入した。元副総参謀長兼偵察総局長の金英哲が党統一戦線部
長に就任し、中央軍事委員会入りしたことは、金正恩委員長が総括報告で言及
した南北軍事当局会談を見据えた人事とも考えられる。今回の人事の結果、中央
軍事委員会の構成は、従前の軍隊色が薄まり、民生部門を管轄する内閣や軍需
産業部門が加わって、国防全般を扱う国防委員会に近い構成となったと言える。
今後、国防委員会の位置付けに影響を及ぼす可能性が注目される。

外　交

対米関係

　北朝鮮は 2015 年 10 月、李秀勇外相の国連総会一般討論演説を通じ、米国
が朝鮮戦争休戦協定の平和協定への転換に同意するなら建設的な対話を行う用
意を表明した。北朝鮮外務省は公式ルートを通じて米政府にメッセージを送った
とし、「提案を慎重に研究し、肯定的に応じることを期待する」と表明した。

　しかし、北朝鮮側の姿勢は「核開発か平和協定か」の二者択一を米国に迫る
ものであった。2015 年 10 月 17 日付けの外務省声明は、朝鮮半島で平和を保障
する方法は、北朝鮮が核抑止力を強化する「冷戦の方法」か、平和協定の締結
かの二つだけだと主張し、「米国が（平和協定とは）別の道に固執するなら、朝
鮮半島で見るのは我が方の無限大の核抑止力が一層強化されていくことである」
と警告した。さらに、12 月 16 日付けの外務省代弁人談話は、米財務省の対北
制裁対象者の拡大を非難し、「米国が時代錯誤の敵対視政策にしがみつくなら、
米国の望むものとは正反対の、想像することのできない結果のみがもたらされる
であろう」と指摘した。後に判明したところでは、金正恩第一書記は、前日の 12
月 15 日に水爆実験の計画書に署名していた。2015 年の米朝関係を回顧した 12
月 24 日付けの朝鮮中央通信社「詳報」は、平和協定に関する提案は「米国の選

—177—

択に関する我が方の最後通牒」であったと明らかにし、一連の提案が核実験ありきを前提にして行われたものだったことを窺わせた。

2016年に入ると、北朝鮮は、水爆実験（1月）、衛星打ち上げ（2月）に続き、米韓合同軍事演習「キーリゾルブ」「フォール・イーグル」が開始された3月以降、核弾頭製造や弾頭大気圏再突入模擬実験、大陸間弾道ミサイルのエンジン燃焼実験などを相次いで公開するパフォーマンスを展開し、米本土を核攻撃する能力の保有に邁進していることを誇示した。北朝鮮外務省は、4月に入り、「対話自体には反対しない」と表明したものの、対話で解決されるか否かは米国の態度にかかっていると主張したうえ、「敵の核戦争演習が繰り広げられるたびに、我々の核攻撃能力は飛躍的に強化されるであろう」と予告した。任期末を迎えるオバマ政権の対北政策に変化がない場合、北朝鮮は、次期政権を見据えて更なる核実験や弾道ミサイル発射を繰り返す可能性が高い。

対中関係

北朝鮮は、核問題をめぐる中国の対米協調姿勢や、中国の韓国接近の動きに不満を抱きつつも、両国関係の対立を顕在化させることには慎重に対処している。

2015年9月に北京で開催された中国の抗日戦勝利70周年記念行事に際し、北朝鮮は、朝鮮労働党中央委政治局委員の崔竜海党書記を派遣した。崔竜海党書記は2013年5月に金正恩第一書記の「特使」として訪中したが、今回の訪中では「特使」の肩書きはなかった。こうした対応は、中国が朴槿恵大統領の招請に成功し、対日歴史認識問題をてこに韓国の取り込みを図るなか、韓国に張り合う形になるのを回避したものとみられる。ただし、崔竜海は、金第一書記の側近であるとともに、中国と関係が深かった抗日パルチザンの崔賢の息子であるという点で、中国側にはその重みが理解できる人選であり、中国は、国家代表ではない崔竜海を主要30人の外国指導者リストに入れて発表し、北朝鮮に対する配慮を示した。

一方、中国もまた、2015年10月の朝鮮労働党創建70周年慶祝行事に序列5位の劉雲山中国共産党中央政治局常務委員を派遣した。金正恩第一書記は、劉雲山常務委員と会談したほか、慶祝閲兵式のひな壇にともに登場し、中朝の友好関係を内外にアピールした。しかし、金正恩-劉雲山会談の報道発表には「(討

－178－

議された事項で）意見の一致を見た」との文言はなく、北朝鮮の核開発をめぐる両者の立場の違いを埋めるには至らなかったことを示唆した。金正恩が「（中朝友好の）伝統は歴史書や教科書に記録するに止まるのではなく、実践で継承し、輝かせていかなければならない」と述べたことは、中国に対する北朝鮮側の不満をうかがわせるものであった。

　劉雲山訪朝後も両国の交流は低調なままに推移した。10月25日の中国人民志願軍の朝鮮戦争参戦記念日は、65周年という節目にもかかわらず、両国間の交流行事は行われなかった。12月には北朝鮮の功勲国家合唱団とモランボン楽団の北京公演が設定されたものの、当日になって北朝鮮側が突如公演を取り止めて帰国するハプニングが発生し、ぎくしゃくした両国関係を窺わせた。

　こうしたなかで北朝鮮は2016年1月に核実験を強行したが、その際、中国側は「事前にまったく知らされていなかった」（中国外務省）とされる。北朝鮮が中国への事前通告なく核実験を強行したのは、中国の緩衝地帯としての自らの戦略的地位を計算した上で、中国に核開発に対する確固たる姿勢を印象付け、中国の出方を牽制する狙いがあったとみられる。

対日関係

　対日関係では、2014年5月のストックホルム合意に基づき、拉致被害者をはじめとするすべての日本人の調査のための特別調査委員会を設置したが、委員会立ち上げから1年となる7月初め、日本政府に対し、「今しばらく調査に時間がかかる」旨連絡したまま報告を行わず、日本側もまた、期限を区切らずに報告を促すという姿勢で臨んでおり、こう着した状況が続いている。

　日本側の報道によれば、この間、日朝両当局は非公式接触を重ねており、北朝鮮は、2015年春の接触で日本人遺骨と日本人配偶者に関する調査報告を提示したものの、日本側は拉致被害者の調査結果が含まれていないとして受け取りを拒否したとされる。また、対日交渉担当の宋日昊大使は9月、日本のマスコミに対し、「報告書はほぼすべて完成した」と述べた上で、日本側に特別調査委員会のカウンターパートとなる組織がないとして、日本側が常設組織を設置するのを待って調査内容を共有したいと表明した。しかし、日本政府認定の拉致被害者

－179－

について、北朝鮮側は死亡または未入境とする既存の立場を変えておらず、日本側はそのような立場は受け入れられないとして、調査の続行を要求していると報じられている。

このようななか、2016年2月、日本政府が北朝鮮の核実験・衛星打ち上げを受けて、人的往来規制の拡大や北朝鮮向け支払いの原則禁止などを盛り込んだ独自制裁措置を決定したのに対し、北朝鮮の特別調査委員会は「（追加制裁は）ストックホルム合意の破棄を公言したもの」と強く反発し、日本人調査の全面中止と委員会の解体を表明した。ストックホルム合意の当事者である北朝鮮外務省が立場を表明しておらず、今後に含みを残しているものの、北朝鮮側には、ひとまず委員会を解体することによって、時間を引き延ばす狙いがあるものとみられる。

軍事・安全保障

第4回核実験・衛星打ち上げ

北朝鮮は、2016年1月6日、政府声明を通じ、初の水爆実験が同日、成功裏に実施されたと発表した。気象庁によれば、6日午前10時30分（平壌時間午前10時）、北朝鮮の豊渓里核実験場に該当する地点でマグニチュード5.0、震源の深さ0キロメートルの人工地震とみられる揺れが観測された。地震の強さが2013年2月の第3回核実験と同程度であり、その爆発規模は数キロトン程度に留まると推定されることから、爆発規模の大きい水爆の可能性には否定的な見方が多い。ただし、核分裂弾であったとしても、4回にわたる核実験で爆発の確実性や小型化・軽量化の能力が向上した可能性は高まったと見るべきであろう。

北朝鮮がこの時期に核実験を強行した背景の一つには、前述したように、米国が米韓合同軍事演習の中止や平和協定の締結に向けた北朝鮮側の交渉提案に応じなかったことを受けて、「対朝鮮敵対視政策が根絶されない限り、核開発中断や核放棄は絶対にあり得ない」（政府声明）ことを印象付けることにより、「核か平和協定か」の選択を迫る狙いがあったと考えられる。また、内政上の文脈では、「共和国は水爆まで保有した核保有国の前列に堂々と上がり、我が人民は最強の核抑止力を備えた尊厳高い民族の気概を轟かせるようになった」（同）と強調した

－180－

第5章　朝鮮半島

ように、5月の党大会に向けて経済・核の並進路線の成果を誇示し、抑止力保持の安心感を背景に国家建設に邁進するよう督励する狙いがあったと考えられる。

核実験から1カ月後の2016年2月7日、北朝鮮は、西海岸の東倉里発射場（平安北道鉄山郡）から、地球観測衛星「光明星4号」の打ち上げを行った。打ち上げは成功し、衛星と称する物体を宇宙空間に投入したものの、物体を制御することはできず、前回（2012年12月）に引き続き、人工衛星であると実証するには至らなかった。今回の打ち上げは、核実験に続き、党大会を前に金正恩が重視する「科学技術強国」の成果をアピールする狙いがあったと考えられる。

北朝鮮の核実験および衛星打ち上げを受けて、国連安保理は3月2日、安保理決議2270号を採択した。同決議では、貨物検査や金融制裁の強化、決議違反の疑いのある全船舶の寄港禁止、渡航禁止・資産凍結対象の拡大などのほか、北朝鮮への航空燃料の輸出禁止や北朝鮮からの石炭や鉱物資源の輸入禁止が新たに盛り込まれた。ただし、これらについては、ロシアや中国の抵抗により、民間機の国外における燃料調達が許容され、民生目的の鉱物資源取引については輸入禁止の例外とされるなど、一定の制約を残した。

弾道ミサイル開発

北朝鮮は、核実験、衛星打ち上げに続き、米韓合同軍事演習「キーリゾルブ」「フォール・イーグル」（2016年3月7日・4月30日）に対抗して、米国・韓国に対する核攻撃能力を誇示するデモンストレーションを繰り広げた。

まず、北朝鮮報道機関は、金正恩第一書記の核兵器研究部門の現地指導を報じ（3月9日）、金第一書記が射程約1万キロメートルとされる新型ICBM「KN-08」やその改良型「KN-14」と「小型化された核弾頭」を視察する画像を公開した。「KN-14」は、2015年10月の党創建70周年慶祝閲兵式に初登場したもので、「KN-08」に比べ先端が丸みを帯びた形状に変更されたほか、3段式から2段式に変更され、構造の簡素化や飛行の安定性をなど信頼性の向上を重視した改良が進められているとみられている。

北朝鮮はさらに、弾道ミサイルの「大気圏再突入環境模擬試験」（3月15日報道）、固体燃料エンジンの地上噴射実験（同24日報道）、新型ICBMのエン

－181－

ジン噴射試験（4月9日報道）に対する金第一書記の視察状況を写真入りで報道した。これらの報道には、開発能力を米国にアピールする狙いとともに、党大会を前に米本土への核攻撃能力が確保されたと宣伝し、金第一書記の権威向上を図る国内向けの狙いがあったとみられる。

　北朝鮮はまた、西海岸側から日本海に向けて韓国・日本を射程に収めるスカッド（3月10日）、ノドン（同18日）を発射したほか、グアムを射程に収めるムスダンを東海岸から相次いで発射した（4月15日、28日）。ムスダンの実射は初めてのことである。ただし、韓国軍の発表によれば、これらの弾道ミサイルのうち、ノドンは2発中1発が発射直後に空中爆発し、ムスダンは発射した3発すべてが発射直後に爆発したとされ、信頼性に問題があることを露呈した。

　このほか、北朝鮮は、2016年4月23日、咸鏡南道新浦付近の日本海上で潜水艦発射弾道ミサイル（SLBM）「北極星1号」（KN-11）の発射実験を実施した。米韓の報道によれば、北朝鮮は2015年1月に海上プラットフォームでの発射実験を実施して以降、失敗を含めて数回にわたり、潜水艦からの水中発射実験を行っており、2015年5月8日の発射実験で水中からの射出に成功し、今回の試験では射出後、約30キロメートルまで飛翔させたとされる。

　こうした北朝鮮のデモンストレーションは、必ずしも米国に深刻な脅威感を与えるには至っていないが、結果を要求する金正恩第一書記の統治スタイルを考えると、北朝鮮は今後も弾道ミサイルの発射を繰り返し、完成を目指すものとみられる。特に、ムスダンの東海岸からの発射は、日本列島を飛び越える可能性も否定できず、警戒を要する。

南北朝鮮関係

軍事境界線砲撃事件と「8.25合意」

　2015年8月4日、韓国京畿道坡州市の軍事境界線付近で地雷が爆発し、韓国人兵士2人が負傷する事件が発生した。韓国側は10日、事件は北朝鮮側の犯行と断定し、報復措置として、2004年の南北合意以降中止していた軍事境界線における対北拡声器放送による心理戦を再開した。

第 5 章　朝鮮半島

これに対し、北朝鮮側は、8 月 20 日午後、京畿道漣川郡の軍事境界線付近で韓国側に数発の砲弾を撃ち込んだ。その上で総参謀部名義の通知文を韓国側に送り、対北拡声器放送を 48 時間以内に中止するよう要求し、受け入れなければ軍事的行動を開始すると警告した。金正恩第一書記は同日夜、党中央軍事委員会非常拡大会議を開催し、前線地帯に準戦時状態を宣布した。

一方で、総参謀部が軍事攻撃を警告したのとほぼ同時刻、対韓担当の金養建党書記（統一戦線部長）が、韓国青瓦台の金寛鎮国家安保室長に書簡を送って事態収拾の意向を表明し、翌 21 日には金寛鎮室長との接触を提案した。これに対し、韓国側は朝鮮人民軍の黄炳瑞総政治局長との接触を要求、結局、黄炳瑞・金養建と金寛鎮・洪容杓（統一部長官）の 2 プラス 2 による南北高位級緊急接触が 22 日、板門店で開催された。接触は 25 日未明まで断続的に行われ、最終的に 6 項目の合意 ― ①南北関係改善のための当局会談の早期開催、②北朝鮮は地雷爆発で兵士が負傷したことに遺憾を表明、③韓国側は拡声器放送を中断、④同時に北朝鮮は準戦時状態を解除、⑤離散家族再会事業の継続的実施、⑥民間交流の活性化 ― をまとめ、共同報道文として発表した。

同事件について、韓国では、拡声器放送再開に衝撃を受けた北朝鮮が、その撤去を狙って挑発を仕掛けたものの、韓国側の断固たる対応によって遺憾表明を余儀なくされたとの見方が大勢であった。しかし、韓国側が 2016 年 1 月の北朝鮮の核実験を受けて対北拡声器放送を再開したにもかかわらず、北朝鮮側が何ら反応しなかったことなどから見ても、拡声器放送再開が北朝鮮に及ぼした心理的影響は限定的であった。一方、2015 年 1 月には、北朝鮮は、金正恩第一書記が新年辞で南北首脳会談の可能性に言及するなど、南北対話への意欲をうかがわせていた。北朝鮮にとって拡声器放送中止要求は口実に過ぎず、軍事的緊張を背景として韓国に対話再開を迫ることを狙ったものとみられる。

韓国側もまた、2014 年 12 月末に北朝鮮に対話再開を提案し、朴槿恵大統領も折に触れて対話の可能性を表明するなど、かねて対話再開の意思を示唆していた。朴大統領は、地雷事件直後の 8 月 5 日に挙行されたソウルと北朝鮮の元山を結ぶ京元線鉄道の韓国側区間復元工事の着工式に出席し、北朝鮮に南北和合を呼び掛けたのに続き、15 日の光復節演説では、1972 年の 7.4 南北共同声明

-183-

を南北の深刻な対立の中で初めて対話を実現させた事例として紹介しつつ、「今も北には機会が与えられている」として対話と協力を呼び掛けるとともに、南北離散家族再会事業の実施に強い意欲を表明した。北朝鮮側は、こうした朴槿恵大統領の意向も計算に入れて挑発に踏み切ったと考えられる。

　金正恩第一書記は「8.25合意」成立を受けて党中央軍事委員会拡大会議を開催し、「武力衝突に突っ走っていた一触即発の危機を打開することによって、戦争の暗雲を払いのけ、朝鮮半島と地域の平和と安定を守り抜いた」などとして合意妥結を高く評価するとともに、「今回の合意を大切にし、豊かな結実へと育てていかなければならない」と強調し、南北関係の展開に対する大きな期待感をうかがわせた。

南北当局会談の決裂と開城工業団地の閉鎖

　「8.25合意」を受けて、南北は2015年10月20日から26日の間、北朝鮮の金剛山で南北離散家族再会事業を行った。しかし、当局間対話は開催されず、対話をめぐる南北間の対立を窺わせた。その詳細は明らかにされていないが、それまでの南北の言説などから見れば、北朝鮮が軍事的対決状態の緩和に向けた対話や、韓国の対北制裁措置（「5.24措置」）の解除や金剛山観光の無条件再開を要求したのに対し、韓国側は、北朝鮮の非核化や南北離散家族再会事業の継続などを要求して難航した可能性が考えられる。結局、南北は11月26日に実務接触を開催し、南北当局間会談を12月11日に開城工業団地で開催することで合意したものの、会談のレベルは8月の高位級接触より低い次官級に留まった。さらに本会談では、離散家族再会問題の解決を要求する韓国側と金剛山観光再開を要求する北朝鮮側との間で意見が対立し、決裂する結果に終わった。これにより、北朝鮮は党大会までに南北関係で顕著な成果を得る見通しを失うこととなった。

　南北当局間会談の決裂は、金正恩第一書記を失望させたとみられるものの、金第一書記は、2016年元日の新年辞で、韓国側に南北高位級接触の合意精神を尊重するよう呼び掛けるとともに、「真に民族の和解と団結、平和と統一を望む人ならば、誰とでも対座して民族問題、統一問題を虚心坦懐に論議する」と表明

—184—

し、南北対話の可能性を示唆した。そのような北朝鮮にとって、韓国政府が2月10日、北朝鮮の核実験および衛星打ち上げを受けて開城工業団地の操業を全面中断する旨発表したこと、さらには朴槿恵大統領が同16日の国会演説で「（開城工業団地で）支給したドルのほとんどが核とミサイル開発を担当している労働党の指導部に流れたと把握している」と述べて開城工業団地の再開を核問題と連結させたことは、大きな誤算であったとみられる。開城工業団地は北朝鮮に年間約1億ドルの外貨をもたらす収入源であり、韓国はこれまで、南北間の緊張が激化しても同団地の操業を完全に中断することはなかったからである。

　韓国側の発表に対し、北朝鮮は翌2月11日、開城工業団地を即時閉鎖するとともに、韓国側の資産を凍結し、すべての韓国側人員を同日中に追放したほか、南北間の軍および板門店の通信経路を閉鎖する措置をとったが、その後、この問題を正面から取り上げることはせず、慎重に対応する姿勢をうかがわせた。その一方で、北朝鮮は朴槿恵大統領を「逆徒」と決め付け、報道機関を通じ、多くの侮蔑的表現を用いて朴大統領を論難するキャンペーンを展開した。北朝鮮は韓国要人らを罵倒する表現を多数有しているが、中でも「逆徒」という表現は、敵対的人物として最終的に断罪する際に用いることが多く、朴槿恵大統領に対しては、これまでほとんど使われることはなかった。

　また、北朝鮮は、米韓合同軍事演習「キーリゾルブ」「フォール・イーグル」を前にした2月23日、朝鮮人民軍最高司令部重大声明を発表し、韓国が同演習で「斬首作戦」を実行しようと血眼になっていると断定した上で、それを制圧する先制的な作戦に進入するとし、その第一次攻撃対象を青瓦台と「反動的」政府機関に定めた（第二次攻撃対象はアジア太平洋地域の米軍基地と米国本土と指摘）。その上で、新型300ミリ多連装ロケットとみられるロケット砲の発射訓練を相次いで行ったほか、3月24日には長距離砲部隊の大規模な砲撃演習を行い、同部隊の名義で朴槿恵大統領の謝罪と斬首作戦考案者の処刑を要求する「最後通牒状」を送った。「斬首作戦」とは、北朝鮮軍が核兵器を使用する兆候が把握された場合に、金正恩第一書記ら核心幹部を物理的に除去する作戦であるとされ、2015年8月に韓国国防部の当局者が言及したものである。北朝鮮が米韓両当局の公式言及のない「斬首作戦」に過剰に反応したことからは、韓国軍が航空優

−185−

勢に加えてミサイル戦の能力を向上させつつあるなか、北朝鮮が金正恩第一書記らに対するピンポイント攻撃の可能性に懸念を強めていることが窺える。

　その文脈から見れば、北朝鮮が朝鮮労働党第7回大会で南北軍事会談の必要性を強調したことは、率直な表明であったと言えよう。北朝鮮は当面、軍事当局会談の可能性を模索するとみられ、すでに党大会の最中から「労働新聞」「朝鮮中央通信」が朴槿恵大統領の名指しを避けるなど、変化の兆しもある。しかし、朴槿恵政権側が直ちに対話に応じる可能性は高くないと考えられるだけに、北朝鮮が8月の米韓合同軍事演習「ウルチ・フリーダム・ガーディアン」などの機会を捉えて、再び軍事的緊張を醸成することも考えられよう。

（瀬下　政行）

韓国（大韓民国）

内　政

　2015年5月20日に確認された中東呼吸器症候群（MERS）コロナウイルス感染患者の隔離や情報公開の遅れから、感染が拡大し、社会不安が広がった。そのため、政府の初動対応に批判が集中した。韓国ギャラップの調査によると、朴槿恵大統領の支持率は5月第4週の40%から6月第3週には29%へと大きく低下した。しかし、8月に北朝鮮との間で起きた軍事的緊張状態を対話で解決し、離散家族再会で合意したこと、9月の中国訪問で厚遇を受けたことが評価され、9月第1週の調査で支持率は54%まで上昇した。韓国政府が10月12日に歴史教科書を2017年から国定教科書に戻すと発表し、反発を受けたものの、朴大統領は年末までの間、40%以上の支持率を維持した。

　一方、最大野党「新政治民主連合」では党内対立により若者から人気が高い安哲秀（アン・チョルス）前共同代表が12月13日に離党を表明した。その結果、盧武鉉（ノ・ムヒョン）元大統領の側近であった文在寅（ムン・ジェイン）代表率いる「ともに民主党」（12月28日改名、文氏は後に代表を辞任）と安氏率いる「国民の党」（2016年2月2日結成）に分裂した。

第5章　朝鮮半島

　野党の分裂は与党を利するかにみえた。しかし、与党「セヌリ党」もまた、朴大統領に近い「親朴派」が大統領と距離を置く「非朴派」の有力議員を総選挙の公認候補選びで強引に排除したため、対立が激化した。また、朴大統領は就任から3年経つにもかかわらず、経済分野において成果を出せていなかった。朴大統領はその責任を法案を通さない国会にあるとし、選挙で国会を審判すべきと訴えた。そうした姿勢を有権者は独善、傲慢であると否定的に捉えた。ウォン高、中国経済の成長鈍化等により、韓国経済は選挙直前の3月の時点で輸出が15カ月連続減少し、貧富の差は解消されず、2月の青年失業率（15 - 29歳）は過去最悪の12.5%となるなど、悪化する一方であった。そのため、特に若者を中心に朴政権への不満が高まっていた。

　その結果、朴政権3年の評価とされた2016年4月13日の総選挙（定数300）では、選挙直前146議席あった与党「セヌリ党」が122議席、102議席の最大野党「ともに民主党」が123議席、20議席の第2野党「国民の党」が38議席となった。「セヌリ党」は過半数を大きく下回り、16年ぶりの少数与党となった。

　任期を2018年2月まで残した朴大統領は、今後さらに厳しい国政運営を強いられることになる。慰安婦問題に関する日韓合意の履行、日韓軍事情報包括保護協定（GSOMIA）の締結など、国内の意見が分かれる問題において反対を抑えることはより難しくなった。

　2015年11月22日、金大中（キム・デジュン）元大統領とともに韓国の民主化運動を率いた金泳三（キム・ヨンサム）元大統領が87歳で死去した。

外　交

米韓関係

　米韓両国は、韓国でMERSコロナウイルスの感染が拡大したため、2015年6月16日にワシントンで予定されていた首脳会談を直前になって韓国側の要請で延期した。韓国大統領府は8月13日、米韓首脳会談を10月16日にワシントンで行うと発表した。韓国大統領府が首脳会談の日程を2カ月以上前に発表するのは異例である。朴大統領が習近平主席から9月3日に北京で開催される「抗日

—187—

戦勝70周年記念式典」への参加を要請される中、訪中よりも訪米を先に発表することで、米国に配慮したためとみられる。

米韓首脳会談では、北朝鮮の核実験およびミサイル発射に強く反対する「2015北朝鮮に関する米韓共同声明」が発表された。米韓が北朝鮮問題のみに特化した共同声明を発表するのは初めてであった。韓国としては合意しやすい北朝鮮問題で成果を強調したかったものと思われる。しかし、米国が在韓米軍への配備を検討しているターミナル段階高高度地域防衛（THAAD）ミサイルについては、反対する中国への配慮から議題ではないことが強調された。また、南シナ海問題について、オバマ大統領は首脳会談後の共同記者会見で、中国が国際的な規範や原則を遵守しない場合は韓国も米国と同じ声を上げてほしいと述べた。しかし、韓国政府は10月27日に米イージス艦が中国が造成する人工島から12海里内を航行した際、国際規範に基づいた解決を訴えるに留まり、米国への支持を明確にしなかった。朴大統領の訪米に随行した韓民求（ハン・ミング）国防長官は10月15日にカーター国防長官と会談し、韓国が独自開発中のステルス戦闘機（KF‐X）に必要な先端技術について提供を求めたが、カーター国防長官は安保上の技術保護を理由に拒否した。

他方、韓国各紙は8月27日、米韓が6月に新たな「作戦計画5015」に署名したと報じた。内容は非公開であるが、主に全面戦争を想定した従来の「作戦計画5027」に代わり、局地紛争の段階から米韓で対応し、先制攻撃によって核・ミサイルの脅威を除去し、全面戦争にも勝利するという包括的な作戦計画となっている模様である。同日、韓国国防部幹部は、あるセミナーで、北朝鮮の非対称戦略への優位を確保するためとして「斬首作戦」に言及した。

「作戦計画5015」に含まれる核・ミサイルへの対応には4Dの概念、すなわち、「探知」（Detect）、「攪乱」（Disrupt）、「破壊」（Destroy）、「防御」（Defense）の概念が導入される。韓国メディア（KBS、2016年3月7日）によると、そのうち、「攪乱」と「破壊」には先制攻撃の概念が含まれている。「破壊」は核・ミサイル基地等を攻撃するものである。「攪乱」は指揮・通信系統を麻痺させるものであるが、北朝鮮の指揮・命令系統を精密攻撃して麻痺させることも含まれており、人民武力部、軍総参謀部、戦略ロケット軍司令部ひいては金正恩の執務室がター

第 5 章　朝鮮半島

ゲットになっていると報じられた。

　2016 年 1 月 6 日に北朝鮮が 4 回目の核実験を敢行したことに対し、米韓両国は首脳間の電話会談で米国の韓国防衛公約を再確認し、北朝鮮への制裁を強化していくことで一致した。その後、北朝鮮の 2 月 7 日の長距離弾道ミサイル発射を受け、韓国政府はその日のうちにこれまで公式協議や決定はないとしていた THAAD の在韓米軍への配備に関して米国との協議を開始すると発表した。実務協議は 3 月 4 日に初めて実施された。

中韓関係

　韓国政府は 2015 年 8 月 26 日、朴大統領が 9 月 3 日に北京で開催される「抗日戦勝 70 周年記念式典」に参加すると発表した。日米欧の首脳らが参加を見送る中、参加を決定した理由について、①隣国である中国との友好協力関係を考慮したこと、②朝鮮半島の平和と統一に対する中国の積極的役割に期待していること、③中国での韓国独立抗争の歴史を称える側面を勘案したことを挙げた。朝鮮戦争で中国と交戦した過去から、軍事パレードが行われる式典参加に反対する声があった。しかし世論調査で、韓国人の多数（69%）は参加する方が良いと答えた（韓国ギャラップ、8 月 3 週）。

　朴大統領は、軍事パレードの観覧席となった天安門楼上で最前列中央の習近平主席の席からプーチン大統領に次ぐ 2 番目の席に案内され、記念撮影の位置等も含め終始厚遇された。北朝鮮の崔龍海（チェ・リョンヘ）党書記が元首ではないとはいえ、常に端側に案内されていたため、その様子が中韓関係の蜜月ぶりと中朝関係の冷え込みを象徴するものとして報じられた。

　式典の前日、朴大統領は習主席と首脳会談を開催し、昼食会も含めて約 1 時間 40 分会談した。韓国大統領府は、習主席が他の首脳がいる中で朴大統領のためだけに特別に昼食会を準備したとし、「中国政府の格別の配慮と歓待、日々発展している韓中関係を再確認するものである」と成果を強調した。

　会談では、中韓関係、朝鮮半島情勢、日中韓 3 カ国協力等について話し合われた。朴大統領は会談の冒頭、8 月に南北間で軍事的緊張が高まった際に「緊張状況の解消のため、中国が韓国と緊密に意思疎通し、建設的役割をしてくれ

—189—

たことに感謝する」と述べた。また、韓国大統領府は「両首脳間で朝鮮半島統一問題について深い議論があった」と明らかにした。これらについて朴大統領は帰りの機内で記者団に対し、首脳会談では朝鮮半島と北東アジアの平和と安定について重点的に話し合い、「具体的には話しづらいが」中国が南北間の緊張緩和に役割を果たしたこと、中国に朝鮮半島の平和統一問題について協力していこうと呼びかけたことを明らかにした。

　ただし、習主席は、朴大統領が「朝鮮半島の早期平和統一が地域の平和と安定に寄与する」としたことに「将来、朝鮮民族により平和裏に統一されることを支持する」としただけであり、韓国による統一を支持したわけではない。両首脳は、日中韓3カ国協力について、2012年5月を最後に開かれていなかった日中韓首脳会談を10月末または11月初めを含めた相互に都合のよい時期に韓国で開催することで合意した。朴大統領は同日午後、李克強首相とも会談し、経済問題を中心に話し合った。朴大統領は9月4日には上海を訪れ、中国政府が改装した大韓民国臨時政府庁舎のリニューアルオープンセレモニーに参加した。

　朴大統領と李克強首相は日中韓首脳会談の前日の2015年10月31日、ソウルで会談し、北朝鮮の非核化や経済問題等で協力していくことで一致した。12月20日、2014年11月の首脳会談で合意していた中韓FTAが発効したほか、12月31日には2014年7月の首脳会談で合意していた国防相間のホットラインが設置され、国防相間で初めて通話が行われるなど、両首脳の合意事項が具体的成果として現れるようになった。

　しかし、2016年1月6日の北朝鮮による第4回核実験以降、中韓関係は対立の様相を見せた。1月8日の電話会談で尹炳世（ユン・ビョンセ）外相が制裁の必要性を強く訴えたのに対し、王毅外相は従来通り対話での解決を訴えた。また、国防相間のホットラインを通じた韓国側の呼びかけに中国は応じなかった。これに対し、『朝鮮日報』が「歴代最上の韓中関係」は「虚構であった」と報じるなど、朴政権の対中外交に批判が集中した。

　朴大統領は2016年1月13日、「中国が必要な措置をとらないのであれば、第5回、第6回の核実験を防ぐことはできない」「困難でつらい時に手を取ってくれるのが最上のパートナーである」と制裁に動くよう中国に強く訴えた。しかし、中

第 5 章　朝鮮半島

国政府は制裁に否定的な立場を表明し続けた。習主席が核実験に関して外国首脳との電話会談に応じたのは朴大統領が最初であったとはいえ、核実験から約1カ月経った2月5日のことであった。

　韓国政府は、北朝鮮が長距離弾道ミサイルを発射した2016年2月7日、中国が強く反対してきたTHAAD配備について米国と協議を開始すると発表した。中国政府はその日のうちに、金章洙（キム・ジャンス）大使を呼び出し、抗議した。また、邱国洪駐韓大使が23日、THAAD配備によって中韓関係は「一瞬で破壊される」と半ば脅しととれる発言をした。そのため韓国で中国に対する反発が高まり韓国外交部が大使を呼び出した。しかし、朴政権が経済および北朝鮮政策において中国に大きく依存していることに変わりはなく、大使のメンツを傷つけるようなマスコミへの公開等による抗議は行われなかった。

　2016年3月31日、ワシントンでの核セキュリティーサミットを機に開かれた中韓首脳会談は、朴大統領にとっては北朝鮮問題でぎくしゃくした関係を修復し、対北朝鮮および経済協力を新ためて確認するための会談であった。朴大統領は、中国が安保理常任理事国として責任ある役割を行っていることに感謝するとし、習主席が安保理の対北制裁決議を「全面的かつ完全に履行することを明言した」ことを成果とした。しかし習主席はTHAADについて初めて公式に反対を表明しており、韓国は今後も同盟国である米国と、最大の貿易相手国であり、対北政策において役割を期待する中国との間で対応に苦慮するものとみられる。

日韓関係

　朴大統領は就任以来、慰安婦問題の進展を首脳会談の条件としてきた。しかし2015年5月4日、「歴史問題に埋没せずに」日韓関係を進める方針に言及した。以降、歴史問題と安保・経済問題を分離して進めるようになり、朴大統領は日韓首脳会談の実現についても前向きに発言するようになった。

　背景には、①米国が日韓関係の改善を強く求めていたこと、②安倍首相が4月に習主席との2度目の会談を実現し、訪米も成功させたため、朴大統領が歴史にこだわりすぎて孤立しているという批判が韓国で高まったこと、③日韓国交正常化50年にあたる2015年のうちに、慰安婦問題で安倍首相から謝罪を引き

−191−

出し、日韓関係を前進させたいという思いがあったこと、がある。

　朴大統領が歴史問題を切り離す方針を打ち出したことで、5月23日に2年半ぶりの日韓財務対話および2年ぶりの通商担当相会合が開かれた。また30日に4年ぶりの日韓防衛相会談が開かれた。6月21日には尹炳世外相が朴政権発足後、初めて日本を訪れた。韓国外相としては4年ぶりの訪日であった。韓国は「明治日本の産業革命遺産」の世界文化遺産登録について、端島炭鉱（軍艦島）等で強制労働があったとして反対していたが、日韓外相会談において、韓国の「百済歴史遺跡地区」とともに登録されるよう協力していくことで一致した。また、両首脳が翌6月22日、それぞれ自国の首都で開かれていた国交正常化50周年記念式典に参加し、関係改善を内外に印象付けた。

　2015年8月14日の安倍首相による戦後70年の総理談話に関して、多くの韓国メディアは、過去の談話に触れる形でしか反省やお詫びがなかったことなどを批判した。しかし、朴大統領は「残念な部分が少なくない」としつつも「歴代内閣の立場が今後も揺るがないと国際社会に明らかにした点に注目する」と一定の評価をし、関係改善を引き続き進めていく姿勢をみせた。10月の訪米を控え、「対中傾斜」が懸念されるなか、日本とのさらなる関係改善を進めることで米国の懸念を払拭する必要があったためとみられる。

　朴大統領は9月2日、北京での習主席との会談で日中韓首脳会談を10月末または11月初めを目途に開くことで合意した。11月1日にソウルで開かれた日中韓首脳会談の翌2日、ようやく日韓首脳会談が開かれた。会談では、経済、安保面での協力を強化することのほか、慰安婦問題の早期妥結に向けて交渉を加速することで合意した。

　その後、日韓は対話を積み重ね、懸案をひとつずつ減らしていった。ソウル中央地裁は12月17日、朴大統領への名誉棄損で起訴された産経新聞前ソウル支局長に無罪を言い渡した。裁判長は公判の冒頭、日本側が「日韓関係を考慮し善処してほしい」と求めていると内容の公文書を韓国外交部から受け取ったことを明らかにした。12月23日には韓国の憲法裁判所が1965年の日韓請求権協定は憲法違反かどうかについて、判断を示さずに訴えを棄却した。安倍首相は24日、慰安婦問題で詰めの協議を行うため、岸田外相に年内に韓国を訪問するよう指

示し、日韓外相会談が12月28日に開かれた。会談後の共同記者発表で、岸田外相は、慰安婦問題について日本政府が責任を痛感していること、安倍首相が改めて心からのおわびと反省の気持ちをこの場で表明すること、日本政府の予算（10億円程度）で財団を設立し、元慰安婦の名誉と尊厳の回復、心の傷の癒しのための事業を行うことを発表した。一方尹外相は、慰安婦問題について「最終的かつ不可逆的に解決」されること、在韓国日本大使館前の少女像について韓国政府が関連団体と協議して「適切に解決されるよう努力する」こと、国際社会において慰安婦問題について互いに非難・批判することは控えることを発表した。

　こうして日韓両国は正常化50年の年に最大の懸案であった慰安婦問題で最終合意に達した。しかし、日韓の間で対立が繰り返されたことも事実である。

　例えば、2015年6月の外相会談で互いに協力するとした世界文化遺産登録に関し、韓国が世論の反発を警戒し、日本側に「強制労働（forced labor）」を認めさせようとしため、登録が危ぶまれる事態となった。日本政府は「意思に反して連れて来られ、厳しい環境のもとで働かされた（forced to work）多くの朝鮮半島出身者等がいたこと」を、産業革命遺産を見学する者が「理解できる措置を講じる」とした。これを韓国外交部は、「強制労働」とほぼ同じ意味の「強制労役」という言葉を用い、遺産の対象期間は1850-1910年代だとして抵抗していた日本に40年代を含ませることで、日韓のレベルを超え国際機関の公式記録で「過酷な条件下で強制的に労役したという歴史的事実」に日本が初めて言及したとし、それを「成果」として発表した。そして日本がその措置をどう講じるか注視していくとし、強い姿勢で挑むことをアピールした。

　また、日中韓首脳会談に関連し、朴大統領は中国の李克強首相の訪韓は公式訪問として扱い、夕食会を設定したが、安倍首相の訪韓は反日世論を意識して実務訪問とし、共同記者会見や共同文書の発表、昼食会は行わないなど、対応に差をつけた。

　安保協力に関しても、国防相会談や防衛交流が再開されたものの、韓国世論が自衛隊との協力には否定的であることに変わりはない。

　慰安婦問題の最終合意についても慰安婦支援団体や野党は反対しており、特に少女像の撤去には強い反発がある。朴大統領は2016年4月26日、少女像の撤

去について「合意でまったく言及されていない」と述べた。日韓協力が見られるようになったとはいえ、今後も反日的な韓国世論の影響を受けるものとみられる。

軍事・安全保障

韓国軍

韓国軍は、北朝鮮の核・ミサイルの脅威に初期段階で独自に対応できる能力を獲得するため、2020 年代中盤の完成を目標に、キルチェーンおよび韓国型ミサイル防衛システム（KAMD）の構築に引き続き注力している。

キルチェーンは、北朝鮮全域の核・ミサイル基地等をリアルタイムで監視し、ミサイル発射の兆候を探知して攻撃を決心し、30 分以内に破壊するというものである。韓国軍は、すでに弾道ミサイル「玄武（ヒョンム）1」（射程 180km）および「玄武 2」（射程 300km）に加え、巡航ミサイル「玄武 3A」（射程 500km）、「玄武 3B」（1,000km）、「玄武 3C」（1,500km）の配備を完了している。韓国メディア（SBS、2016 年 1 月 25 日）によると、韓国軍は現在、800 基のこれらミサイルとその他の陸・海・空軍戦力により、「開戦後 6 日以内に北朝鮮のミサイル、長距離砲等の 70% を無力化」するという戦略目標を立てているが、今後、現在開発中の「玄武」改良型（射程 500km 弾頭重量 1 トンおよび射程 800km 弾頭重量 500kg）等を追加配備するなどし、2020 年末までに 2,000 基態勢を構築して「24 時間以内に 70% 無力化」することに目標を修正した。また、最大射程 500km の長距離空対地ミサイル「タウルス」を導入するほか、新たに、北朝鮮の変電所と電力網を麻痺させるための「炭素繊維弾」（停電爆弾）の開発を進め、2020 年代前半に戦力化することが明らかにされた。

KAMD は、キルチェーンで破壊できずに北朝鮮から発射されたミサイルを弾道弾早期警戒レーダーや軍事衛星等で探知し、ペトリオットミサイル（PAC-3）、中距離地対空ミサイル（M-SAM）、長距離地対空ミサイル（L-SAM）で迎撃するものである。国防部は 2016 年 3 月 18 日、M-SAM「天弓（チョンクン）」が弾道ミサイル迎撃試験に初成功したとして映像を公開した。韓国軍は PAC-3 の導入を予定どおり進め、2016 年秋以降、L-SAM の開発を本格化させる予定である。

-194-

韓国軍は、監視網を強化するため、米軍との情報共有をさらに強化するほか、高高度偵察用無人機「グローバルホーク」4機の配備および軍事偵察衛星5基の打ち上げを推進していく予定である。また、地上から発射されるミサイルだけでなく、北朝鮮が新たに開発を進める潜水艦から発射された弾道ミサイル（SLBM）の探知能力を得るため、弾道弾早期警戒レーダーを2020年までに追加調達することにした。

韓国軍は、北朝鮮が威力を誇示するロケット砲や長距離砲の対応にも力を入れている。韓国軍は2015年8月に新型の多連装ロケット「天槳（チョンム）」の配備を開始した。「天槳」の最大射程は80kmで砲弾口径は最大239mmである。既存の多連装ロケット「九龍（クリョン）」（最大射程36km）とK9自走砲（同40km）は、北朝鮮軍の170mm自走砲（同54km）と240mm多連装ロケット（同65km）よりも射程が短く、反撃が困難であったが、「天槳」の配備により、砲兵戦力の劣勢の挽回が期待できる。また、北朝鮮の新型300mmロケット砲（最大射程200km）について、韓民求国防長官は2016年4月6日、「北朝鮮が年内に実戦配備する可能性がある」と述べ、新たな「戦術地対地ミサイル」で対応すると明らかにした。防衛事業庁によると「戦術地対地ミサイル」は、射程120km以上で、北朝鮮の多連装ロケットや長距離砲が隠れる地下坑道ごと破壊することができる。米国の軍事用GPSを搭載するため米国と交渉中であり、順調に進めば2019年に実戦配備する予定である。

韓国海軍は、弾道ミサイルの発射が可能な3,000トン級の潜水艦を2020年以降、順次投入する予定である。

韓国空軍は、2018年以降、F‐35A戦闘機40機を順次導入する予定である。また、初めて導入する空中給油機にエアバス製のA330MRTTを選定した。2019年までに4機導入する予定である。防衛事業庁は、空中給油機が導入されれば、竹島、離於島（イオド、中国との間で対立がある暗礁）、北朝鮮上空において戦闘機の作戦時間が拡大し、燃料の代わりに多くの兵器を搭載できるようになるとしている。2016年の国防予算は、前年比3.6％増の38兆7,995億ウォンとなった（グラフ1）。

グラフ1　韓国の国防費

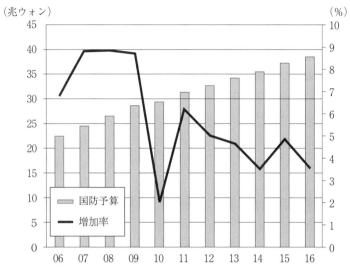

出所：韓国『国防白書2014年版』および国防部報道資料をもとに筆者作成。

在韓米軍・米韓連合軍

米韓連合軍は2015年8月17日-28日までの間、毎年定例の米韓連合演習「ウルチ・フリーダム・ガーディアン」を実施した。

2016年1月6日の北朝鮮による第4回核実験後、米韓両国は、同盟の力を示し、北朝鮮に強い警告を伝えるため、核兵器搭載可能な戦略兵器等を朝鮮半島に派遣し、軍事演習を行った。

核実験から4日後の2016年1月10日、グアムを出発したB-52戦略爆撃機が韓国空軍のF-15および在韓米軍のF-16の護衛を受け、烏山（オサン）空軍基地上空を低空飛行した。在韓米軍は2月3日、イラクなどで要人殺害を行った米特殊部隊が韓国入りしたことを発表した。韓国メディアは同部隊が北朝鮮指導部を狙った「斬首作戦」や大量破壊兵器除去を訓練すると報じた。さらに原子力潜水艦「ノースカロライナ」が2月13日から15日に日本海で実施された韓国海軍との連合訓練に参加した。2月17日にはF-22ステルス戦闘機4機が烏山空軍基地に派遣され、レーダーに捉えられることなく7分で平壌上空に到達で

−196−

きると報道された。米カルフォルニアでは、大陸間弾道ミサイル「ミニットマン3」の発射試験が韓国軍に初めて公開された。

米韓両国は、毎年定例の指揮所演習「キー・リゾルブ」（3月7日から18日まで）および野外機動演習「フォールイーグル」（3月7日から4月30日まで）を史上最大規模で実施した。韓国軍約30万人（前年比1.7倍）、米軍約1万7千人（同2倍）のほか、原子力空母「ステニス」、大型強襲揚陸艦「ボノム・リシャール」および「ボクサー」等の大型艦船が参加した。米韓両海兵隊は、毎年行う上陸演習に加えて内部侵攻作戦の演習を行った。演習では「作戦計画5015」が適用され、特殊部隊による「斬首作戦」のほか、最高指導部、核・ミサイル施設を狙った精密打撃演習が行われたと報じられた。

（平田　悟）

コラム 外交と食事：韓国

胸襟を開く「潤滑油」

　韓国におけるわが国の外交活動の過程で情報収集や交渉などを行うためには、当然、韓国側との関係構築が必要となってくる訳であるが、韓国では飲食を通じての関係構築がよく行われているし、私見ではあるが、公務上の堅苦しい理由を挙げずとも飲食のアポは取り易いような気がする。実は日本人同士でも少し打ち解けてくれば「仕事の話はさておき」となり、「今度飯でも」、「次は一杯如何」といった話になるが、韓国においても相手との間でまったく同様なやり取りとなることを見れば、そこら辺まで何となく似たような感覚、文化であるようだ。そして、いざ飲食の場となれば、多彩な「食」に加え、時にはあの濃密な「飲」の文化を通じて、先方との間で心の障壁を下げ、より精度の高い情報や率直な見解の交換が可能となっていく。

　かくて、外交上のやり取りにおいても、こうした飲食の機会は過去を含めて様々な局面で見られており、古くは日韓国交正常化交渉の過程で、近くは首脳会談準備の過程で、会食の場での交渉代表同士の胸襟を開いたやり取りがその後の交渉の前進に寄与した例は数え切れない。勿論、日常的な活動においても、そうした本格的な交渉に至る環境づくりとして、双方の立場を擦り合わせるためなどに意図的に会食の機会を設けることはよくある。

　さて、筆者が外務省「コリアン・スクール」の研修生として初めて韓国に赴任した80年代末に比べれば、最近は質の高い日本食や洋食を提供する店も相当増えたが、ここではコラムの趣旨を踏まえ韓国スタイルの食事に絞ってみよう。「韓食」は、高級料理から大衆料理、家庭料理まで様々であり、また地方色も豊かではあるが、政府が文化政策として、自ら先頭に立って世界への普及に非常に力を入れていることがやはり目を引かざるを得ない。各国の賓客を招いた青瓦台（大統領府）での公式晩餐会では、ワインにも合うような現代化された韓国料理が供されることもあると聞く。ここでも、世界中で広く楽しまれている日本食が意識されているようだ。

　とは言え、このような高級料理の世界化といった文脈にとらわれ過ぎる必要はない。飲むことも含め「食」は各人の好みに応じて楽しめば良い。また、そうした食事の機会を通じて親しくなった韓国の知人・友人たちに韓国の未知なる部分につき多くのことを教わった（時には酔いに任せて高歌放吟しながら）。私にとって、韓国での食事は、公務上の堅苦しい役割もさることながら、それを超えて、日本と似て非なる韓国という異文化をさらに理解していくためのツールでもあった。

相馬　弘尚
（横浜税関総務部長、前在韓国大使館公使）

第6章　東南アジア

概　観

　2015年の東南アジアの安全保障環境は、中国の岩礁埋め立てによって、南シナ海における緊張が著しく高まった。中国は少なくとも7つの岩礁で埋め立て作業を行ってきた。海面下の岩礁を埋め立て、人工島を造成し、港湾施設、軍事施設、3,000メートル級の滑走路などを建設している。米国や東南アジア諸国は、現状を一方的に変える行動を控えるよう中国に求めているが、中国は現状変更の既成事実化を進展させている。これに対して、米国は南シナ海に駆逐艦を派遣し、中国が南沙諸島で建設している人工島から12カイリ内に進入、「航行の自由」作戦を行った。この作戦の目的は、中国が暗礁を埋め立てた人工島は国際法において「島」とは認められず、したがってその12カイリ内も領海とはならないことを中国に行動で示すことであった。米中の緊張が再び高まったなかで、ほとんどの東南アジア諸国は米国の作戦を歓迎、あるいは理解を示した一方、中国との関係も維持するため中国批判は避けた。米国とも中国とも等距離外交を展開する東南アジア諸国連合（ASEAN）の多数国の姿勢が明確に表れた。

　フィリピン以外の東南アジア諸国は明確な中国批判を避ける一方で、主に中国の強硬な行動に対応すべく米国や日本との安全保障協力を強化させている。しかし、熱心に強化している国はフィリピンであり、同国は米比同盟を着々と強化している。米国のベトナム、インドネシアとの協力も深化している。また、これらの東南アジア諸国は日本との防衛協力も進めている。日本はこれらの国々と共同訓練の実施、艦艇の寄港、防衛装備品の輸出などを通じて、海洋安全保障能力の強化に努めている。また、東南アジア諸国は軍事力の近代化に勤しんでおり、特に海軍力・空軍力の強化を図っている。

　国内政治に目を向けると、重要な変化はミャンマーにおいて見られた。2015年11月に総選挙が実施され、アウン・サン・スー・チー率いる国民民主連盟が圧勝、半世紀ぶりに文民が大統領に就任した。アウン・サン・スー・チーは新設の国家顧問に就任し、事実上実権を握る立場に就いた。新政権が直面する大きな課題は、軍との関係、2008年憲法の改正、少数民族武装勢力との和解である。シンガポールでも、建国50周年という節目の年となった2015年9月に総選挙が実施され、与党である人民行動党が89議席中83議席を獲得した。タイでは憲法起草委員会が最終憲法草案を提出したが、国家改革委員会で否決された。この結果、新憲法の起草作業はやり直しとなり、総選挙の実施も先延ばしとなった。少なくとも2017年中頃までは、プラユット軍事政権が存続する。

インドネシアでは、首都ジャカルタがテロの標的となった。2016 年 1 月に起きたテロは、「イスラム国」（IS）の関与が疑われている。IS に共鳴する勢力が若者を中心に増えているとの指摘がある。マレーシア政府も同様に、IS を警戒し、テロ対策を強化している。さらに、イスラム教徒が多いフィリピン南部でも、イスラム過激派アブサヤフと国軍が交戦、治安が不安定化しつつある。IS がミンダナオで活動中という情報が流れるなか、2014 年にフィリピン政府とモロ・イスラム解放戦線との間で交わされた包括的和平合意の履行が危ぶまれている。

東南アジアにおける大国間関係

2015 年の東南アジアにおける大国間関係は、端的にいえば南シナ海をめぐる米中関係に大きく規定された。南シナ海で岩礁埋め立て・人工島の建設を進めることで自国の管轄を主張する中国と、その中国の主張および行動を認めないことを艦船・航空機派遣を伴う「航行の自由」作戦の実施によって示す米国、その中で米中両国と良好な関係を維持したい ASEAN 諸国が等距離外交を展開するという構図がある。日本もまた、東南アジア諸国との安全保障協力を強化させ、特にフィリピン、インドネシア、ベトナムとの防衛協力に進展が見られた。南シナ海問題で中国と対立するフィリピンやベトナムは、米国や日本との安全保障協力を強化することで自国の防衛力向上を図っているが、ベトナムの対中姿勢は中国への経済依存が強いことから、フィリピンのそれと比較すると抑制的である。

対米関係

米国は「東南アジア海洋安全保障イニシアティブ」を通じて、東南アジア諸国の海洋安全保障能力強化に力を入れている。「東南アジア海洋安全保障イニシアティブ」とは、端的にいえば、東南アジア主要 5 カ国であるインドネシア、マレーシア、フィリピン、タイ、ベトナムに、シンガポール、ブルネイ、台湾を加えた、南シナ海周辺国の海洋安全保障能力を強化するための支援および協力のことである。例えば、米国防総省は今後 5 年間で 4 億 2,500 万ドルの援助を東南アジ

第 6 章　東南アジア

ア諸国に行う。東南アジア諸国への支援を 2016 会計年度は前年度より約 17%
増加させ、2 年間で計約 2 億 5 千万米ドルを支援することを明らかにしている。

　フィリピンは東南アジア諸国の中で米国から最大の軍事援助を受けている米国
の同盟国であり、2015 年は計約 8,000 億ドルの援助がなされた。これには 4 隻
の巡視船、3 隻目となる大型巡視船ハミルトン級カッターが含まれる。フィリピン
は南シナ海領有権問題をめぐって中国に強硬な姿勢をとっているが、その軍事力
は到底中国のそれに匹敵するものではなく、米国に依存するしかない。米国もフィ
リピン支援を熱心に行っている。一例は、2015 年 4 月に実施された米比合同軍
事演習「バリカタン」である。今般の演習は史上最大の規模を誇った。オースト
ラリア軍が初めて参加し、計 11,500 人以上の兵士が演習を行った。これは 2014
年の合同軍事演習の倍以上の兵士数である。

　一方、フィリピンも当然のことながら自国の防衛力強化を熱心に行っている。
特筆すべきは、2015 年 7 月、1992 年まで米軍基地があったスービック港に、20
年以上ぶりに戦闘機や軍艦を再配備することを決めたことであろう。フィリピン国
軍はスービック湾を南シナ海防衛の拠点と位置づけ、軍艦 2 隻、戦闘機 10 機以
上を配備する方針だとされる。南シナ海へのアクセスが良いことから、2014 年に
フィリピンと新軍事協定（EDCA）を締結した米軍が同港を利用する可能性は高
い。実際、2016 年 3 月に米比間でなされた合意は、中国が埋め立ておよび人工
島建設を進める南沙諸島に近いパラワン島のアントニオ・バウティス空軍基地や、
中国艦船が 2012 年 4 月から実効支配を行っているスカボロー礁に近いルソン島
のフォート・マグサイサイ基地など、フィリピン国内五つの基地を米軍が共同使用
する内容となっている。これにより事実上、米軍が撤退した 1992 年から 25 年
ぶりにフィリピンに駐留することとなる。さらに米比両国は、南シナ海での共同監
視活動を定期的に行うこと、4 月末まで米空軍兵約 200 人がフィリピンに残留し、
南シナ海での監視活動を継続することに合意した。米比同盟は着々と強化されて
いる。

　フィリピンと並んで、南シナ海問題をめぐって中国と激しく対立しているベトナム
とも、米国は海洋安全保障協力を近年強化させている。2013 年には包括的パー
トナーシップ、2014 年には武器禁輸の一部解禁、そして 2015 年 5 月には防衛

－201－

協力を進展させる「共同声明」を採択した。この「共同声明」はアシュトン・カーター米国防長官がフン・クアン・タイン国防大臣と会談した際に合意されたものである。「共同声明」では、海洋安全保障強化に向けた人的交流の促進や、ベトナム軍の近代化に向けた米国の支援などが盛り込まれた。その一環として、とりわけベトナム海上警察の海洋状況把握と捜索救難に関わる能力を向上させるため、米国政府は巡視船購入の資金として1,800万ドルの支援を決定した。また7月にはベトナム共産党書記長のグエン・フー・チョンが訪米し、オバマ大統領と会談した。ベトナム共産党書記長が訪米したのは、ベトナム戦争終結後初めてであった。米国の対ベトナム武器禁輸措置はまだ全面的に解禁されていないものの、2016年の海上安全保障能力支援額が2,000万ドルを超えることがすでに予想されることから、米国がベトナムとの関係を重視していることがうかがわれる。

　米国の南シナ海監視強化を可能にする協定は、米・シンガポール間でも結ばれた。2015年12月、両国は「防衛協力協定」に調印、P‐8米軍哨戒機「ポセイドン」をシンガポールに巡回配備することで合意した。因みに同哨戒機は、フィリピンにも巡回配備される。両国は、「防衛協力協定」は1990年の覚書と2005年の戦略的枠組み合意の範疇にあり、哨戒機の配備は、二国間および多国間軍事演習を通して地域諸国間の相互運用性を高め、人道支援や災害救援および海洋安全保障能力の向上に資するとしている。言及はなかったものの、南シナ海問題への対応であることは疑いない。またインドネシアも、米国との海洋安全保障協力強化を望んでいる。インドネシア海軍報道官は、南シナ海における米軍との合同軍事演習に言及し、今後両国による定期的な演習が行われる可能性を示唆した。

　「東南アジア海洋安全保障イニシアティブ」は東南アジア諸国の能力構築を促進するものであり、この一環として、米第7艦隊司令官ロバート・トーマス海軍中将は、マラッカ海峡を越えて南シナ海を監視する多国間部隊の形成を、ASEAN諸国に促した。同様に、太平洋艦隊司令官ハリー・ハリス海軍大将は、南シナ海オペレーションセンターをインドネシアに設置することを提案した。これらの提案は、ジョコ・ウィドド・インドネシア大統領の海洋国家構想と共鳴する。東南アジア諸国間の安全保障協力を進展させることは必要である一方、国家主権を重視する東南アジア諸国間による軍事協力は現実的には困難であるとの見解がある。

米国の国防予算縮小によって、アジア諸国から米国のリバランスに対する疑念が存在するなかで注目された米国の行動は、2015年10月に南シナ海で行った「航行の自由」作戦であろう。米駆逐艦「ラッセン」は中国が建設した人工島から12カイリ内の海域を航行し、人工島は島ではなく、よってその海域も中国の領海ではないこと、すべての国は自由に航行する権利を有することを米国は行動で示した。11月には、米軍のB‐52戦略爆撃機2機が人工島の周辺空域を飛行した。さらに、米軍は2016年1月に第2回目となる「航行の自由」作戦を実施した。10月に実施した際は南沙諸島であったが、2016年1月のそれは西沙諸島の一つであるトリトン島沖であった。トリトン島沖のベトナムの排他的経済水域内では、中国の国有石油会社が2014年5月から石油掘削装置を設置、ベトナムは巡視船を派遣し、中国の艦船と衝突を繰り返していた。米国が行った2015年10月の「航行の自由」作戦に対して、フィリピンやベトナムのみならず、シンガポールなど多くの東南アジア諸国が支持ないし理解を示したが、カンボジアのみが「強硬な手段」であるとしてこれを批判した。カンボジアは中国寄りの外交を展開してきており、今回も中国側を支持した形となった。

　米国は東南アジア諸国との二国間関係のみならず、地域協力組織であるASEANとの関係も重視している。2015年で3回目となった米・ASEAN首脳会議では、両者の関係を戦略的パートナーシップに格上げすることに合意し、経済統合、海洋協力、気候変動を含む越境問題、若手リーダーの育成（emerging leaders）、女性の機会の5つを協力の優先分野にすることに合意した。会合では、ルールに基づく秩序や国際法の順守が強調され、共同声明では航行の自由の重要性が再確認された。これは、拡大ASEAN国防相会議で中国の求めで削除された表現であったことから、米国の強い意向が反映された。米国は2月、初めてASEAN10カ国首脳を招いてカリフォルニア州サニーランズで米・ASEAN首脳会議を行った。クアラルンプールで開催されたASEAN・米首脳会議から3カ月ほどしか経っていなかったため、南シナ海での非軍事化や航行の自由の重要性など、「サニーランズ宣言」の中身に特筆される新しいものは見られない。しかし、首脳会議は通常はASEAN議長国で開催されるため、初めて米国で開催することで、米国の東南アジア重視の姿勢をASEAN諸国に伝えると同時に、中国を

牽制するうえで、米国は ASEAN との連携を同国に示したかったのであろう。

対中関係

　東南アジア諸国と中国との関係は、南シナ海問題の動向に大きく左右された。とりわけ重大な影響を与えたのが、中国が進める岩礁の埋め立てである。中国は岩礁に大量の砂を運び込み、あたかも島を作っているかのようである。まさに「人工島」であり、これに建物や港などを建設している。埋め立て・人工島建設が急ピッチで進展しており、例えば数年前には干潮時にしか海面に姿を現さなかった南沙諸島のファイアリー・クロス礁は、現在は 3 キロにわたる滑走路が建設されている。米軍によれば、中国の航空機が試験飛行を 10 回以上行ったという。スビ礁では 2,000 メートル以上の直線の陸地が見られ、まだ滑走路の建設は始まっていないが、いずれは 3,000 メートル以上になり、それは軍用機が離着陸できる規模であるという。ジョンソン南礁にも複数の建物や港が建設されている。南シナ海の島嶼で埋め立てを行ってきたのは中国に限らず、確かにベトナム、フィリピン、台湾も埋め立てや護岸工事を行ってきた。しかし、米軍によれば、それらは過去 45 年間で計 0.4㎢であったのに対して、中国のそれは約 1 年半の間に7 カ所で計 12㎢に及ぶ。中国の行動は少なくとも規模と速度において他国のそれを凌駕しており、中国は 2002 年の「南シナ海に関する行動宣言（DOC）」に反して、現状変更の既成事実化を進めている。

　一方、中国は南シナ海を軍事拠点化する意図はないことを強調し、建物の建設は中国の防衛にとって必要な施設建設であり、それは自衛権の行使であると主張する。自衛権を強調して、中国は南沙諸島や西沙諸島に地対空ミサイルや機関砲を配備している。こうした行動は特に、米軍が B‐52 を飛行させたことの対抗措置であるとみられている。さらに人工島の一つであるクアテロン礁にレーダー施設が建設されていることも明らかになった。これによって、船や航空機を監視する中国の能力が飛躍的に高まる。軍事拠点化との批判に対して中国は、灯台や気象観測所を建設しており、国際社会に公共サービスを提供すると主張した。埋め立て、滑走路の建設、レーダー施設などの建設は、いずれ中国が南シナ海上空に防空識別圏を設定した際に必要な能力を人民解放軍に与えることになろう。

第 6 章　東南アジア

　一連の中国の行動に対して、ASEAN はどのような反応を見せたのだろうか。ASEAN 首脳は、4 月の ASEAN 首脳会議で「議長声明」を通じて「南シナ海において行われた埋め立ては、信用と信頼を損なわせ、同海域における平和と安定を脅かしかねず、よってこれに深刻な懸念を共有する」と述べた。中国を名指ししてはいないが、中国を念頭に置いていることは明らかである。さらに ASEAN 首脳らは、「ASEAN・中国関係をはじめとするあらゆる ASEAN の枠組みのもとで、同問題に早急に建設的に対処すべく外相に指示した」。中国を直接的に批判する文言ではないが、多様な見解および立場を持つ ASEAN 首脳らが、中国に言及することができるぎりぎりの表現であったのであろう。他方、緊張緩和に資する進展を挙げると、南シナ海での突発的事態に対応するため、中国と東南アジア諸国間の外相ホットラインを設置することで合意したことがある。

　東南アジア諸国の対中姿勢には、大きな開きがあることは否定できない。南シナ海問題をめぐって中国と対立するフィリピンやベトナムは、人工島が中国の前方展開基地になる可能性があるとの危機感を強めている。他方、同問題の当事者ではなく、中国から多額の経済援助を得ているカンボジアなどは、中国に配慮した政策をとる。特に 2015 年は、中国の埋め立てに対する共通の懸念を表明したものの、対中国で足並みをそろえることが困難になっていた感があった。例えばインドネシアでは、ジョコ政権の関心は国内の構造改革に向けられていた。またミャンマーにおいても、2015 年 11 月に総選挙があったためテイン・セイン政権の主眼は内政に置かれていた。このように、東南アジア諸国のいくつかの国々の関心は国内に向けられていた。

　南シナ海問題において、中国に最も強く反発しているのはフィリピンである。2015 年、フィリピンが開始した国連海洋法条約（UNCLOS）に基づく仲裁手続きにおいて進展があった。10 月、ハーグにある常設仲裁裁判所はフィリピンの一部の申立てについて、中国が仲裁手続きをボイコットしているからといって裁判所の管轄権がなくなるわけではないとして、審理に入る決定を下した。しかし中国は、引き続き仲裁裁判所の決断を受け入れない姿勢を示しており、中国の主権に影響を及ぼすものではないと反発している。

　ベトナムは南シナ海問題をめぐって中国と対立する一方で、経済的には中国に

－205－

依存している現状を踏まえ、中国との協力も進展させている。中国の習近平国家主席は最高指導者として9年ぶりにベトナムを訪問、グエン・フー・チョン書記長と会談した。会談では鉄道をはじめとするインフラ投資や金融での協力を進めることに合意した。南シナ海問題については、対立を適切に処理し、よくコントロールしていくこととし、対立を避けた。

マレーシアは南シナ海問題で中国と対立するものの、フィリピンやベトナムに比べて融和的な態度をとってきた。それは、マレーシア人研究者によれば、これまでの中国の埋め立ておよび建造物構築は主にフィリピンやベトナムが主張する領域で行われており、マレーシアにはさほど近くないことが一つの理由であるという。これによってマレーシアは中国に対して「静かな外交」を展開できてきたという。しかし、2015年6月、マレーシアの排他的経済水域にあるボルネオ島北のルコニア礁に、過去2年間にわたって中国船がしばしば停泊していたことが明らかになってから、マレーシアが展開してきた対中外交および同国の監視能力に疑問が呈された。これ以後、マレーシア海軍は艦船を派遣するようになっただけでなく、米国との安全保障関係をより強めるようになった。例えば2015年8月と11月には、マレーシアと米国は海軍合同軍事演習を実施した。

中国は、東南アジア諸国が反中国で団結しないよう、フィリピン以外の国々との関係においては協調を前面に出している。中国の対東南アジア懐柔政策は対ミャンマー外交に表れた。王毅外相は、ミャンマーでティン・チョー新政権が発足してわずか1週間足らずで同国を訪問、アウン・サン・スー・チー国家顧問兼外相と会談した。中国にとって、ミャンマーはインド洋への出口にあたる戦略的に重要な地理に位置しているのみならず、中国企業による開発が凍結されたミッソンダム水力発電建設の再開を望む国である。近年ミャンマーは、中国への強まりすぎた依存を反省し、米国、日本、インド、ヨーロッパなど多角化外交を展開している。ミャンマーを中国側に引き寄せておくことが、中国にとって重要な外交課題となっており、新政権発足直後の親善訪問はその中国の思惑を反映している。

中国の対東南アジア懐柔外交のもう一つは中国・ASEAN首脳会議で見られた。この首脳会議で、中国はASEANに対して南シナ海での「協力メカニズム」の構築を提案した。「協力メカニズム」には、航行・通信の安全や救難救助が含

第 6 章　東南アジア

まれる。しかし、この提案に対し ASEAN は慎重な姿勢をとっている。それは、認めると、中国が埋め立てた人工島が協力の拠点になる恐れがあり、既成事実化に繋がってしまうからである。東南アジア諸国の多くは、中国を怒らせたくはないが、ASEAN の団結を維持するよう努めている。

対日関係

　日本は近年、米国と同様に、東南アジア諸国との防衛協力を強化させている。とりわけ、フィリピンとベトナムとの協力強化は顕著である。その一つの理由は、両国の日本への期待がある。例えばベトナムのグエン・チー・ビン国防次官が、南シナ海での活動は日本の権利である旨述べたことは、ベトナムの南シナ海における日本の関与への期待を示していよう。こうした期待に応えるべく、また日本経済にとって死活的に重要である南シナ海を経るシーレーンの安定を図るためにも、フィリピンとベトナムとの防衛協力を強化させているのである。

　まずは、米国の同盟国でもあるフィリピンとの関係である。2015 年 5 月と 6 月、海上自衛隊はフィリピン海軍と南シナ海において共同訓練を実施した。2016 年 3 月には、海上自衛隊は外洋練習航海のため、潜水艦「おやしお」をフィリピンのスービック湾に派遣した。練習航海には護衛艦 2 隻も参加、その後ベトナムのカムラン湾基地にも初めて寄港した。海上自衛隊とフィリピン海軍の共同訓練は、半年ごとに定例化されることとなった。さらに今後、米海軍を加えた 3 カ国への訓練への拡大も検討される。フィリピンはまた、自衛隊によるフィリピンの基地使用に前向きであり、自衛隊の「訪問協定」の締結を望んでいる。これは南シナ海有事の際、自衛隊が将来活動する場合を想定したものであり、背景には中国を牽制する意図がある。ただ、自衛隊を実際に南シナ海に派遣することは容易ではない。日本政府は、米軍の「航行の自由」作戦は国際法を順守した行動であることから支持を表明したが、今後も継続される予定である同作戦への参加はないと述べた。米国は日本に南シナ海での関与を強めるよう求めており、またフィリピンやベトナムも中国抑止の観点から日本のプレゼンス強化を望んでいる。日本国内にも、東シナ海は日米一体で中国を牽制しており、南シナ海でも日米（比）協力の姿を見せるべきとの意見はある。しかしながら、現実は東シナ海の監視で手いっぱい

－207－

で、南シナ海派遣は現実的ではないとされる。

　共同訓練に加え、日本が力を入れているのは防衛装備品の輸出である。安倍政権は 2014 年、政府開発援助の一環として目的外使用がないなどの条件を満たした国に対して防衛装備品を輸出できるようにした。これに基づいて、日本とフィリピンは 2016 年 3 月、防衛装備品・技術移転協定を結んだ。フィリピンは海洋安全保障能力の強化に勤しんでおり、日本に対して哨戒機や潜水艦などの防衛装備品を求めていた。今般の合意に基づき、2016 年 5 月に日本は海上自衛隊の練習機 TC‐90 を最大 5 機、年度内に貸与することで合意した。フィリピン海軍は P‐3C 対潜哨戒機に強い関心を示しているが、P‐3C は収集した情報解析に高度な運用能力が必要なことから、より扱いやすい TC‐90 となった。

　またベトナムには、上述した海上自衛隊潜水艦のカムラン湾初寄港に加えて、ダナンに海上自衛隊の P‐3C 哨戒機 2 機が初めて訪問した。2 機はソマリアでの海賊監視活動から日本に帰国する際に訪れた。P‐3C 哨戒機は、要員交代のため 3 カ月に 1 度、南シナ海上空を往復する。これまではシンガポール経由が多かったが、今後はフィリピンやベトナム経由が増加する可能性がある。2015 年11 月には中谷元防衛大臣がベトナムを訪問、タイン国防相と会談した。両国は海上共同訓練の実施を含む防衛協力の強化、海上自衛隊艦船のカムラン湾への寄港などについて合意した。ベトナムの南シナ海における日本への期待も高く、日本はベトナムの監視能力強化のため、ODA で中古船 6 隻の供与を進めている。

　日本とインドネシアは 2015 年 3 月、ジョコ大統領が初来日するのに合わせて「防衛分野における協力および交流に関する覚書」に合意し、共同訓練の強化や防衛装備品の輸出など、協力強化を謳った。（同年 1 月にはフィリピンとも覚書を交わしており、日本の東南アジア重視の姿勢が表れている。）同覚書に基づき、2015 年 12 月にインドネシアとは初めてとなる外務・防衛閣僚会合（2 プラス 2）を東京で開催した。2 プラス 2 では、防衛装備品や技術移転協定の締結交渉の開始、防衛当局者の交流を通じたインドネシア軍の能力構築支援の強化、インドネシア軍主催の多国間共同訓練「コモド」への自衛隊参加などに合意した。日本が 2 プラス 2 を行うのはインドネシアが 6 カ国目で、東南アジア諸国連合加盟国では初めてである。

第 6 章　東南アジア

　中国の存在感が強いメコン圏において日本の影響力を強めようと、メコン地域支援にも力を入れている。日本とメコン地域 5 カ国（カンボジア、ラオス、ミャンマー、タイ、ベトナム）の首脳が集う日・メコン首脳会議が東京で開催され、「新東京戦略 2015」が採択された。日本はメコン地域に 2016 年から 3 年間で約 7,500 億円を支援することとし、ハード面の取り組みでは「質の高いインフラ投資」を掲げ、タイが主導するミャンマーのダウェイ経済特区開発に協力することを確認した。ダウェイ経済特区開発は 2008 年にタイとミャンマーの合意によって始まったもので、インド洋に面するダウェイに港や工業団地を整備してタイと道路で結ぶことで、ミャンマー・タイ・インド洋をつなぐプロジェクトである。ASEAN が ASEAN 内の連結性強化を図っていることを背景に、日本はメコン地域に東西経済回廊および南部経済回廊を整備してきた。日本政府は引き続き産業インフラの整備と連結性の強化に力を入れることとした。このような日本のメコン地域支援強化の背景の一つに、中国主導のアジアインフラ投資銀行がある。

　ミャンマーで国民民主連盟（NLD）政権が発足した直後に中国がミャンマーを訪問したことはすでに述べた通りである。一方、日本の方針は、中国の出方を見て決められた。王毅外相のミャンマー訪問の際、親善訪問であるにもかかわらず、凍結したミッソンダム計画の再開を求めたが、アウン・サン・スー・チーはこれを不快に感じたという。そこで、日本のやり方を押し付けてはならず、まずは信頼を得ることが肝要で、そのためには時間をかけてミャンマーのニーズを把握し、そのうえで支援策を練ることにしたという。（『朝日新聞』2016 年 5 月 4 日）中国のミャンマー訪問から 1 カ月遅れて 5 月上旬に訪れた岸田文雄外相は、アウン・サン・スー・チーと会談した際に、新政権がとりわけ重視している雇用創出、インフラ、農業、財政金融といった分野を特に日本は重きを置くことを伝えた。NLD 政権は、新政権として国民の期待に応え、支持を維持するために、雇用創出など目に見える形で成果を出すことが重要であるため、日本の支援への期待は大きいようである。日本は中国と差別化を図ることが必要であり、そのためには中国の支援もミャンマーや他の東南アジア諸国にとってきわめて大切であることを踏まえたうえで、たとえ時間がかかってもその国のニーズに応える支援を行っていく外交を展開すべきである。

日本がフィリピン、インドネシア、ベトナムとの防衛協力を強化させていることは、上述した通り日本への期待および信頼の高さを示していよう。地域諸国の信頼という観点から興味深いことは、2015年9月に成立した平和安全法制についての東南アジア諸国の反応である。端的にいえば、東南アジア諸国はおおむね歓迎しているといってよいであろう。フィリピンとベトナム国内では、日本の新たな役割を歓迎する旨のコメントが見られた。ベトナム外務省の報道官は、日本がアジア太平洋地域や世界の平和の維持に前向きな貢献を続けることを期待すると述べた。またシンガポールとタイ国内のメディアでも日本の貢献が域内の勢力均衡を改善するといった見方がなされた。インドネシアも、2プラス2共同声明を通して安倍政権の積極的平和主義を歓迎し、これが国際安全保障や地域秩序の強化、および信頼醸成に寄与することを期待する旨述べられた。最後に、ASEANとしての立場は、「第18回日・ASEAN首脳会議議長声明」によって次のように述べられた。すなわち、「ASEAN首脳は、国連平和維持活動、人道支援や災害救援に一層積極的に参加し、協力を促進するとの日本の意図を歓迎し、その目的のために2015年9月に成立した新たな「平和安全法制」に留意」した。

軍事力の近代化

　東南アジア諸国は域外大国との安全保障協力を深化させる形で国防力を向上させているが、当然ながら、同時に自助努力にも怠りがない。各国は、近年の経済成長を背景に、軍事力の近代化を熱心に推し進めている。老朽化した装備の近代化、南シナ海における中国の強硬な行動がその主要な要因となっている。『ジェーンズ・ディフェンス・ウィークリー』誌によれば、東南アジア諸国の2015年の年間防衛費は420億ドル（約5兆2千億円）で、2020年には現在の2割増の520億ドル（6兆4千億円）に増大すると試算している。東南アジア諸国が行っている軍事近代化の特徴の一つは、特に海軍力と空軍力の強化に力を入れていること、もう一つは、特定国に依存することを避ける狙いから多様な国から装備を調達していることを指摘できよう。

　フィリピンは南シナ海領有権問題を背景に、上述したように米国との安全保障協力を強化するのみならず、自国の国防力強化に力を入れている。例えば、第2

－210－

期の軍事近代化プログラムとして、2015 - 2017 年の 2 年間で 900 億ペソ（20 億米ドル）以上を計上している。フィリピンは現在、戦闘機も潜水艦も保有していないため、2014 年に韓国からFA - 50 軽攻撃機購入の締結を行い、2017 年までに 12 機を導入する。そのうち 2 機がすでに到着、クラーク空軍基地に配備された。海軍力強化については、米国から 2011 年と 2012 年にハミルトン級カッターの供与を受け、2 隻目は 2015 年 5 月に導入された。さらに、2016 年 3 月に 48 年の就役を終え退役した米沿岸警備隊のハミルトン級カッターが、今後 3 隻目としてフィリピン海軍に引き渡される予定である。

　ベトナムも海軍力・空軍力強化に余念がない。ロシアから 2009 年に購入したキロ級潜水艦 6 隻のうち、4 隻を 2015 年 8 月までに就役させた。この潜水艦はいずれ、ベトナムに南シナ海における接近阻止・領域拒否能力を与えると目されている。また、ベトナムは米国や欧州の企業と戦闘機、哨戒機、無人航空機について検討を続けているとされる。

　マレーシアも総額約 90 億リンギット（2,900 億円）で小型艦船 6 隻を発注、海軍は実効支配海域に艦船を派遣し、中国船を監視している。南シナ海問題はマレーシアの軍事力近代化の一つの要因であり、対応するうえで空軍の現在の MiG - 29 戦闘機の後任機の導入、海上哨戒機、対潜水艦ヘリコプターの購入などが必要である。しかし、マレーシア政府が予算のほとんどを割いたのは A400M 輸送機 4 機であった。これはマレー半島からボルネオ島のサバ州・サラワク州への兵力の輸送を可能にするための調達であった。

　インドネシアは南シナ海の諸島に領有権を主張していないが、ナトゥナ諸島周辺の排他的経済水域に中国の漁船や艦船が進入する事態が増加していることから、これを抑止および対応するにあたって必要となる沿岸および海軍能力の構築を図っている。海軍は潜水艦能力の向上に重きを置いており、2017 年から韓国の張保皐級潜水艦（元はドイツの 209 型潜水艦）が納入される予定である。これに加えて、海軍はロシアのキロ級潜水艦を購入する計画であることが発表された。空軍は、米国から購入した F - 16C/D 戦闘機に加え、2017 年に退役する F - 5E に代わるロシア製スホイ Su - 35 戦闘機を導入することになっている。

　東南アジアで最も近代的な軍事力を誇るシンガポールは、就役中の F - 16C/D

—211—

戦闘機の改良を 2016 年から段階的に進める計画であることを、ウン国防大臣より発表された。また 2015 年からヘルメス 450 無人航空機が配備された。

表 1 は ASEAN10 カ国の国防費 (2014 年と 2015 年)、国防費の伸び率、GDP における国防費の割合を表したものである。カンボジア、ラオス、ベトナム 3 ケ国の 2015 年の国防費は不明ではあるが、平均すると 6%強の国防費増である。最も高い伸び率を示しているインドネシアは、2016 年はさらに増大させる見込みであり、2015 年の約 100 兆ルピアから 2016 年は 133 兆ルピアを国防費に充てる計画である。

表 1　ASEAN 諸国の国防費 (2015 年)

	2014 年	2015 年	対前年比	対 GDP 比
ブルネイ	B$7.2 億	B$5.8 億	-19.4%	3.4%
カンボジア	r1.8 兆	不明	—	—
インドネシア	Rp86 兆	Rp102 兆	18.6%	0.9%
ラオス	kip1,970 億	不明	—	—
マレーシア	RM161 億	RM178 億	10.6%	1.5%
ミャンマー	K2.36 兆	K2.61 兆	10.6%	3.4%
フィリピン	P877 億	P987 億	12.5%	0.7%
シンガポール	S$124 億	S$131 億	5.6%	3.3%
タイ	b1,830 億	b1,930 億	5.5%	1.4%
ベトナム	d91 兆	不明	—	—

各国の通貨単位：ブルネイ：ブルネイドル (B$)、カンボジア：リエル (r)、インドネシア：ルピア (Rp)、ラオス：キップ (kip)、マレーシア：リンギット (RM)、ミャンマー：チャット (K)、フィリピン：ペソ (P)、シンガポール：シンガポールドル (S$)、タイ：バーツ (b)、ベトナム：ドン (d)
出所：英国国際戦略研究所 (IISS)、Military Balance 2016.

ミャンマー

2015 年、歴史的といって過言ではない変化が起きたのはミャンマーであろう。同年 11 月 8 日、2011 年の民政移管後初の総選挙が行われ、アウン・サン・スー・チー率いる NLD が大勝した。改選議席 491 議席のうち、NLD は約 80% に上る 390 議席を獲得した。総議席数は 664 であるため、国会の約 60% に達する過半数の議席を獲得、法案を NLD 単独で通過させることができる体制となっ

第6章　東南アジア

た。一方、それまで与党だった連邦団結発展党（USDP）は 42 議席しか獲得できず、議席を大幅に減らした。1990 年の総選挙の際とは異なり、軍の流れをくむ USDP は今般の総選挙の結果を早々に受け入れた。その理由は、2008 年に制定された現行憲法によって軍の影響力や権益が守られる制度が保証されているからに他ならない。その制度とは、第一に、国軍最高司令官に多大な権力を与えていることである。国軍最高司令官は、国会の 4 分の 1 を占める軍人議員の指名に加えて、国防、内務、国境の 3 大臣を指名する権限を持っている。また、非常事態の際には、大統領ではなく国軍最高司令官が全権を掌握する規定となっている。このように現行憲法は軍に大きな権力を与えているが、憲法を改正するにあたっても軍の同意が必要な仕組みになっている。憲法改正には議会の 4 分の 3 以上の賛成が必要であるが、議席の 4 分の 1 は軍人に割り当てられている。すなわち、軍人議員の賛成がなければ憲法は改正されない制度になっており、軍は事実上の拒否権を持っている。

　以上の制度を背景にして行われた 2015 年 11 月の総選挙の結果、ミャンマーでは半世紀ぶりに非軍人であるティン・チョーが大統領に就任した。ティン・チョーはアウン・サン・スー・チーの側近である。アウン・サン・スー・チー自身が大統領に就任しなかった（できなかった）のは、これも憲法が定めているからである。現憲法は、親、配偶者、子、子の配偶者が外国籍の場合、正副大統領になれないと規定している。英国人の夫との間に英国籍の息子をもつアウン・サン・スー・チーが就任できないように制定された。アウン・サン・スー・チーは自らが大統領に就任できるよう憲法改正の道を探ったが、上述の通り、軍の権力が制度化されていることから、これは容易ではない。そもそも、憲法改正動議には全国会議員の 20％の同意が必要であり、20％以上の議席を持つのは与党である USDP と、国軍最高司令官が指名する非民選枠 25％の議席を持つ軍人議員団だけである。したがって NLD は単独で改憲案を出せなかった。国軍は憲法改正に反対していることから、NLD が求めた憲法改正は叶わなかった。

　しかし、選挙中から大統領より上に立つと公言していたアウン・サン・スー・チーは、新政権発足後、大統領府相と外相を兼務しながら、自らが主導して国家顧問という新たな役職を設置した。国家顧問は正副大統領や閣僚、省庁など国家

—213—

機関に助言する立場にあり、法的に大統領に指図できる権限を持つ。国家顧問に就任したことで、アウン・サン・スー・チーは新政権の実権を事実上握る立場となった。国民はアウン・サン・スー・チーを支持しているようであるが、今後はNLDと軍との関係に注視しなければならない。国家顧問創設の法案を審議した際、軍人議員団は国家顧問ではなく大統領顧問に修正して、同役職の権限を制限しようとした。しかし単独で法案を通す勢力を得たNLDは原案のまま押し通したため、軍人議員からの強い反発を生んでしまった。憲法改正は、ミャンマーが政治的自由化をさらに進めるうえで行わなければならない一つの課題であるが、今後、このようにNLDの数の力で軍人議員の意向を無視ないし軽んじ強行すれば、軍との対立が高まりかねない。

　国内安全保障の観点から、ティン・チョー政権が解決しなければならない問題の一つは、少数民族勢力との和解である。ミャンマーには、人口の約7割を占めるビルマ族に加え、大きくわけて7つの少数民族が存在している（これをさらに細分化すればその数は135に上る）。ミャンマーにおける少数民族問題は、1948年の独立直後からすでに存在しており、民族間平等や自治権の拡大を求める少数民族が、最大民族ビルマ族中心の中央政府に対して武装闘争を続けてきたのであった。

　しかし2015年10月、前ティン・セイン政権と少数民族8勢力との間で停戦合意文書の署名が行われた。ティン・セイン大統領は2011年3月の民政移管以来、国民和解および国内和平達成に向けて、同年11月から少数民族武装勢力のうち主要な勢力を対象に和平交渉を進めてきた。ティン・セイン大統領が和平交渉を進めたのは、独立後60年以上に及ぶ国内紛争を和平に導くことで、2015年11月に行われた大統領選挙で少数民族政党からの支持を得たいという思惑があったからであった。交渉開始から4年がかかったが、2015年3月に全国規模の停戦合意文書案を作成、そのうち8武装勢力が10月の停戦合意文書に署名したのである。対象としたすべての勢力が参加しなかったため、全国規模の停戦とはならなかったが、長年戦闘を続けてきたカチン独立機構と停戦合意できたことの意義は大きいであろう。なお、停戦合意署名式典には、笹川陽平ミャンマー国民和解担当日本政府代表が出席し、国際社会からの証人として笹川代表が署

名した（証人となった他の国・機関は、中国、インド、タイ、国連、EU であった）。

　少数民族との和解は、ティン・チョー新政権にとって最重要課題の一つである。実際、アウン・サン・スー・チーは総選挙前に少数民族地域を訪れ、少数民族の自治権を拡大する連邦制の導入を選挙公約にし、NLD への支持を訴えかけた。また、独立記念日である 1 月 4 日（2016 年）、アウン・サン・スー・チーは演説で国内の平和構築が最重要課題になると述べ、停戦交渉を続ける意向を明らかにした。ティン・チョー新大統領は早速、少数民族問題（主に和平と開発）の担当省（民族省）を新設すると発表した。今後は、停戦監視に関する行動規範の策定等について話し合われるが、ゆくゆくは少数民族が求める分権的な連邦制導入の可否などが議論されよう。

地域協力

　ASEAN 主導の一連の地域協力会合は、ASEAN 共同体発足を前にして開催されたが、ASEAN が際立って大きな役割を果たすことはできなかった。どの会合においても南シナ海問題が主要議題となり、ASEAN の姿は米中の影に潜んだ。ASEAN 中心の地域アーキテクチャー構築を ASEAN は求めているが、現実的にはそれが容易ではないことが示されたといえよう。以下では、ASEAN、ASEAN 地域フォーラム、拡大 ASEAN 国防相会議、東アジア首脳会議を取り上げる。

ASEAN

　2015 年 12 月末日に ASEAN 共同体発足を控えていた ASEAN は、11 月に開かれた ASEAN 首脳会議で予定通りに ASEAN 共同体を発足させると謳った「クアラルンプール宣言」を採択した。発足を宣言したとはいえ、共同体は現在進行中のプロセスであることから、次の 10 年間を見据え、今後さらに、「法に基づき、人民志向の、人民中心の共同体」へと深化するよう 3 つの柱である政治安全保障、経済、社会文化共同体のブループリントを新たに採択した。

　ASEAN 首脳会議は 2015 年 4 月と 11 月にクアラルンプールで開催された

-215-

が、どちらの「議長声明」も議題に大きな違いはない。構成はおおむね以下の通りである。ASEAN共同体、これに関連するASEAN統合イニシアティブとASEAN連結性、ASEANの対外関係、地域・国際問題である。ASEANの対外関係については、ASEAN中心の地域アーキテクチャー構築の重要性と、ASEAN地域フォーラムや東アジア首脳会議をはじめとするASEAN中心のメカニズムを通じて域外国との関係を構築・強化させることを再確認した。地域・国際問題の中で重視された問題は、南シナ海問題であった。

　まず、4月のASEAN首脳会議に先駆けて開催されたASEAN外相会議において、フィリピンのデルロサリオ外相は、中国の埋め立て行動を「南シナ海を事実上支配する体制を整えている」と非難した。議長国マレーシアも、会議後の会見で中国は作業を中止して、話し合うことが望ましい旨述べた。ASEAN首脳会議は「議長声明」を通じて、ASEAN加盟国は「南シナ海において行われた埋め立ては、信用と信頼を損なわせ、同海域における平和と安定を阻害しかねず、これに深刻な懸念を共有する」とした。最初の議長声明案には埋め立てへの言及はなかったという。しかし、フィリピンのアキノ大統領やベトナムのズン首相らが言及することを強く求めたこと、議長国マレーシアも、埋め立ての中止が望ましいと考え、埋め立てへの言及が声明に盛り込まれた。一方、ASEANの結束を図るために、中国を名指しすることは避けた。8月に開催された第48回ASEAN外相会議においても南シナ海問題は中心議題となった。「共同声明」では、緊張を高め平和を脅かした埋め立てについてASEANの深刻な懸念を表明した。11月に開かれたASEAN首脳会議でも、中国への名指しを避けながらも、同海域における更なる軍事拠点化への懸念を表明し、行動規範の早期策定を求めた。

ASEAN地域フォーラム（ARF）

　第22回ASEAN地域フォーラムは、8月にクアラルンプールで開かれた。南シナ海領有権問題に関して、米国のケリー国務長官は埋め立て、建設、軍事拠点化の停止を中国に求めた。日本も同様に、現状を一方的に変更する行為を控えるよう呼びかけ、中国を牽制した。「議長声明」では、関係者の信用・信頼の低下を招き、南シナ海の平和および安定を損ない得る現在進行中の同海域における

第 6 章　東南アジア

埋め立てを含む進展に関して、複数の閣僚から示された深刻な懸念に留意した。なお、ARF プロセスについては、今会合でもその第 2 段階である予防外交への進展を謳ったものの、今回も実質的な進展は見られなかった。

拡大ASEAN国防相会議（ADMMプラス）

　日米中など東南アジア域外 8 カ国が参加する第 3 回拡大 ASEAN 国防相会議（ADMM プラス）は、南シナ海での米国の「航行の自由」作戦が行われた後だったことから、ASEAN がどのような対応を示すかが注目されたなかで開催された。ASEAN 各国の反応はそれぞれ異なっていたが、ASEAN は国際法の順守という文脈において米国の行動を理解するとの立場をとることで一応の結束は示した一方、中国批判は避けた。米国とも中国とも良好な関係を維持したい ASEAN 諸国の思惑が反映された結果である。会合の主要議題は、海洋安全保障、テロリズム、サイバーセキュリティー、人道支援・災害救援であった。海洋安全保障については、南シナ海問題をめぐって米中が対立し、共同宣言の採択が見送られる事態となった。これは共同宣言で、南シナ海問題に言及するか否かで対立があったためとされる。米国、フィリピン、日本、オーストラリアなどは同問題に言及するよう求めたが、中国は南シナ海問題当事国ではない国々が関わる当会合での宣言で同問題に言及することは不適切と反発し、カンボジアなどが中国に同調した。米中の対立および ASEAN 内の不協和音が共同宣言の不採択という結果になった。代わりに議長国マレーシアが「議長声明」を発表した。しかし「議長声明」でも、南シナ海における行動規範の早期策定を目指すことが述べられたが、埋め立て、航行の自由、国際法の順守といった文言は盛り込まれなかった。

東アジア首脳会議（EAS）

　2015 年に 10 周年を迎えた東アジア首脳会議は、地域の首脳主導のフォーラムとしてその役割がさらに強化されるべきであるとして、「EAS 10 周年記念クアラルンプール宣言」を採択した。同宣言では、EAS の機能を強化すべく、例えば以下の点を挙げた。① ASEAN+3、ARF、ADMM プラスとの整合性の促進、② EAS 議長国の役割強化、③海洋協力を EAS の優先課題の一つに含めることを

−217−

今後検討すること、④ ASEAN 常駐代表委員会と ASEAN 域外 EAS 参加国の大使との間で、首脳の決定事項の実施に関し議論し、地域の安全保障政策や取組みに関する情報交換を行うための定期的な関与の仕組みを確立すること、⑤ ASEAN 事務局内に EAS ユニットを設置することが議題となった。この中には、他の ASEAN 主導の地域協力組織でも取り上げられている課題も含まれており、とりわけ新しい項目はない。すべてが早期に実行に移されることが期待される。

　会合では、現在の EAS の優先課題として、エネルギー、教育、財政、厚生、環境、災害管理、ASEAN 連結性が議論された。また他の地域協力会合と同様、EAS においても南シナ海における航行および上空飛行の自由と平和と安定の維持の重要性が確認された。また「議長声明」は、やはり名指しは避けながらも、中国の埋め立てを念頭に、当事者間の信頼・信用を傷つけ、地域の平和と安定を損ない得る現在進行中の動向に対して、複数の首脳により表明された深刻な懸念に留意した。これに関連して、習近平主席が米国訪問中に表明した、中国は南シナ海において軍事化を追求する意図はないという中国からの保証も同時に歓迎した。

　2016 年の ASEAN 議長国は、中国と密接な関係を維持するラオスである。また、同年は中国・ASEAN 関係の 25 周年にあたる。2012 年の ASEAN 外相会議では、参加国の間で対立が生じ、初めて共同声明を採択できない事態となった。ASEAN にとっては、南シナ海問題をめぐって ASEAN 諸国の団結をいかに維持するか、中国との関係を重視するカンボジアが議長国を務めた 2012 年の二の舞を踏まないことが当面の課題であろう。

（福田　保）

コラム 外交と食事：東南アジア

ASEAN外交における食事会の位置づけ

　外交の世界における食事会には、そのもてなし方にホスト国の政治的意図が表れるとのことから、メディアの注目が集まることがあるが、一般的にその重要性はあくまでも公式会談に付随するイベントという域を脱することはない。しかしながらASEAN諸国の外交においては、時として食事会が公式会談より重要視されることがある。これはインフォーマルな場での意思疎通に価値を見出すASEANの外交スタイル、いわゆる「ASEAN Way」とよばれる独自の行動規範からくるものである。ASEAN諸国では、外交問題の処理にあたっては、なによりも政府要人間の個人的信頼関係が重要であるとされ、それゆえ要人間の会談も、政府間の公式会談といった形ではなく、食事会あるいはゴルフ場など当事者同士が親近感を抱きかつ本音を言いやすいインフォーマルな環境で行うほうがより効果的であるという考えが根強い。

　このようなASEANの外交スタイルは、ASEAN内に留まらず、ASEANの対域外諸国外交でもみることができる。最も顕著な事例としては、1993年7月にシンガポールで開催されたASEAN拡大外相会議（PMC）の夕食会があげられる。PMC開幕前夜に非公式協議の場として開催されたこの夕食会は、日米中露を含む地域主要諸国が、アジア太平洋地域初の全域的な多国間安保対話・協力の枠組みとなるASEAN地域フォーラム（ARF）の設立に合意した「歴史的な機会」としてしばしば言及される。ASEAN側がこのような重要な議題を本会合ではなく、夕食会に持ち込んだのには、それなりの理由があった。ARFの設立にあたっては、PMC参加国の間で中露越といったPMC非参加国をARFのメンバーとして迎え入れるかどうかで意見の相違があり、また中国のようにARFへの加入に必ずしも乗り気ではない非参加国も存在した。このような状況の中でASEANは、PMC非参加国をオブザーバーとして本会合ではなくあえて夕食会に招待し、席順についても例えば旧敵同士である米越の席を隣同士にするなどして、関係諸国が合意形成に向けて自由闊達に議論を行うよう促した。結果としてこの夕食会は上記のように大成功に終わった。

　現在においても食事会はASEAN外交の中で引き続き重要な位置を占めており、例えば毎年夏に開催されるARF閣僚会合では、夕食会を兼ねて各参加国の外相が歌や寸劇を披露する「隠し芸大会」を実施するというユニークな取り組みが行われている。このASEANの食事外交については、単に「ARF＝トークショップ」というイメージを増長しているだけという批判もあるが、実際に隠し芸大会を楽しみにしている非ASEAN参加国の閣僚も多いということで、毎年というわけではないが、閣僚会合でのリラックスした雰囲気作りに一定の貢献を果たしているようである。

湯澤　武

（法政大学教授）

第7章　南アジア

概　観

　南アジアでは、インドとそれ以外、特にパキスタン、アフガニスタンとの情勢の間に大きな差が生まれつつある。また、周辺の小国はインドと中国のせめぎ合いの場という色彩が強くなってきている。こうした特徴を考えると、もはや南アジアとしての地域の一体性がどれほどあるのか、という疑問すらわいてくる。

　インドに対しては、2014年のモディ政権の誕生によって内外から多大なる期待が寄せられたが、内政面では国会のねじれ現象（下院では安定多数を確保しているが、上院では依然として少数派）が解消されていないため、重要法案が通らず、モディ首相の望むように動いていない。しかし、外交面では大いに「モディ色」が発揮されている。モディ首相は周辺外交を積極的に展開し、その結果、バングラデシュ、スリランカとの関係は大幅に改善された。これらの国には以前から中国が進出の機会をうかがって積極外交を進めている。

　その中国との関係は、経済関係は緊密度を増しているものの、インドは安全保障面では慎重な姿勢を維持している。中国の提唱する「一帯一路」構想にインドは冷ややかな態度で臨み、好意的な反応は一切示していない。他方、冷戦後に関係を改善し強化してきた米国とは、信頼関係をさらに構築し、また米国の同盟国の日本、オーストラリアなどとの二国間関係を強化しているのみならず、これまでは慎重だった多国間協力も積極的に推し進めている。なお、インドは兵器の取引先も多角化しており、フランスからラファール戦闘機を購入することで合意に達した。しかし具体的契約となると、インド側の条件は厳しく、交渉は難航している。

　一方、対米関係がぎくしゃくするパキスタンは対中依存を一層強め、「一帯一路」構想の一端を担うプロジェクトに多額のインフラ開発援助を引き出した。これによってパキスタンが再生されるとの期待が高まっている。しかし、国内の治安状況は、軍のテロリスト掃討作戦の強化によって幾分改善されたとはいえ、依然として不安定である。テロ対策が徹底できない要因の一つは、テロがインドとの対決において有用であることである。印パ関係が改善されない限り、パキスタンの国内問題も根本的に解決するのは難しい。パキスタンのテロ対策の不徹底さに対して、米国では特に議会を中心に批判が多く、そのためF‐16戦闘機の購入問題も大きな障害にぶつかっている。

　アフガニスタンではタリバンが勢力を拡大しており、和平交渉も頓挫している。南アジアの不安定状況はまだ当分続きそうである。

インド

活発な首脳外交と停滞する国内改革

　2014年5月に発足したナレンドラ・モディ政権は、2年足らずの間に、首相自らがほぼすべての主要国やインド周辺国を訪問するなど、外交面では活発な動きを見せている。他方で、インド経済再浮揚に向けた国内改革の動きに関しては、野党の激しい抵抗を前に停滞を余儀なくされている。典型的なのが、企業による用地取得を容易にするための「土地収用法改正案」、ならびに州によっても異なる複雑な税制を合理化するための「物品・サービス税（GST）法案」である。

　内外の産業界から要請の強いこの2法案を、政権は当初から経済改革の柱として成立を働きかけてきたが、2年を経過しても依然として実現していない。政府・与党が野党に対し格好の攻撃材料を与え、国会での審議が進まないことが主因である。

　2015年7-8月のモンスーン国会では、汚職捜査中のクリケット・プロリーグの元会長にスシマ・スワラージ外相らが便宜供与を図った疑惑で紛糾し、実質的審議がまったくできなかった。その後、インド国内ではモディ首相率いるインド人民党政権のもとで、異なる宗教や意見に対する「不寛容」の雰囲気が広がっているとして、知識人を中心にこれへの抗議活動が強まった。加えて与野党関係者の汚職疑惑が新たに浮上し、11-12月の冬季国会でも成立に至らなかった。さらに2016年に入ってからも、被差別カーストの学生の自殺や、学生運動指導者の逮捕事件をめぐり、与野党の対立は一層深まり、2月からの予算国会も紛糾した。

　最大与党インド人民党は連邦下院において単独過半数を確保しているものの、上院では連立与党、国民民主連合（NDA）全体でも過半数に遠く及ばない。そのため、法案の成立には野党の一部の理解と協力を取り付けなければならず、苦慮しているのである。また政権発足当初は比較的順調であった州議会選挙戦でも、2015年2月のデリー準州での敗北に続き、同年11月にはビハール州でも野党連合を前に惨敗を喫した。このため、州議会の構成が反映される連邦上院での過半数確保への道筋は不透明なものになりつつある。

治安情勢

インドには1億7千万人を超えるムスリムが最大の「マイノリティ」として存在しているが、中東で勢力を拡大する「イスラム国」(IS) の影響は限定的である。ムスリムが多数を占めるジャンムー・カシミールではパキスタン国旗に加え、IS の旗も散見されるようになってはいるものの、インド国内に IS の拠点があるとはみられていない。しかし、インドのムスリムの若者がソーシャル・メディア等を通じて IS に共鳴し、参加する動きはあるとされる。当局は支持者や工作員と疑われる者を逮捕するなど、警戒を強めている。

他方、パキスタンに基盤を持つ勢力のいわゆる「越境テロ」は続いている。2015年7月、パンジャーブ州で武装勢力が警察署を襲撃し、市民を含む10名が犠牲となったほか、2016年1月には同州のパタンコート空軍基地が襲撃され、兵士ら8名が死亡した。

東部諸州の農村部を中心に活動を続けてきた極左武装組織、マオイスト (ナクサライト) は、2015年4月にチャッテイスガル州で治安部隊襲撃事件を起こした。しかしそれ以外には大きな事案はなく、10・11月のビハール州議会選挙も、治安対策が功を奏し、全体的には平穏裏に行われた。

北東部諸州の分離武装勢力に関しては、2015年6月、マニプル州でナガランド民族社会評議会カプラン派が陸軍の車列を襲撃し、兵士18名を死亡させる事件を起こした。これに対し、インド特殊部隊はミャンマー側に越境して反撃した。他方で、政府はナガランド民族社会評議会イサーク・ムイヴァー派とは8月に和平協定に調印するなど、分離運動の分断を図っている。

このほか、宗教やカーストを軸とした暴力もなくなっていない。2016年2月にはハリヤナ州でジャート (農民)・カーストが政治的留保枠の認定を求めて暴動となり、28名が死亡した。進出企業の多い同州には大きな経済的打撃となった。

南部アジア近隣国との関係

モディ政権は発足以来、インドを取り巻く南部アジア近隣国との関係の再構築に努めてきた。2年目に入ってからもその方向性に変わりはないとみられるが、すべてにおいて順風満帆というわけではない。

第 7 章　南アジア

　2 年目の最も明確な成果は、バングラデシュとの関係にみられる。2015 年 5 月、インド連邦議会において、マンモハン・シン前政権から懸案となっていた同国との飛び地解消に必要な憲法改正案が可決、成立した。これを受けて 6 月、モディ首相がバングラデシュを訪問し、国境画定が正式に実現した。バングラデシュ側が長年要望してきた河川の共同利用協定についても、「早期解決」に向けて努力することで合意した。新規のバス路線開設やインド北東部からの電力供給も開始され、コネクティヴィティ（連結性）強化が着実に進んでいる。モディ首相は2015 年 11 月には、マレーシアでの第 13 回印・ASEAN 首脳会議に参加するとともに、シンガポールも訪問するなど、その「アクト・イースト」政策は順調といえる。

　これとまったく対照的なのが、パキスタンとの関係である。2015 年 7 月、ロシア・ウファで開催された上海協力機構（SCO）首脳会議の際に個別会談したモディ首相とパキスタンのシャリフ首相は、両国の国家安全保障顧問協議の早期開催に合意した。しかしその後、カシミール管理ライン（LoC）での小競り合い、前述したパンジャーブ州の警察署襲撃事件等が相次ぎ、8 月に予定されていた協議は実現しなかった。インド国内ではパキスタン人歌手や元外相らの訪問を拒絶する風潮も強まり、印パ関係は膠着状態に陥った。

　状況打開への糸口はやはり首脳同士の接触により見いだされた。11 月末、パリでの国連気候変動枠組み条約第 21 回締約国会議（COP21）首脳会合で顔を合わせたモディ首相とシャリフ首相は、控室のソファで数分間話し込んだ。それから 1 週間後の 12 月初め、国家安全保障顧問協議がバンコクで開催されたことが、突如明らかにされた。事前発表なしでのこの協議では、テロ問題のみならず、カシミール問題についても議題となったという。対話再開のためにインド側が譲歩したとされている。

　モディ政権は、対話再開の流れを不可逆的なものにすべく、素早く動いた。国家安全保障顧問協議から数日後にはスワラージ外相が、アフガニスタンに関する国際会議に招かれる格好で初の訪パを果たし、「包括的二国間対話」という新たな対話枠組みで合意したことが発表された。具体的には、①平和・安全保障、信頼醸成措置、②カシミール問題、③シアチェン氷河の非軍事化、④シール・クリーク帰属問題（海上の係争地）、⑤河川の水利権問題、⑥経済・通商協力、⑦対テロ・

－223－

麻薬規制、⑧人道問題、⑨人的交流、⑩宗教上の訪問という 10 項目が議題となるとされた。そしてその具体的な日程や方式については、翌年 1 月の外務次官協議で決定することも明らかにされた。

　さらにモディ首相が驚きの外交パフォーマンスをみせた。12 月末のロシア訪問の帰途、アフガニスタンに加え、パキスタンを「電撃訪問」したのである。モディ首相はカブールを発つ直前、シャリフ首相の誕生日を祝いたいとツイッターで発表し、約 12 年ぶりとなるインド首相のパキスタン訪問が実現した。シャリフ首相のラホールの私邸で懇談した両首脳は対話継続で一致したという。

　しかし、モディ首相の努力は、またしても妨害された。年が明けた 1 月初め、パンジャーブ州パタンコート空軍基地、アフガニスタンのマザリシャリフにあるインド領事館が相次いで武装勢力に襲撃され、外務次官協議は繰り延べとなった。このように、パキスタンとの関係改善は、モディ首相のリーダーシップをもってしても、困難に直面している。

主要国との関係

　主要国との間では、欧米諸国、中露のいずれとも、モディ首相が先頭に立って、一層緊密な関係を同時に構築している。焦点は、経済関係と安全保障協力の強化である。まず米国には、2015 年 9 月、国連関連の会合や米経済界との会合等のため、2016 年 3 月にも第 4 回核セキュリティサミットのため、モディ首相が訪問した。2015 年 9 月の初の印米戦略通商対話（外相級）では、対テロの共同宣言が発表され、パキスタンに基盤を持つ過激派や IS などの勢力に対する脅威を共有し、連携を深めていくことが確認された。後述するように、日本を加えた 3 カ国の戦略的関係強化の動きも進んでいる。

　2015 年度のモディ首相は、前年度に足を運ばなかった欧州との関係強化にも積極的に乗り出した。4 月にはフランス、ドイツを、11 月には英国を訪問したほか、2016 年 3 月には連続テロ事件直後のベルギー・ブリュッセルで第 13 回印・EU 首脳会議に臨んだ。これらのうち、特筆すべきは、フランスとの戦略的関係の緊密化である。2015 年 4 月の自らの訪仏時には、シン前政権下で交渉が開始されながら、行き詰まっていた二つの案件について大きな進展があった。第一は

−224−

第 7 章　南アジア

中型多目的戦闘機、ラファールの導入計画である。モディ首相はオランド大統領との首脳会談で、全導入計画 126 機のうち、とりあえず 36 機をインド側が完成品として輸入する意向を示した。そこから政府間交渉が始まり、2016 年 1 月にインド共和国記念日の主賓としてオランド大統領が訪印した際には、価格以外の点で基本合意に達したことが発表された。第二は、アレバ社の原発建設計画である。費用をめぐって交渉が頓挫するなか、両首脳は着工に向けた準備を進めていくことで合意した。

　ウクライナ問題、シリア政策などで欧米と溝の深まるロシアとの伝統的関係も維持・強化されている。モディ首相は 2015 年 7 月に BRICS 首脳会議と SCO 首脳会議出席のためにロシアのウファ、ならびに中央アジア 5 カ国を歴訪した。SCO については、インドがパキスタンとともに、従来のオブザーバーという地位を超え、2016 年に正式加盟することが決定された。モディ首相は、インドの参画を長年働きかけてきたプーチン大統領に感謝の意を示した。モディ首相は 12 月に、今度は年次首脳会談のため再度訪露し、ロシアの高性能軍用ヘリ、カモフ 226T、200 機をインド国内の合弁会社で共同生産すると発表した。インド国内では、兵器における「メイク・イン・インディア」だと高く評価されている。エネルギー面でも技術移転を一層進めるかたちで新たに原発推進を進めることで合意があった。

　近年、国境問題が先鋭化する機会が増え、インド周辺国にも影響力を拡大させつつある中国に対しては、日米豪などとの戦略的関係強化による警戒策と同時に、経済や対テロ分野での連携強化を通じた関与策も深化させている。2015 年 5 月、モディ首相は二国間首脳会談のため訪中した。中国の習近平国家主席は、自らの故郷、西安でモディ首相を歓待し、仏教と古代文明による両国の深い繋がりを演出した。その後、北京での李克強首相との会談後に発表された共同声明によれば、首脳の定期的な相互訪問、成都・チェンナイ各領事館の開設、陸軍総司令部間のホットライン設置に双方が合意したという。経済面では、貿易不均衡の是正のため、医薬品や IT などインドの得意分野での貿易拡大や、中国がインドの鉄道インフラ構築に協力することを含め、対印投資を拡大することなどが盛り込まれた。さらにモディ首相は、電子査証を中国人に対しても発給し、観光やビジネスでの人的往来を活性化させる意向を示した。他方で、中国が推進する「一帯一路」構想に

—225—

関しては、共同声明においても一切言及がなく、モディ政権が、中国側の意図に
警戒感を抱いており、これに距離を置こうとしていることが浮き彫りとなった。

　モディ政権発足当初には、たびたびみられた実効支配線（LAC）での中国側
の攻勢も目立たないものになりつつあり、中印の国境は比較的安定した状況にあ
る。2015 年 9 月には昆明で 5 回目となる陸軍合同訓練が実施された。ここでは
従来の対テロに加え、大災害の際の救援訓練も新たに行われるなど、安全保障
協力と信頼醸成も進展している。

日印関係

　モディ政権と安倍政権の蜜月ぶりは一層深まっている。政府要人の往来と対話
の頻度はきわめて多い。2015 年 4 月、二国間次官級「2 プラス 2」対話が行わ
れたのに加え、二国間外務次官対話が同年 6 月、10 月、2016 年 1 月、2 月の 4
度にわたって開催された。経済と安全保障での利害の一致が背景にある。

　2015 年 12 月には安倍総理が年次首脳会談のため訪印し、「日印共同ヴィジョ
ン 2025」が発表された。そこでは、紛争の平和的解決、航行・上空飛行の自由
等の原則に基づいた「インド太平洋」に向けた海洋協力、さらにはコネクティヴィ
ティ強化のための協力促進が盛り込まれた。安倍政権はモディ政権の掲げる「ア
クト・イースト政策」に対し、「質の高いインフラ」提供で応じるとした。南アジ
アと東南アジアを戦略的に結びつけるという構想は、「一帯一路」とは対照的に、
インドの国益に適うものとして歓迎されている。

　首脳会談にあわせ、2010 年以来交渉が続いてきた民生用原子力協力に関する
「原則合意」の覚書が交わされた。使用済み核燃料の再処理を認めるか否か、
インドが核実験を再開した場合に協力を停止するとの文言を明記するか否かな
ど、まだ「技術的な詳細」の詰めは残されていると思われるが、両首脳は妥結に
向けた強い意志を内外に表明した。

　もう一つの大きな成果は、ムンバイ・アーメダバード間、約 500km の高速鉄道
計画に日本の新幹線方式の採用が正式決定された点である。直前にインドネシア
の高速鉄道計画で中国に「逆転負け」を喫した安倍政権は、ここでは総事業費
1 兆 8 千億円のうち、最大 81% もの円借款を低金利で融資するとの破格の条件

−226−

第 7 章　南アジア

を提示して受注を勝ち取った。同じく日本が売り込みを続けてきた US‐2 救難
飛行艇については、それ自体の具体的進展は発表されなかったものの、「防衛装
備品・技術移転協定」と「秘密軍事情報保護協定」が締結された点は重要である。
これにより、日本の防衛装備品をインドに輸出したり、技術移転して現地生産す
るための条件が整備された。

　日印の戦略的関係は、二国間に留まらず、米国、あるいはオーストラリアを含
む 3 カ国の枠組みにおいても発展した。まず日米印については、2011 年以来続
けられてきた局長級会合を格上げするかたちで、2015 年 9 月、ニューヨークで初
の外相会合が開かれた。会合後の共同メディアノートによれば、「インド太平洋」
における 3 カ国の利害は一致するとして特に南シナ海を含め、国際法や紛争の
平和的解決、航行・上空飛行の自由、阻害されない法に従った通商活動の自由
が確認された。さらに、10 月の米印マラバール演習には、海上自衛隊がベンガ
ル湾での訓練に 8 年ぶりに招かれた。その後の首脳会談時には、今後のマラバー
ル演習に海上自衛隊が正式メンバーとして恒常的に参加することも発表されるな
ど、日米印の安保協力は新段階に入った。

　加えて、日豪印という新しい枠組も芽生えている。2015 年 6 月にはデリーで、
2016 年 2 月には東京で、外務次官協議が開催された。ここでも、名指しは避け
つつも、南シナ海での中国の一方的な行動に対する懸念が表明され、地域秩序
を維持するために 3 カ国が協力することで一致したとされる。

大地震後のネパールをめぐる中印の動き

　2015 年 4 月、ネパールで大規模な地震が発生した。犠牲者数はインドなど周
辺国も含め、9,000 名近くに達し、ネパール国民の 3 割が被災したと見積もられ
ている。就任以来、2 度に渡り自ら訪問するなど、ネパールとの関係緊密化を図っ
てきたモディ首相は、この震災に迅速に反応した。

　インドは地震発生当日、空軍輸送機で 300 人の救助隊と大量の支援物資を送
り、その折り返しでインド人を中心に被災者 500 名以上をインドに運んだ。翌日
には、ラジオ演説で 2001 年のグジャラート大地震にも触れつつ、「ネパールの悲
しみは我々の悲しみ」だとして、インドとしては「できることはすべて行う」と宣

—227—

言した。実際、ヘリコプターによる山間地の被災者の捜索・救助、医療活動から、送電線の復旧に至るまで、インドは各国の先頭に立って支援活動を展開した。これに対し、近年ネパールに影響力を拡大してきた中国も、発生翌日から大規模な支援活動を開始し、両国による「支援合戦」が繰り広げられた。

　未曾有の震災を前に、2008年以来、主要政党が対立を続け、機能停止状態にあったネパールの制憲議会もようやく動き出した。2015年9月、新憲法が公布され、ネパールは7州からなる連邦共和制国家となることが決まった。日本、中国を含む国際社会の大半は、これを歓迎する声明や談話を発表した。しかしインドは隣国の憲法制定について、祝福の表現を使わず、それどころか、同国の情勢について「深い憂慮」を表明した。

　インドが不満と懸念を抱いたのは、新憲法に対してインド国境に近いタライ平原の少数民族、マデシなどが、州の区割りで考慮されず、結果的に政治的影響力を奪われかねないとして反発を強めたためであった。マデシは、民族・社会的にインドに親近感を持ち、特にビハール州の住民とは血縁関係にある者も少なくないとされる。モディ政権としては、特にビハール州議会選挙を控え、マデシの立場を支持せざるを得ない状況に置かれたのである。マデシの抗議活動で、インドとの国境は事実上封鎖され、輸送が停滞した。ネパール国内では、インドに大半を依存してきた燃料等の供給が困難になり、インドによる「圧力」だとの反発が広がった。これに対し、中国は、ネパール新憲法下でのオリ政権と、燃料供給の覚書に調印するなど、ネパール新体制への影響力拡大に乗り出した。

　混乱が続くなか、2016年1月、ネパールはマデシの要求を一部受け入れ、憲法改正に応じた。同年2月に初外遊として、慣例通りインドを訪問したオリ首相は、モディ首相との首脳会談に臨み、壊れかけた信頼関係を再構築することで合意した。会談に合わせ、震災後の復興支援、タライ平原の道路インフラ支援、インドからネパールへの送電線使用開始など、7つの覚書や協定が交わされ、モディ政権としては、ネパールの復興と発展に全力をあげて取り組む方針が確認された。

　首脳会談を機に数カ月続いた道路封鎖は解除され、物流は正常化へ向かった。思わぬかたちで躓いたモディ政権のネパール外交であるが、ここから関係再構築に向けて再スタートを切ろうとしている。しかしインドのみならず、中国も震災後

－228－

第7章　南アジア

のネパールに大規模な復興支援を展開しようとしている。ネパールの震災復興を
めぐる中印の今後の動きは、ネパールのみならず、地域の秩序形成に大きな影響
を及ぼす可能性があろう。

（伊藤　融）

軍事
全般軍事情勢

　人員数において世界第3位規模を誇るインド国軍は、パキスタンと中国を直接
の軍事的脅威として、また準軍組織・警察を中心に反政府過激イスラム武装勢力
のテロ攻撃に備えて訓練・装備面での軍の近代化に力を入れている。インドは旧
ソ連、ロシア製の老朽装備を大量に保有しており、装備の更新を急いでいる。

　2014年11月以降、中国は中印係争地のインド北西の辺境アクサイチン地区ホー
タン空軍基地にJ-10、11系列の多目的攻撃機16機、Q-5ファンタン級戦闘機
（MiG-29改）6機、および無人機等を配備し、シェルター、滑走路等も整備を
行なっている。一方インドはアッサム州テズプール飛行場にSu-30MK1フランカー
1個飛行中隊9機とシェルター24個が整備され、当基地より241キロメートル東
方のチャブア空軍基地にはSu-30が9機展開している。2016年3月行われた
キルギスタンとの特殊部隊山岳演習と相まって中印国境地帯の動向に関心が持た
れる。

　なおインドは各国との国際的な軍事・技術交流に意を致し、また、伝統的に国
連平和維持活動における軍事面での協力を積極的に実施している。

総兵力および軍の近代化

　総兵力は、1,346,000（陸軍1,150,900、海軍58,350、空軍127,200、沿岸警
備隊9,550）、準軍隊1,403,000であり、この他、予備役は、1,155,000（陸軍
960,000、海軍55,000、空軍140,000）、準軍隊987,800である。

　インド国軍は、陸軍の野戦防空システム、野砲および装甲兵戦闘車、空軍の
中型輸送機およびA330給油機、ラファール戦闘機、海軍のSLBM（水中発射
BM）等の近代化を急いでいるが、同国をめぐる経済環境の低迷は軍近代化へ

−229−

のマイナス要因となる。しかし、軍事上の要請は無視し得ない。ロシアは、この機会を捉えて戦車、航空機、艦艇に至るまで技術協力、販売攻勢に積極的である。

国防費

2016年2月29日インド国会において発表された2016-2017年度の当初国家総予算は19兆7,806億インドルピー（約2,970億ドル：1米ドル＝66.59INR）で国防費は2兆5,800億INR（約387億ドル）である。国家総予算に対する国防費の比率は13%であり、前年度の13.4%より低い数字となった。なお、前年度国防費に対する本年度国防費の伸び率は0.96%で最低の数値を記録したと伝えられる。

核戦力

核開発の実態は把握し難く、米国科学者連盟の推測によればインドの場合は90から110個程度である。『ミリタリー・バランス2016』によれば戦略核兵器の運用は戦略軍司令部（Strategic Force Command:SFC）で統括している。SFCは統合部隊で総司令官は3軍の中将から任命される。

編成：アグニⅠ型1個群、アグニⅡ型1個群、アグニⅢ型1個群（編成中）、装備戦略ミサイル数54基などを含む。その他、一部空軍保有（ASM）は、戦略任務付与が予想される。

宇宙

人工衛星6基など。

通常軍備

海軍：
・陸軍の勢力は1,150,900人で約2万名の人員増がみられる。6つの陸軍管区司令部（北部、西部、中部、南部、東部、南西）と訓練司令部を持つ。
海軍：
・人員規模：58,350人に変化は見られない。これには7,000人の海軍航空隊と1,200人の海兵隊が含まれる。

第 7 章　南アジア

・艦隊司令部：ムンバイ、海軍司令部：Vishakapatnam（ヴィシャカパトナム）、Kochi（コーチ）および Port Blair（ポートブレアー）。
・艦艇 164 隻：潜水艦（作戦用 14 隻、原子力推進 1 隻）、主要水上艦艇 28 隻（空母 2 隻「CV ビクラマディア」、「CVS ビラート」）など。
・海軍航空隊：7,000 人、14 個飛行隊（対地攻撃戦闘機、ASW 戦用、早期警戒用哨戒艇・捜索・救難機など）。
・装備の近代化に関連して 2014 年頃からロシアの対インド接近は顕著である。主要例は以下のとおりである。
　　・ロシア、インドに改良型ディーゼル潜水艦の提供を打診。インド海軍は保有する 877 型「パルトース」潜水艦（インドは 10 隻保有、ロシアは生産していない）について打診（2015 年 10 月）。
　　・ロシア企業がインドとのキロ級潜水艦オーバーホールで合弁（2015 年 7 月）。
　　・インド、ロシアより SAM ミサイルシステムを購入（2015 年 11 月）。

空軍：
・人員規模：127,200 人。前年より 300 人減員している。
・作戦機数：約 880 機。（迎撃機 62 機、地上攻撃機 792 機など）
・インドにおける作戦機の共同開発および外注に際して、相手国との調整は、必ずしも順調ではない。2015 年 8 月、フランスのダッソー社との大型契約でラファール多目的攻撃機 126 機の調達契約の詰めの交渉が難航している。

（清水　潤）

パキスタン

内政

　2014 年に起きた二つのテロ事件、すなわち 6 月のカラチ空港襲撃事件と 12 月のペシャワールの軍関係の小学校襲撃事件は、パキスタンのテロとの戦いにメスを入れることになった。空港襲撃事件を受けて、パキスタン軍は「ザルベ・アサブ作戦」と呼ばれる掃討作戦を大々的に展開し、さらに小学校襲撃事件が起こると、パキスタン政府は軍を交えた全党会議を開いて 20 項目からなる「国家行

動計画」を作成した。同計画は、掃討作戦に加えて、テロリストの財源やコミュニケーション・ネットワークを断つ方策やヘイト・スピーチへの対処、それにソーシャル・ネットワークがテロリストに利用されるのを防ぐ具体策など、一歩踏み込んだものとなっている。この計画に従って、例えば1年間で182のマドラサ（イスラムの宗教学院、過激思想の教育を行っているものもある）を閉鎖した。さらに2015年1月には第21次憲法修正を行い、2年の期限付きではあるが、イスラム過激派のテロを扱う軍事法廷を全国9カ所に設置した。テロリストに対する極刑を含む即決裁判を可能とするものである。この憲法修正はイスラム政党の一定の理解も得て、同議会を通過している。

　また、ナワーズ・シャリフ首相は、6年間続いたモラトリアムを解いて、死刑執行を再開した。2015年1年間だけで、未成年者（犯罪当時）5人を含む326人が処刑されたとアムネスティ・インターナショナルは報告している。アムネスティによると、同時期全世界では1,634人が処刑され、そのうち9人が未成年者であったという。パキスタンと並んで、中国、イラン、サウジアラビア、米国が死刑の多い国として名指しされている。

　それまでパキスタンでは、1986年にジアウル・ハック大統領がイスラム化政策の一環として導入した「イスラム冒涜法」によって、イスラムや預言者を冒涜したとされたものには極刑を含む厳しい刑が科せられてきた。そのような環境の中で「ジハード」を標榜する者やグループに対して批判できない、あるいは批判したものが「罰せられる」といった状況が続いていたが、政府と軍が一丸となって、イスラムの名のもとに行われるテロに対しては、「良いタリバン」、「悪いタリバン」にかかわりなくすべてのテロリストを厳重に取り締るという姿勢を見せたこともあって、テロとの戦いに対する社会的・心理的制約が除去あるいは軽減されたと言われる。ただし、掃討作戦での武力への依存度の増大および軍事裁判によって軍の政治介入や発言力強化を招くことを懸念する声も聞かれる。ちなみに、パキスタンでは過去にも1977年と1998年に軍事法廷が設置されているが、いずれも首相の追放、軍政への道を用意する道具となっている。ナワーズ・シャリフ政権は、議会で安定多数を確保し、反政府デモを続けていた野党も小学校襲撃事件以来、政府に協力的になっており、テロ問題に関しては議会政党の間でコンセンサスが

第 7 章　南アジア

できているが、軍との関係は予断を許さない。

　こうした政府・軍の強い決意と断固たる行動もあって、2015 年はテロの件数が減少し、それに応じて犠牲者も減少している。治安部隊およびミリタントによる 2015 年の襲撃件数の合計は 1,901 件で、2014 年からは 33%の減少となっている。死者数は 3,368 人で 37% 減、内訳は、2,312 人がミリタント、一般市民 641 人、治安部隊 382 人、補助軍が 3 人となっている。攻撃件数のうちミリタントによるものは 706 件で、地域的には、アフガニスタンとの国境に近い、バローチスタン、連邦直轄部族地域（FATA）でそれぞれ 280 件、170 件と目立って多い。しかし、パンジャーブ州や商業都市カラチは件数こそ減少したが、テロ活動自体は過激化している。2015 年 8 月にはパンジャーブ州の州政府内相の自宅で自爆テロがあり、内相を含む 18 人が死亡した。また 9 月には西部ペシャワールの空軍施設が襲撃され、軍人 26 人と従業員 3 人が死亡した。年が明けて、3 月にはパンジャーブ州ラホールの公園で自爆テロがあり、72 人が死亡した。その他にも学校やバスなどでソフトターゲットが狙われる自爆テロや襲撃事件が起きている。いずれもパキスタン・タリバーン運動（TTP）およびその分派の犯行とみられる。

　パキスタンのテロ対策で常に問題となるのが、インドとの絡みである。TTP はパキスタン政府および軍をターゲットとしているため、パキスタン軍としても徹底的な掃討作戦を展開することに抵抗は少ない。しかし、インドを主たるターゲットとした、いわゆるインドが「越境テロ」と呼ぶ集団 ── ジャイシェ・モハメドやラシュカレ・トイバなど ── となると話は別である。宿敵インドとの対決においてパキスタンにとって有益となるからである。もともとこれらの集団はパキスタン軍が育てたと言われ、彼らに対してはパキスタン当局の手も緩くなる。例えば 2015 年 4 月、ラホール高裁は 2008 年の死者 166 人を出したムンバイ・テロの首謀者として起訴され、6 年にわたって拘留されていたラシュカレ・トイバ（LeT）のザキウル・レーマン・ラクヴィ被告を保釈した。これにはインドが激怒したのみならず、米国やイスラエルも徹底できないパキスタンに苛立ちを示した。他にも同類のケースは多々ある。

　パキスタンの「越境テロ」を非難するインドに対して、パキスタンは自国における反政府運動へのインドの関与を指摘する。2015 年 5 月、パキスタンのラヒール・シャリフ陸軍参謀長は、インドの諜報機関 RAW（Research and Analysis

-233-

Wing）がパキスタン社会を混乱させるためにバローチスタン州の反政府運動およびカラチのMQM（政党「統一民族運動」の運動にテコ入れをしていると非難し、7-8月にはMQMの事務所を捜索し、武器などを押収して多数の党員を逮捕した。MQMとは、元々分離独立時にインドから移住し、主としてカラチに定住したムハージル（移住者）からなる政党で、カラチで強い支持基盤をもつが、武力に訴えることもしばしばで、カラチを混乱に陥れた。その結果、政府と対決を深めたために、党首のアルターフ・フセインはロンドンに「亡命」（自称）している。MQMはこの仕打ちに抗議し、一斉に国会およびシンド州議会議員が辞職届を提出するという事態に至った。それでもシャリフ参謀長は、カラチを平和な街にするまで攻撃の手は緩めないと宣言している。

　テロに苦しむパキスタンではあるが、インドとの問題を抱えている限り、根本的解決は難しいと言えよう。

対外関係

　パキスタンの対外関係で重要な相手国は米国と中国であるが、米国との関係は最悪の関係からは幾分改善されたものの、相互不信感は依然として根強い。その分パキスタンは中国への依存を強め、中国も「一帯一路」構想を推進するためにパキスタンを重要視しており、さらなる関係強化が見られた。

　米国との間ではF-16戦闘機の購入をめぐって動きがあった。パキスタンはテロとの戦いにおいてF-16戦闘機が欠かせないとの理由から追加の供給を求めた。オバマ政権はこの要求を受ける意向であったが、米議会から反対の声が上がった。パキスタンのテロとの戦いは十分でないというのがその理由である。一方インドはF-16が対インドに使われる恐れがあるという懸念を表明した。それでも、ケリー国務長官とオバマ大統領は2016年2月にパキスタンにF-16を8機売却するとの決定を下した。パキスタンとの関係を悪化させたくなかったこと、パキスタンおよびアフガニスタンでの対テロ戦で必要であることがその理由であった。

　しかし、問題はこれで収まらなかった。当初は米国からの援助が入り、7億ドルの費用のうちパキスタンが支払う金額は2億7,000万ドルという計画であったが、米議会の反対などもあり、5月に米政府はF-16の購入に際して援助は行わ

ないと発表した。6月にモディ首相の訪米を控えたインドからの圧力も相当強かっ
たとみられる。同時に米国の対パキスタン不信感が根強いことも改めて示された
形となった。

米パ関係とは対照的に、中国との関係は緊密度を増した。両国は従来から「全
天候型友好関係」を維持しているが、近年さらなる接近があった。中国によるパ
キスタン国内のインフラ整備への巨額の援助である。習近平国家主席は2015年
4月パキスタンを訪問し、アラビア海へ通じるグワダル港から新疆ウイグル自治区
に至る「経済回廊」での道路、鉄道、パイプライン、発電所建設などのインフラ整
備に15年間で460億ドルの巨額投融資を行うとの合意文書に署名した。ちなみに、
米国が2009年からパキスタンに約束した開発援助は5年間で75億ドルであっ
たが、米国の援助はパキスタン全土に拡散したため、具体的成果を上げることな
く「劇的な失敗」に終わったとされる (New York Times, April 19, 2015)。

グワダル港は、中国が目指すいわゆる「真珠の首飾り」の一大拠点で、2002
年から中国の援助で建設が始まり、2013年に運営権が中国に移管された。こ
の「経済回廊」は、マラッカ海峡を通らずにヨーロッパおよび中東から物資を輸
送するルートとして中国が力を入れている計画で、海と陸のシルクロードを合わせ
た「一帯一路」構想の重要部分である。そして、その資金供給のために中国が
創設した「シルクロード基金」の初の案件は、パキスタンの水力発電所の建設事
業であった。投資総額は16億5,000万ドルである。さらに軍事面での関係強化
もある。習近平国家主席の訪問に先立って、パキスタン議会は中国製潜水艦8隻
を60億ドルで購入することを承認した。

その他の国では、ロシアとの間でパイプライン建設での協力が合意された。カ
ラチからラホールに至る1,100キロメートルの天然ガス・パイプラインをロシアの
国営企業のロステックが建設するというもので、ロシアは約20億ドルの投資を見
込んでいる。完成後25年間はロステックが使用し、その後はパキスタンに引き
渡されることになっている。ロシアは長らくインドへの兵器供給を行ってきたが、
インドが米国に接近しつつある状況下で、パキスタンへの武器禁輸を解き、戦闘
ヘリの売却の交渉に入ったと伝えられる。

(広瀬　崇子)

-235-

軍事

全般軍事情勢

　パキスタンの核および在来戦力は伝統的にインドからの脅威に対し怠りなく準備されてきた。しかしながら今世紀に入り中東地域における宗教、思想の対立が国内の反政府過激思想に波及して住民を巻き込み、警察力、準軍隊組織を苛烈な反政府テロリズム対処の渦中に投じ、ついにはパキスタン陸軍も苛烈な対テロ勢力鎮圧に主力を投入するに至っている。

総兵力および近代化

　総兵力：643,800（陸軍 550,000、海軍 23,800、空軍 70,000）、および準軍隊 282,000）に大きな変化は見られない。

　陸軍：陸軍参謀長の指揮下に陸軍は、対テロの20項目からなる「国家行動計画」の中核として行動し、反政府武装勢力の資金獲得工作の阻止を図り、テロ活動の未然防止に努め、近年テロ集団による事件発生の頻度、烈度の低下に寄与している。近代化の一環として要求される装備としては、VT4Haider 戦車、8 × 8 装輪装甲人員輸送車、FM - 90 通信機、地対空ミサイル HQ - 17、HQ - 9 等が挙げられる。

　空軍：中国との共同開発の JF - 17「サンダー」の装備が漸く表面化されて来た点に関心がもたれる。

国防費

　パキスタンの会計年度は7月に始まり、現在は 2015 - 2016 年度の予算執行中である。パキスタンは比較的順調な経済環境下にあって、国防費も増加の傾向にあり、2015 年 6 月 8 日の公式発表では、Defence Affairs and Service と発表して注目される 7,850 億パキスタン・ルピー（以下 PKR）（約 77 億米ドル）が計上された。総国家予算は 4 兆 4,513 億 PKR であり、国防費の国家予算に占める比率は約 17.6％であり前年の 10％を大きく上回っている。専門家はこの数字は軍事上の要望に応じたもので、本来不確かなこの国の経済状態から無理な支出は一層経済を不安定なものにすると警告している。軍事には時として特別支出、あ

−236−

第 7 章　南アジア

るいは原子力開発費等から流用される場合がある。

核戦力

　核兵器開発の現況は不明である。米国科学者連盟の推計によれば核兵器として 100 - 120 個保有している。核兵器の管理運用は「国家戦略総司令部」(National Command Authority) が「戦略計画局長」(Strategic Plans Directorate) を通じて全戦略核部隊を指揮統制する。

- ・陸軍戦略司令部（人員 12,000 - 15,000）：地上に配置される全戦略核部隊を指揮。
- ・空軍：F - 16A、ミラージュ 5：核投下任務付与を予期。

通常軍備

陸軍：550,000 人
- ・主要部隊：軍団× 9、地域軍× 1、特殊作戦軍× 2 などを含む。
- ・主要装備：戦車× 2561、人員輸送装甲車× 1260、野砲× 4472

海軍：23,800 人（海兵隊 3,200, 海上保安庁 2,000 を含む）。
- ・近代化を急ぐインド海軍には及ばないが、潜水艦隊の充実から逐次戦力拡充を計画。
- ・潜水艦× 8、主要水上艦艇（フリゲート艦× 10、哨戒・沿岸防備艇× 16 など）
- ・海兵隊：特殊戦コマンドー× 1 個群、上陸戦旅団× 1（3 個大隊）、戦闘支援大隊× 1
- ・航空隊：ヘリコプター・対潜水艦哨戒× 12、エグゾセミサイル装備ヘリ×機数不詳

空軍：70,000 人
- ・編制：北部、中部、南部の 3 軍管区に分かれ、迎撃戦闘部隊と対地襲撃部隊を中心に対潜水艦戦、哨戒・監視、救難、輸送と機能的に整理された空軍編成と思われる。
- ・作戦機 450 機（戦闘機 210 機、地上攻撃機：F - 16C12 機など）。

（清水　潤）

アフガニスタン

アフガン国会襲撃

　2015年6月22日、タリバンは国会を襲撃し、国会近くで自動車爆弾を爆発させ、治安部隊と銃撃戦となったり、RPG（対戦車擲弾）で攻撃したりした。この戦闘で市民2人が死亡して28人が負傷し、タリバン兵士たち6人も射殺された。アフガンスタンの国会議員たちは退避して、議員の中から犠牲者は出なかった。

　アフガニスタンでの治安悪化を受けて、オバマ大統領は、米軍の撤退計画を見直し、今年末まで現状の約9,800人規模を維持する方針だが、アフガニスタンの治安回復のメドが立っていない。

　中国政府関係者はこの事件を受けて、アフガニスタンの不安定が特に中国ウイグルの分離独立運動に影響を与える恐れがあると表明し、また中国とパキスタンが進める「経済回廊」にも悪影響を及ぼすことを懸念している。

ムッラー・オマルの死

　2015年7月末にタリバンは、その最高指導者のムッラー・オマルが2013年4月に他界したことを明らかにした。タリバンは死亡が公表されるまで、オマルの名前で声明を出し続けていた。後継の最高指導者の座にはオマルの側近の一人であったムッラー・アフタル・マンスールが就いた。オマルの死は公表されたものの、どのように、いつ、どこで亡くなったのかは明らかにされなかった。彼がパキスタンのカラチで亡くなったという説もあるが、パキスタン政府はこれを否定している。

　新しい指導者のマンスールは、1963年生まれとも1965年生まれともいわれている。1980年代のアフガニスタンでの対ソ戦争に家族とともにムジャヒディンとしてソ連軍と戦った。1990年代半ばにタリバンの創設に関わり、1996年にタリバンがカブールを支配するようになると、タリバン直営の「アリアナ航空」の支配人になり、さらに航空運輸相に就任するなど要職にあった。マンスールはオマルに従順な人物であり続け、その信頼を得たが、オマルのようなカリスマ性がなく、そのこともタリバンからISに転ずるメンバーたちが増えている背景となっている。

－238－

第 7 章　南アジア

タリバン、クンドゥズ制圧

　2015 年 9 月 28 日、タリバンがアフガニスタン北部のクンドゥズ（クンドゥーズ）を制圧した。タリバンと政府軍は数カ月間、戦闘を行っていたが、2001 年 12 月のタリバン政権崩壊後初めて主要都市が陥落した。この制圧で来年末までの米軍の完全撤退を考えていたオバマ政権はアフガン戦略の変更を余儀なくされた。不意を突かれることになった米軍は空爆によって政府軍を支援することもなかった。

　米軍はこのクンドゥズ陥落までに 14 年間アフガニスタンに駐留し、死者 2,362 人（2015 年 9 月 23 日発表）を出し、また ISAF（国際治安支援部隊）派遣国の死者は、13,336 人（2015 年 9 月 22 日まで）という犠牲を払いながらも、アフガニスタンではタリバン勢力の活動が停止することはなかった。（http://web.econ.keio.ac.jp/staff/nobu/iraq/casualty_A.htm）

　アフガニスタン社会が混乱していることは、米軍や NATO 軍の駐留を経てもなお、現在では世界のヘロインの 90％ がアフガニスタンで生産されていることからも窺える。米軍や ISAF が駐留してもなお農民たちによって、ケシの生産は続けられてきた。

　米国がアフガニスタンでタリバン勢力を根絶できない背景にも、やはりこの国の貧困がある。アフガニスタンではおよそ 40 年に及ぶ紛争や不安定の中で食料が不足したり、社会・経済インフラの破壊や未整備があったりするために、国民が絶望的ともいえる貧困状態に置かれている。妊産婦死亡率でアフガニスタンは世界第 2 位、乳児死亡率では世界第 3 位となっている。医師や医療器具が十分ならば、このように高い率にはならないが、アフガニスタンでは人口 1,000 人に対して医師は 0.12 人しかいない状態だ。米国は、住民たちのタリバン支持の背景の重要な要因である貧困を改善できなかった。ケシの栽培は農民たちにとって魅力ある収入源であることに変わりがなかった。

　タリバンのクンドゥズ制圧は、最高指導者ムッラー・オマルの死亡発表後、タリバンの存在を訴えることは確かだが、英『ガーディアン』紙によれば、アフガン戦争が始まった 2001 年 10 月から昨年末までのアフガニスタンの民間人の犠牲者は 1 万 8,000 人、アフガニスタンでの「対テロ戦争」の意義を新ためて問う機会となったことは間違いない。

—239—

クンドゥズ病院の誤爆と米軍の駐留延長

　2015 年 10 月 3 日、アフガニスタン北部のクンドゥズで「国境なき医師団」が運営する病院が米軍の空爆を受けて、医師 12 人を含む 22 人が犠牲となり、37 人が負傷した。「国境なき医師団」は翌日、病院を閉鎖してクンドゥズから撤退した。この「誤爆」がアフガニスタンの人々に対する国際的な人道支援活動を停滞させることになったことは確かだろう。

　「国境なき医師団」は声明を発表して、あらゆる証拠から米軍をはじめとする国際部隊の空爆によるものだとして、戦闘中に医療施設への攻撃を禁じた国際法に違反するものとして「戦争犯罪」だと断じた。

　この多数の死傷者を出した誤爆に対して米国のオバマ大統領は「悲劇的事件」と形容し、誤爆が発生した原因に関する徹底的な調査を指示した。駐留米軍の報道官は攻撃の「副次的被害」があったかもしれないと述べ、また駐留米軍司令官は「謝罪」ではなく、「哀悼の意」を表明した。

　30 万人の人口を抱えるクンドゥズは、9 月 28 日に反政府勢力タリバンに制圧されたが、それは 2001 年 12 月にタリバン政権が崩壊してからタリバンにとって初めての大規模な巻き返しであった。この混乱を受けて多くの国際的な支援団体がクンドゥズから引き揚げる中で、「国境なき医師団」は、クンドゥズに留まって病院の内外で 394 人の負傷者の治療に従事していた。

　このクンドゥズのタリバン制圧や誤爆を受けて、オバマ大統領は 10 月 15 日、2016 年末までに予定していたアフガニスタン駐留米軍の完全撤退を断念し、約 1 万人の現在の駐留規模を維持する方針を明らかにした。オバマ大統領は、2017 年 1 月までの任期中にイラクとアフガンの二つの戦争を完全に終結させることを公約としてきたが、再派兵を行ったイラクとともに、アフガニスタンでも公約を断念することになった。

　駐留延期は IS が台頭するイラクの二の舞を踏まないためのものだった。米軍は、2011 年にイラクから完全撤退したが、2014 年 6 月に IS は北部のモスルなどの一帯を支配するようになり、米軍の行ったイラク戦争の意義を疑わせることになった。

　病院誤爆についてアシュトン・カーター国防長官は、10 月 3 日、声明を出し、「アフガニスタン政府とともに徹底した調査を行っている。空爆の影響を受けたすべ

ての人々に対して思いをはせ、祈りをささげたい」と語った。

2016 年 4 月 30 日、このクンドゥズの誤爆事件で米軍は人為的なミスなどが原因だったとして関係した幹部らを処分する一方、意図的ではなく戦争犯罪には当たらないという考えを示した。

バグラム基地、攻撃される

2015 年 12 月 21 日、アフガニスタンの首都カブール北にあるバグラム空軍基地近くでタリバンによる自爆攻撃があり、米兵 6 人が死亡した。オートバイを使用しての自爆攻撃だった。バグラムは、9,800 人ほどの兵士たちが駐留するアフガニスタンにおける米軍の最も主要な基地だが、一日の米兵の犠牲者とすれば 2014 年 6 月 9 月に米軍の誤爆によって米兵 5 人が犠牲になった時以来の多数の犠牲者を出したことになり、アフガニスタンの縁辺ではない、米軍の最重要基地の近くで自爆攻撃が行われたことは米国にとっては大きな衝撃だった。

タリバン支配の拡大と和平交渉、拒否

2016 年 3 月、パキスタンのイスラマバードで開催されたアフガン和平の会議は、米国、中国、アフガニスタン、パキスタン主導のものだったが、この交渉にタリバンは参加しなかった。

タリバンは 2001 年 12 月に米国主導の対テロ戦争で政権の座を追われたが、米国、中国、パキスタンはタリバンが和平交渉のテーブルに着くことを期待していた。

この和平交渉が成功しなければ、タリバンが春季の攻勢を行い、アフガニスタンは混乱するということはアフガニスタンのアシュラフ・ガニ大統領にも予測できた。タリバンとアフガン政府の交渉は、2015 年 7 月にいったん始まったが、タリバンの最高指導者のムッラー・オマルの死が明らかになったこともあって中断した。その後、和平を仲介する 4 カ国はタリバンへの交渉を呼びかけたが、しかしタリバンは交渉に参加するどころか、政府軍への軍事的攻勢を強めていった。

現在、タリバンはアフガニスタン南部のヘルマンド州のほぼ全域を支配するようになっている。かりにヘルマンド州がタリバン支配下に入ればアフガニスタンでは他の州も続々とタリバンの手に落ちるという「ドミノ化」を米軍は恐れている。

−241−

タリバンの指導者の一部はパキスタンに在住していると見られ、パキスタンに住む250万人の難民たちの一部もタリバン兵の「予備軍」になるとも考えられている。パキスタン政府には、アフガニスタンのタリバンが政治参加すれば、パキスタン国内の反政府武装組織「パキスタン・タリバン運動（TTP）」が勢いづくかもしれないというジレンマを抱える。2014年6月に始まったパキスタンの連邦直轄部族地域（FATA）におけるTTPに対する掃討作戦にパキスタン政府・軍は成功したことを誇るようになったが、しかしアフガニスタンでタリバンが再び政治的・軍事的影響力を高めることは、TTPにアフガニスタンでの避難所、あるいは活動拠点を提供するかもしれないという懸念もある。アフガニスタンのタリバンとTTPは同様なイデオロギーを共有するものの、パキスタンはアフガニスタンのタリバンを支援し、TTPとは戦う姿勢を一貫してとってきた。

　さらに、アフガニスタン政府軍は国内でISを自称する勢力とも戦闘を行うようになっている。ソーシャルメディアなどを通じたISの宣伝戦略はアフガニスタンでも効果を持ち始めている。

　アフガニスタン国内ではガニ大統領の人気は下降気味で、和平交渉に見られるように、パキスタンとの親密な姿勢が国民の反発を生んでいる。

　2015年10月に米ウェブニュース『ロング・ウォー・ジャーナル』は、タリバンがアフガニスタン全土の20%を支配し、アフガニスタンのほぼ半分の地域に影響力をもっていると報じたが、さらに同じ月の21日にはタリバンがアフガニスタン南部のほぼ全域を支配するようになったと伝えている。

タリバン、カブール国防省襲撃

　2016年4月19日、カブールの国防省の建物周辺でタリバンによる自爆攻撃があり、28人が死亡し、320人以上が負傷した。アフガニスタンは2014年9月にガニ政権になっても一向に安定しない。米国がつくった政府の腐敗、貧困の拡大など失政が続き、それがタリバンの暴力を助長することになっている。

　2001年10月にアフガニスタンで「対テロ戦争」を開始して以来、米国は軍隊をアフガニスタンに駐留させ続け、アフガニスタン軍・警察の創設に650億ドルを費やしたが、米国は実際に存在しない兵士や警官にまで給与を支払っている。

こうした資金の提供が司令官などに着服され腐敗の温床になっている。2015 年には、戦闘、テロによるアフガン市民の犠牲は、国連によればそれに先立つ 7 年間で最高となった。アフガニスタンは復興とはほど遠い状態で、若者の多くは、職を見つけることができずに、ヨーロッパに難民として逃れる者もシリアなどと並んで多い。

　アフガニスタン国軍兵士たちからは腐敗した、権威が低下した政府を守ることができないという士気低下の声も聞かれるようになった。米兵の犠牲は、タリバンにとってその勢力を誇示する最大の宣伝効果がある。タリバンと一緒に戦っているのはパキスタン、ウズベク人、タジク人、アラブ人、ウイグル人、チェチェン人など IS とほぼ同じ民族（出身国）構成となっている。アフガニスタンの混迷はシリアやイラクと同様に武装集団の「磁石」となっている感がある。国防省への自爆攻撃は 2001 年から始まった米国の「対テロ戦争」の意義を新ためて問うことになった。

（宮田　律）

コラム 外交と食事：南アジア
カレー料理で豪華なもてなし！

　南アジアと言えば、カレーである。食事はカレー一色である。大使招待のディナーとて例外ではない。ただし、スパイスはかなり控えめだが。カレーのバラエティとしては食材、スパイスの使い方などで豪華かつユニークな食卓を用意する。

　しかし、面倒なのは、この地域の食事には宗教やカーストなどが絡んでくることである。周知のごとく、ヒンドゥー教徒は牛肉を食べないし、イスラーム教徒は豚肉に手をつけない。さらにヒンドゥーの上位カーストには菜食主義者が多い。それも卵まではいいという「エグタリアン」や、肉のみならず、玉ねぎやニンニクなどの刺激性の強いものもダメという厳しい菜食主義者もいる。また少数ではあるが、ジャイナ教徒は不殺生をモットーとした宗教のせいで、完璧なベジタリアンが多い。

　それでは、彼らが外交的に食事を振る舞う時にはどうするか。これだけ多様な人間がいるのだから、一人ひとりに配慮しなければならない。外交官の家に呼ばれても立食パーティが多いのはそのためである。一皿ごとに材料が記されていて、「危険」を冒さなくてすむように工夫されている。お客は自分の食べられるものだけをとって食べればいいようになっている。固定席の場合は事前の問い合わせがあることが多い。

　食事の手順だが、日本と違い、南アジアではまず食事の時間が遅い。一般に南アジアで食事に招待されるのは8時である。日本の感覚ではすでにかなり遅いが、問題はここから。立食パーティであろうが、固定席のディナーであろうが、食事までは皆立ってドリンクを飲みながら、色々な人と話をするわけだが、この時間が長いということは、それだけドリンク・サービスが多いということを意味する。したがってもてなしが上級になればなるほど、ドリンクの時間も長い。夜11時を過ぎると空腹感が募り、「しまった。食事をしてから来るべきだった」と、日本人なら誰でも考える。その頃になるとようやく食事が出され、ギンギラの脂ぎったカレーが何種類も出てくる。そして食事が始まるとアルコールはあまり飲まない。水でカレーを流し込み、食事が終わるとサーっと引き上げる、というのが通常コースである。慣れない日本人には大きな試練である。

広瀬　崇子
（専修大学教授／平和・安全保障研究所理事）

第8章　中央アジア

概　観

　安全保障関係では、シリアでロシアが空爆する「イスラム国」(IS) がアフガニスタンでメンバーを増加させていることに、中央アジア諸国政府、中国、ロシアは不安を募らせるようになった。アフガニスタンでは、ISのメンバーは2016年春にその前年の同時期から10倍以上も増えたという見積もりもあるくらい増加している。シリア、イラクでは、ロシア、欧米諸国の空爆や、クルド人地上部隊、イランの革命防衛隊、また政府軍の攻勢もあってISの苦戦や支配地域の縮小が伝えられるようになっている。

　アフガニスタンではタリバンが、支配地域を拡大し、勢力をいっそう伸長させる傾向にあるが、かつてアフガニスタンで活動していたアルカイダがそうであったように、中央政府の権威が低下したところを拠点に武装集団は活動する傾向にある。シリアやイラクで苦戦を強いられるISがその軸足をアフガニスタンに移し、そこから中央アジア諸国政府やロシア、中国をうかがったとしても不思議ではない。

　シリアやイラクに赴く中央アジア諸国の若者たちの情報も後を絶たない。2016年3月29日、キルギスでは、7人がイラクやシリアの戦闘地域に赴く者たちを募っていたとして逮捕された。キルギスなど中央アジア諸国でISのメンバーになる若者たちがいるとすれば、これら諸国の政治体制が民意を吸収するシステムになっておらず、政治指導者たちの腐敗への批判も許されず、さらにソ連邦崩壊後の社会主義に代わる新たな経済構築の中で貧困な生活を余儀なくされ続けているからだろう。ロシアは、アフガニスタンの北に位置し、かつてイスラム主義の武装集団の活動があったタジキスタンにISの勢力が浸透することを特に恐れ、共同の軍事演習を行うようになった。

　2016年4月中旬に開かれた上海協力機構 (SCO) 会合では中央アジア、ロシア、中国などの加盟国からは安全保障上の懸念としてテロリズムと、ISなどの活動が見られる中東や北アフリカにおける紛争や暴力などの混迷が強調された。また、地域全体の課題として麻薬の問題にも協力して取り組んでいくことが確認されている。アフガニスタンは麻薬の原料となるケシの栽培では依然として世界第一位で、アフガニスタンから中央アジアに至る麻薬の流通は、そこから中国、ロシアに至る広い範囲で若者たちの精神や肉体を蝕み、犯罪集団の資金源になるなど深刻な社会問題となっている。

　2015年に、SCOにインド、パキスタンが加盟した。人口が多いこれら二カ国の参加は、国際社会におけるSCOの政治的発言力を高めることになる。特にウクライナ問題で欧米と対立するロシアにとっては、SCOの拡大による孤立の緩和は望むところだろう。

　中央アジアを通り、ヨーロッパに至る「一帯一路」という交通網を整備するという中国の方針に変わりはないが、日本は安倍首相が2015年にこの中央アジア諸国すべてを歴訪するなど中国に対する経済的巻き返しを図り、この地域との交流を促進していく姿勢を見せた。

−245−

上海協力機構（SCO）の拡大

　SCO は、2001 年 6 月 15 日に創設されたが、2004 年から中国・北京に事務局を設け、またキルギスの首都ビシケクに機構としての「地域対テロ機構」の本部を置くようになった。SCO は 2015 年 7 月 10 日、インドとパキスタンの加盟手続き開始を正式に決めた。SCO の加盟国数の増加は、2001 年の発足以来初めてで、ロシアのウファ（ロシア連邦中央部に位置するバシコルトスタン共和国の首都）で採択された宣言では、「新しいメンバーの加盟が機構にとって重要で、その能力の向上に繋がる」とされた。

　続いて、2015 年 9 月 11 日には、タジキスタンの首都ドゥシャンベで SCO 首脳会議が開幕されたが、それに先立ってロシアのプーチン大統領と中国の習近平国家主席が会談を行い、「イスラム主義」を標榜する過激な集団に対する方針を協議した。シリア情勢については、IS に対して軍事力を行使し、その壊滅を目指す米国の方針に理解が示された。シリア問題でロシアは、アサド政権への支援を考えるとともに、チェチェンの分離独立勢力が参加する IS に対して警戒を行ってきた。

　インドとパキスタンが加盟することで、SCO の中で中央アジア諸国の存在感が低下するという懸念もこれら諸国にはある。ウズベキスタンのカリモフ大統領は、ウファでのサミットの際にロシアのプーチン大統領にインドとパキスタンの加盟を認めた理由の説明を求めた。SCO の加盟国であるカザフスタン、キルギス、タジキスタン、ウズベキスタンの中央アジア 4 カ国（トルクメニスタンは未加盟）の人口を合わせても、6,200 万人で、中国やインドはそれぞれ 1 億人を超え、さらにパキスタンの人口も 2,000 万人余りである。

　SCO の当初の目的は、中国は中央アジア諸国との経済協力関係の強化、ロシアは西側の影響力に政治的に対抗するというものだったが、近年では「イスラム過激派」やロシアのチェチェン、中国のウイグルなどの分離主義運動への対応が重要性を高めるようになった。2015 年 7 月のウファでのサミットでは 2025 年までの発展戦略が明らかにされ、「国際的なテロ組織」、特に IS への警戒が呼びかけられた。このサミットでロシアのプーチン大統領は、「（アフガニスタンに）触手を伸ばしている IS の戦闘員たちの動きが活発化している」と述べ、さらにサミットの開催期間中アフガニスタンのアシュラフ・ガニ（Ashraf Ghani）大統領と二

第 8 章　中央アジア

国間の首脳会談を行ったが、そこでもまた IS に対する警戒が強調された。

　プーチン大統領は、ウファのサミットで、SCO の加盟国の全首脳たちが 2015 年 5 月に行われた「対ドイツ戦勝 70 周年式典」に出席したことを強調し、またこのサミットでは、中国の意向を背景に「日本の軍国主義と雄々しく戦った中国人民の勇気と功績を高く評価する」との SCO の声明も出された。

米国の新たな目標？

　2015 年 11 月、米国のケリー国務長官は中央アジアを訪問し、中央アジア諸国がユーラシアの経済発展の核になるべきだという考えを示した。このケリー国務長官の訪問は、米国が中央アジアから関心を引くことはないという決意の表れとも見られている。

　しかし、米国の中央アジア政策には一貫性や長期的視野に欠けるという見方もある。ソ連邦崩壊後、米国は中央アジアに関して、エネルギー、安全保障、経済支援、人権という目標も掲げたが、2001 年にアフガニスタンで対タリバン戦争が始まると、キルギスやウズベキスタンに基地を必要した米国には、中央アジア諸国の人権や民主主義の推進という目標はさほど視野に入らなくなった。さらに、米軍のアフガニスタンからの撤退時期が近づくと、中国と同様に「新たなシルクロード」として中央アジアが他の地域と経済的に結びついていくことに米国は関心を寄せるようになった。

　米国には中央アジアそのものだけを視野に入れた政策がなく、中央アジア政策をロシアや中国、アフガニスタン、インドなどと常に関連づけて米国は考えてきたという批判も根強くあり、ケリー国務長官は、中央アジア諸国との協力を促進する意向であることを強調したものの、米国には中央アジアに対する確固たるビジョンがないという批判はこの訪問によっても払拭されることはなかった。

OSCE と中央アジア

　ドイツは、2015 年 12 月、ウズベキスタンのテルメズ空軍基地から撤退した。ドイツ連邦軍がアフガニスタンでの対テロ戦争に協力して物資輸送など補給のハブとして対テロ戦争後、13 年間使用してきた基地だ。

−247−

2016 年、ドイツは欧州安全保障協力機構（OSCE）の議長国を務める。ドイツのシュタインマイヤー外相は 2016 年 4 月にウズベキスタン、キルギス、タジキスタンを訪問したが、中央アジア歴訪を前にして、中央アジアの重要性は、テロ防止、地域協力、また OSCE 加盟諸国との経済交流にあると語った。中央アジアは、OSCE とロシア、中国、イランの戦略的・経済的思惑が交叉するところでもある。ただ、人権や民主主義の価値観を標榜する OSCE にとって中央アジアの政治体制がこれらの要素をもち合わせていないことも OSCE にとって不満なところで、これらの国の人権状況の改善が政治的安定にも繋がると OSCE は考えている。シリアで活動する IS の中にはウズベキスタン出身者によるグループも存在し、2015 年にパリなどで大規模なテロを経験したヨーロッパ諸国にとっては、過激な武装集団が生まれる素地となりうる中央アジア諸国政府の独裁的で、権威主義的な政治にも留意しなければならない。

ISの脅威が中央アジアに及ぶ？

2016 年 4 月 19 日付の『ロシア・トゥデー』紙は IS の脅威がロシアにまで及ぶ可能性があるという警告を新ためて発した。同記事によれば、ロシア外務省アジア中東部門のトップであるザミル・カブロフ氏は、アフガニスタンで IS の影響力が強まり、ロシア出身者をアフガニスタンで訓練していると述べている。カブロフ氏によれば、現在アフガニスタンには 1 万人の IS の戦闘員がいて、前年同時期の 100 人に比べれば著しい増加であり、中央アジア諸国政府やロシアを標的に活動を続けているという。そのうちの多くは、外国人ではなく、アフガニスタン出身者であり、ロシア政府は、アフガニスタン政府が IS の勢力拡大に十分に対処できていないことを懸念している。

イラクやシリアの IS が既存の国家の枠組みを超えて、より広い範囲における「カリフ（イスラム）国家」の建設を目指すのならば、アフガニスタンの IS もアフガニスタンを飛び越えて、ムスリム人口が多い中央アジア諸国を含めた統一国家を目指す可能性がある。

アフガニスタン情勢の不透明ぶりは、中央アジア諸国の脅威となっていることは間違いない。アフガニスタンでは IS とは別にタリバンも 2016 年 4 月に「オマリー

作戦」というタリバンの創始者であるムッラー・ムハンマド・オマルの名前にちなんだ作戦を展開するようになった。アフガニスタンでは冬の雪が融ける春季にタリバンが大規模な軍事攻勢をしかけることがいわば毎年恒例となっている。

　特に、IS の活動がアフガニスタンと国境を接するタジキスタン、ウズベキスタン、トルクメニスタンという中央アジア諸国に浸透することをロシアは警戒するようになった。他方で、中央アジアのムスリムはアフガニスタンとは異なってソ連による70 年間の支配によって、世俗化され、宗教意識も保守的なアフガニスタン人とは異なって希薄である。

　2014 年から 2015 年にかけてホリド・クロビ、グルムラド・ハリモフという二人のタジキスタン出身の IS の指導者がビデオメッセージを出したことがあったが、クロビは 2015 年 5 月にシリアで殺害され、ハリモフも 2015 年夏以来、画像が公開され死亡した。

ISに怯えるタジキスタン

　特に IS に脅威を感じるのは、イスラム武装集団を巻き込んで 1992 年から 1997年に内戦が戦われたタジキスタンである。2016 年 3 月中旬、45,000 人のタジキスタン軍の兵士と 2,000 人のロシア軍の兵士が合同で軍事演習を行ったが、その目的は外国のテロリストの侵入に備えるというものだった。また、この演習にはアフガニスタンのタリバンと IS に対する警告的な意味もあった。

　演習はアフガニスタン国境から 15 キロメートルほどタジキスタン側に入ったところで行われたが、そこにもロシアとタジキスタンがアフガニスタンの武装集団を強く意識していることが窺える。タジキスタンとアフガニスタンは 1,300 キロメートルの国境で接し、アフガニスタンからの人の移動は比較的容易である。

　IS にどれほどの数の中央アジア出身者が参加しているかは定かではないが、ニューヨークの情報コンサルタントのソウファン・グループは、4,700 人が旧ソ連から参加し、そのうちの 2,400 人がロシア国籍の者たちであると推定している。また、2,000 人が中央アジア諸国出身で、その数は増加傾向にあるという。ソウファン・グループによれば、ウズベキスタンとキルギスからそれぞれ 500 人ずつがIS のメンバーになっているという。IS に直接出身国からメンバーになるケースもあ

るが、タジク人のように、労働移住で、ロシアで働き、それからシリアに出稼ぎ
に赴いた者たちもいる。

　中央アジア諸国の若者たちがISに参加するのは、これら諸国政府が独裁政権
で、腐敗した体質をもち、ソ連の崩壊以降、貧困の中での生活を強いられている
ことがあり、それは中東イスラム諸国にも見られる構図だ。

中央アジアを狙って競合する中露

　ロシアは、中央アジア諸国の中でも最も人口の多いウズベキスタンとの関係強
化に動いている。2016年4月中旬、ウズベキスタンのタシケントでSCOの会合
が開かれ、ロシアはウズベキスタンに対して8億6,500万ドルの債務の帳消しを
伝えた。ロシアのガスプロムは、ウズベキスタンのエネルギー企業である「ウズベ
クネフトガズ」から2016年に40億㎥のガスを購入する契約を結んだ。これに先
立ってロシアは豊穣なガス資源をもつものの、シリア問題について反アサドの立場
をとるトルクメニスタンからのガスの購入を停止する意向であることを明らかにして
いた。トルクメニスタンは、シリアで民族的に同じトルコ系であるトルクメン人を弾
圧するアサド政権に反発している。

　2016年3月下旬に、ウズベキスタン軍がキルギスとの国境地帯にあるチャラサ
ルトに部隊や装甲車を配備し、両国の緊張となったが、タシケントのSCO会合
の際に、これら二国の首脳たちは事態の改善のための協議の場をもった。ウズベ
キスタンとキルギスの国境地帯にはウズベク人とキルギス人が錯綜して居住してい
る。ウズベキスタンは、旧ソ連諸国による「集団安全保障条約（CSTO）」に加盟
しているが、他の中央アジアやロシアとは距離を置く安全保障政策を追求してき
た。それは対テロ戦争で米軍の基地を認めたことにも表れた。ウズベキスタンは
同年3月26日にキルギス国境沿いに駐留していた部隊を撤退させたが、それで
もなおウズベキスタンとキルギスの緊張は続いている。

　他方で、中央アジアに関して中国とロシアが競合するようになったという見方
もある。中国は、中央アジア諸国政府との間で情報蒐集や危険人物やグループ
の監視、これら諸国と軍事面での協力を行い、アフガニスタン政府には独自に
2016年4月に反テロ支援の目的で7,000万ドルの提供を明らかにした。中国が

第8章　中央アジア

強力に進める「一帯一路」構想も、ロシアにとっては中央アジア地域でその影響力の低下をもたらしかねず決して快いものではないだろう。

中国を封じる？TAPIパイプライン

2015年12月13日、トルクメニスタン東部マリで、アフガニスタン、パキスタンを経由してインドまで約1,800キロメートルの天然ガスパイプライン計画の着工式が行われた。1990年代の後半に構想され、4カ国の頭文字をとってTAPIパイプラインと呼ばれる。

この背景には一帯一路政策を進める中国に対するインドの対抗意識があるとも見られる。米国のオバマ大統領も、2015年10月にパキスタンのシャリフ首相と会談し、「地域の経済連携と成長に資する」と計画への支持を表明した。米国は南アジアの同盟国パキスタンの中国への接近を警戒し、パキスタンが経済発展で政治・社会的に安定すれば、テロの抑制にも繋がると考えている。

安倍首相の中央アジア歴訪

2015年10月、安倍首相は中央アジア5カ国を訪問した。日本の首相が中央アジアすべての国を歴訪するのは初めてのことだった。この訪問の最後に安倍首相は、「3兆円を超えるビジネスチャンスを生み出す」と語り、中国の中央アジアに対する経済進出を意識して日本がこの地域で経済的巻き返しを図る姿勢を見せた。最初に訪問した天然ガスの豊富なトルクメニスタン（天然ガス埋蔵量世界第4位）では、天然ガス関連のプラントや火力発電所などインフラ建設などでの協力で2.2兆円の協力案件を進めていくことを、トルクメニスタンのベルディムハメドフ大統領との会談で明らかにした。

またタジキスタンに対しては、農業支援などのインフラ整備支援に9億円の政府開発援助（ODA）を実施することで合意した。日本の首相のタジキスタン訪問は初めてのことであった。ウズベキスタンには火力発電所の建設に日本のODA120億円を低利で融資することを明らかにし、医療分野では日本製のコンピューター断層撮影装置（CT）など7億円相当の医療機器の無償提供を決めた。安倍首相の一行は第二次世界大戦後、ウズベキスタンへの抑留者たちが建設したナボイ劇場

－251－

でコンサートの鑑賞も行い、ウズベキスタンと日本の歴史的結びつきも強調した。

タジキスタンと同様に、日本の首相が初めて訪問するキルギスに対しても、道路改修や空港の機材整備など総額137億円の事業をODAで支援する約束を行った。エネルギーや貴重資源で重要なカザフスタンでは、安倍首相は10月27日、カザフスタンのナザルバエフ大統領と会談し、原子力や医療を中心に協力していくことで一致している。

（宮田　律）

コラム 外交と食事：中央アジア
イスラム諸国のウォッカ外交

独裁体制や権威主義体制ばかりの中央アジア諸国では食事外交のメニューが明かされることはめったにない。カザフスタンのナザルバエフ大統領は、2016年4月4日、ニューヨーク・ブロードウェーのイタリアン・レストラン「マモ」に「毒見係」の医師とおよそ30人のボディガードを伴って訪れた。大統領は、レストランにすべての皿をウォッカで洗うように命じた。アルコール度数の高いウォッカで洗浄するというのは大統領の潔癖性を示すが、ナザルバエフ大統領はムスリム（イスラム教徒）であり、酒は教義上許されない。ここにも、ソ連邦70年支配のうちに中央アジア社会が世俗化したことを見てとれる。メニューは、トリュフ・ピザ、ロブスターのペンネ、ロースト・チキンなどだったが、毒見役の医師が厨房に入って料理を「検査」し、厨房からは大統領専属のウェイターが料理を運んだ。ニューヨークの料理人の間では、皿をウォッカで消毒するのはロシアの流儀なのかもしれないという声もあった。ナザルバエフ大統領はムスリムにもかかわらず、酒豪だそうだ。

2002年に外務省のシルクロード・エネルギー・ミッションという産・官・学の一行で中央アジア諸国を訪ねたことがあるが、ウズベキスタンなどの外交官とはやはりウォッカで夕食をともにした。当時は、中山恭子（現参議院議員）氏がウズベキスタン大使だったが、「ウォッカはこうして飲めば酔わないのよ」と手本を示してくれた。しかし、どう見てもそれは「一気飲み」という感じだったが、真似たら案の定倒れるほど酔っ払ってしまった。

宮田　律
（一般社団法人・現代イスラム研究センター理事長）

第9章　南西太平洋

概　観

　オーストラリアでは 2015 年 9 月、トニー・アボットに代わり、マルコム・ターンブルが連邦首相に就任した。支持率が低迷していたアボットは与党自由党内で求心力を失い、臨時の党首選挙で敗北、首相の座を奪われた。実業界出身のターンブル新首相には資源ブームの終焉で減速する国内経済の立て直しへの国民の期待が高まる。

　ターンブル首相は外交政策において、米中二大国とバランスのとれた関係を構築していく姿勢を示している。ターンブルのバランス外交を、ターンブル自身の中国との繋がりに着目し、「中国寄り」と評価する声もある。しかしターンブルの外交アプローチは、中国の台頭というアジア太平洋の戦略環境の現実、さらには国内経済における対中関係の重要性に起因するものであると考えられる。

　バランス外交とは言え、南シナ海問題を筆頭に、米中が対立している現状では、ターンブル政権は難しい判断を求められる。経済的実利を優先すれば、対中関係を重視せざるを得ず、しかし一方で安全保障面においては、対米同盟関係の維持・強化がオーストラリアの基本的姿勢である。対米同盟の重要性は、2016 年度版国防白書でも明記されている。

　中国企業がオーストラリア北部ダーウィン港の 99 年リース契約を獲得したことに対して、オバマ政権が強い不快感を示したのは、まさに上記の経済上の利益と安全保障上の利益がぶつかった好例である。また南シナ海問題をめぐっても、米軍による「航行の自由」作戦には参加せず、米国との距離を保ったのも、中国を刺激することを望まない、ターンブル政権の姿勢の表れである。

　オーストラリア政府が導入を目指す、次期潜水艦 SEA1000 をめぐる受注競争が、フランス企業 DCNS の落札で終結した。日本の安倍政権は日米豪戦略関係の強化という観点から受注を目指し、落札は確実とまで伝えられていたが、現地建造率・雇用創出という点において、フランスに対して優位に立つことはできなかった。ターンブル政権にとっても、2016 年 7 月の総選挙実施を前に、経済効果を重視する国内世論を無視することはできなかった。

　ニュージーランドにとっても対中関係の舵取りは難しい。中国は最大の貿易相手国であり、南シナ海問題については、対中配慮からあくまでも双方の当事者に対して自制を求めるスタンスをとっている。

　フィジーの地域協力枠組みへの復帰が進んでいる。フィジーでは 2006 年に軍事クーデタが発生し、太平洋諸島フォーラム（PIF）や英連邦から参加資格停止の処分を受けていた。2014 年秋の民政復帰を経て、PIF への復帰が認められたものの、フィ

ジーは PIF 内のオーストラリア、ニュージーランドのメンバーシップに反発しており、フィジーと PIF の関係正常化には時間がかかる見込みである。

　第 7 回太平洋・島サミットが 2015 年 5 月に福島県で開催された。日本は「太平洋市民社会」の確立を提唱し、また今後 3 年間で 550 億円以上の財政支援を表明した。

オーストラリア

オーストラリアの軍事力・海外展開・軍事演習

　2015 - 2016 年度の国防予算は約 320 億豪ドル(約 2 兆 5,247 億円)。GNP 比 1.8%となっているが、政府は今後 10 年以内に 2%にすることを表明している。兵役は志願制で、現役総兵力は『国防年次報告 2014 - 2015』によれば 57,512 人、うち陸軍 29,366 人、海軍 14,070 人、空軍 14,076 人である。

　オーストラリア軍は現在、およそ 2,200 人の兵員を 13 の海外オペレーションに派遣している (表 1)。うち最大規模のものが「オクラ」作戦で、過激派組織「イスラム国」(IS) との戦いのために、兵員合計 780 人を中東地域に派遣している。2015 年 9 月以来、イラクとシリアでの空爆作戦に参加する空軍部隊 (エア・タスク・グループ) や、ニュージーランド軍とともにイラク軍部隊を訓練するミッションに参加する兵士 300 人などからなる。なお、米国はオーストラリアに対し、さらなる部隊の増派を求めているが、2015 年 9 月に誕生したターンブル政権は否定的である。

　オーストラリア軍は 2015 年 7 月、米豪による大規模合同軍事演習「タリスマン・セーバー 2015」を実施した。クイーンズランド州ショールウォーターベイ訓練地域と北部特別地域のフォッグベイで、米豪両軍の兵士約 3 万人が実戦演習に参加し、空挺作戦や海上警備、実弾射撃などの訓練を行った。今回初めて日本の陸上自衛隊約 40 人とニュージーランド軍 500 人も加わって、米海兵隊と協力して偵察ボートを使った上陸訓練などを行った。

　またオーストラリア軍は 2015 年 10 月末、中国広東省の沖合で、中国海軍と 3 日間にわたる合同軍事演習を行った。オーストラリア海軍はフリゲート艦「スチュ

−254−

第9章　南西太平洋

ワート」と「アルンタ」の2隻を派遣し、中国海軍とともに実弾射撃訓練を行った。米国がイージス艦を南シナ海に派遣した直後だったために、国内では慎重論もあった。

　日本は2016年4月、オーストラリア海空軍との共同訓練を行うために、海上自衛隊のそうりゅう型潜水艦「はくりゅう」と護衛艦2隻「あさゆき」、「うみぎり」などを派遣した。日本の潜水艦がオーストラリアに寄港するのは初めてで、オーストラリア海軍のフリゲート艦「バララット」や補給艦「サクセス」とともに対潜水艦や通信などの訓練をシドニー周辺海域で実施した。

表1　オーストラリア軍のグローバル展開

作戦名	展開地域	概要	派遣数
Accordion	中東地域	中東地域での支援活動	400
Aslan	南スーダン	国連南スーダン派遣団（UNMISS）	20
Gateway	東南アジア	南シナ海／インド洋の海上監視活動	活動ごとに変動
Manitou	中東地域	海洋安全保障への参加（米主導の合同海上部隊（CMF）への参加を含む）	241
Mazurka	エジプト	シナイ半島駐留多国籍軍監視団（MFO）	25
Okra	イラク	イラクでの「イスラ国」への空爆作戦への参加、ならびにイラク軍訓練	780
Paladin	イスラエル／レバノン	国連休戦監視機構（UNTSO）	11
Palate II	アフガニスタン	国連アフガニスタン支援ミッション（UNAMA）	2
Render Safe	太平洋島嶼国	第二次世界大戦期の不発弾処理	―
Resolute	オーストラリア沿岸	オーストラリアの国境ならびに沖合での海上警備	500
Solania	南西太平洋海域	海上監視	活動ごとに変動
Highroad	アフガニスタン	NATO主導の訓練支援ミッション	250
Southern Indian Ocean	インド洋	マレーシア航空機MH370便捜索	2

出所：オーストラリア国防省の資料から筆者作成（情報は2016年3月30日現在）

-255-

海軍増強計画―国内建造を重視

　オーストラリア政府は兵器調達先の選定にあたり、国内製造比率の高さを判断基準とする傾向を強めており、兵器の新規調達が雇用、経済対策としての意味合いを帯びている。政府は 2015 年 8 月、かねてから検討中であった軍艦増強計画について、国内建造の方針を発表した。現地報道によれば、オーストラリアはフリゲート艦 9 隻、哨戒艦 20 隻、潜水艦 8-12 隻を、今後 20 年で総額 890 億豪ドル（約 8 兆円）を投入して調達する計画である。潜水艦については 500 億豪ドルをかけて、2025-2031 年に調達したい考えであるが、調達先については水上艦同様に国内製造比率を重要な選定基準にするとしており、受注を目指す日独仏三カ国の提案内容にも影響を及ぼすことになった。

　アボット首相は水上艦建造に関して、その大部分をオーストラリア防衛産業が集中するアデレードで行い、しかも雇用対策の観点から着工計画を前倒しすることを発表した。アデレードを州都とする南オーストラリア州は他州に比べ失業率が高く、2016 年内に実施される議会選挙をにらみながら、雇用喪失を最小限に抑えたい考えである。

ターンブル政権が誕生

　オーストラリアでは 2015 年 9 月、任期途中の首相交代劇が再び起こった。アボット内閣のターンブル通信相が 9 月 14 日、議会内で記者会見を開き、経済運営でリーダーシップを発揮できないアボット首相を痛烈に批判して、退陣を求めた。これを受け自由党では 14 日夜、党首選挙が実施され、アボット 44 票に対して、ターンブルが 54 票を獲得した。一夜明けた 15 日には、P. コスグローブ連邦総督による認証式が行われ、ターンブルが第 29 代連邦首相に就任した。

　アボットの失脚は突然の出来事であったが、時間の問題であった。二党間支持率における労働党のリードが続くなかで、アボットの首相・党首としての指導力や政権運営方法に対する自由党内・政権内の不満は鬱積していた。2016 年後半に予定されていた連邦議会選挙が近づくにつれ、アボット首相では選挙戦は戦えないとの危機感が自由党内に高まっていったなかでの首相交代劇であった。

　ターンブルは記者、弁護士、さらには投資銀行家としての経歴を持つ。英国内

第9章　南西太平洋

諜報機関 MI5 の元幹部職員 P. ライトがその諜報活動を暴露した『スパイ・キャッチャー』の出版差し止め措置をめぐって、当時の英サッチャー政権と闘った辣腕の法廷弁護士として有名である。また米金融大手ゴールドマン・サックスの幹部を歴任し、中国河北省への炭鉱ビジネスへの投資や、オーストラリアのインターネット関連企業 OzEmail 社への投資に成功して莫大な資産を保有していると言われている。

　ターンブルはビジネス界での成功と人脈の広さを背景に、2004 年に政界進出を果たした。保守政党にいながらいわゆるリベラル派と評され、共和制移行、同性婚容認、地球温暖化対策にも積極的な姿勢を示す。それが彼の党内支持基盤の弱さの原因でもある。彼は 2008 年に自由党党首に就任するものの、地球環境温暖化問題で党内保守派からの反発を受けて、2009 年の党首選においてわずか 1 票差でアボットに敗北した。その後一度は政界から身を引くが、再び政界に復帰し、IT 産業に関する幅広い知見を買われてアボット政権の通信相をつとめていた。

　成功したビジネスマンというイメージは、ニュージーランドのキー首相と重なる。資源ブーム終焉後のオーストラリア経済をどうやって浮揚させるかが政府にとっての最大の課題とされる中で、経済改革に取り組もうとするターンブルへの国民の期待は高い。ターンブル政権初となる 2016 年度予算案（2016 年 5 月）への評価が最初の試金石となろう。しかし、歳出削減なくして財政赤字の解消は不可能と言われており、超緊縮財政路線の 2014 年度予算案がアボット政権の支持率低迷のきっかけとなっただけに、ターンブル政権は厳しい選択を迫られている。

ターンブル政権の経済実利優先のバランス外交

　ターンブル政権の外交については、対中姿勢がどのようなものになるのかに大きな関心が集まっていた。日本を「アジアで最も親しい友人」と呼んだアボット前首相とは対照的に、ターンブルはアジア外交を中国寄りにシフトするのではないかと伝えられた。息子アレックス・ターンブル氏が中国人女性と婚姻関係にあるといった個人的な話題や、1990 年代に中国本土の鉱山ビジネスへの投資で莫大な利益を上げたことがメディアで取り上げられ、ターンブルと中国の親密さを強

－257－

調する報道が目立った。しかも政府の「中国シフト」はオーストラリアビジネス界も歓迎するものであり、日本や米国はターンブルの対中姿勢を注視していた。

ターンブル首相は就任直後のインタビューで、日米と中国とのあいだで「注意深く、バランスのとれた外交」を目指していくと述べていた。アボット前首相が米国とその同盟国である日本を重視する姿勢を明確に示してきただけに、ターンブルの日米中バランス外交が「中国寄り」との印象を与えてしまうのはやむを得ないであろう。

ターンブル首相のバランス外交の背景には、第一にアジア太平洋地域の戦略環境が根本的な変化を遂げたとの認識がある。ターンブル首相はこの地域が米国による覇権の時代から、米中両国の力がせめぎ合う時代に入ったことを認め、中国を含めた大国との戦略的関係の構築を目指す。第二に、成長が鈍化したオーストラリア経済の回復のためには、中国との関係を安定化させることが何よりも重要であるという認識だ。オーストラリアにとり、中国は最大の貿易相手国であると同時に、国内産業の発展やインフラ整備などに欠かせない資金の調達先である。こうした観点から、ターンブル政権は米国、中国、日本との関係にそれぞれ配慮した慎重な外交を展開していくであろう。

バランス外交のもとでは、中国を過度に特別視し、対中関係をすべてに優先させることはないが、経済的実利の追求と安全保障上の要請との間で難しい政治判断を迫られることになろう。2016年2月に発表された国防白書でも強調しているように、アジア太平洋の安全保障については、これまで通り米国、そして日本との共同歩調の枠組みを維持、強化しつつ、中国の強硬な海洋進出に対しては、異論を唱えて行くものと思われる。しかしこうした姿勢には、中国の反発を呼ぶものとしてビジネス界を中心に根強い慎重論がある。ターンブル政権は安全保障と経済への影響を計算しながら大国との関係を見定めていく必要がある。

中国の対豪投資と安全保障

中国企業がオーストラリア北部ダーウィン港の経営権を獲得した問題は、オーストラリアの経済的実利の追求が、米国との同盟関係に波紋を生じさせかねない事態へと発展したケースである。オーストラリアでは中国からの投資を歓迎するムー

ドがあるが、専門家からは安全保障上の利益を損なう危険性も指摘されており、政府には慎重な対応が求められる。中国系企業の多くは国有か中国政府との繋がりがあるため、他国企業とは違い、こうした問題は常につきまとう。

オーストラリア北部準州政府は2015年10月、中国企業「嵐橋集団（ランドブリッジ）」とダーウィン港のリース契約を結んだことを明らかにした。リース契約は99年間で、契約金は約5億豪ドル（約430億円）と言われている。地元政府は、中国の資本を使ってダーウィンの港湾開発を進め、同港をオーストラリア産農産物の対アジア貿易拠点にする計画であった。

オーストラリア北部に位置するダーウィンは、沖縄、ハワイ、グアムとならび、米のアジア太平洋戦略の重要拠点になりつつある。オバマ政権が打ち出す「アジア回帰」政策の一環として、米海兵隊が2012年からローテーション駐留しており（現在は約1,150人）、駐留規模は2017年までに2,500人になる予定である。さらに米豪両政府間では現在、南シナ海を巡回するB‐1米長距離爆撃機をダーウィン近くのオーストラリア空軍基地に配備することも検討されている。

このリース契約が特に問題になったのは、契約企業「嵐橋集団」が中国人民解放軍と密接な関係があるとされたからである。オーストラリアのシンクタンクの指摘によれば、同社幹部には人民解放軍出身で、企業の地元政府公安部の副局長と見られる人物がおり、中国共産党と密接な関係にあるという。

オーストラリア戦略政策研究所のP．ジェニングス所長によれば、中国企業が港湾施設の一部権益を獲得したことで、インテリジェンス活動が可能になり、安全保障上のリスクが高まる。ダーウィン港は商業港ではあるが、米豪両軍の艦船も利用しており、中国にとっては軍事機密を獲得する絶好の機会となる。また報道によれば、嵐橋集団はダーウィン港だけでなく、米豪両海軍艦艇のダーウィン湾航行の管理権さえ獲得したとされている。ジェニングス所長は、外国投資審査委員会（FIRB）が安全保障上の観点も考慮に入れて慎重に対処すべきだったと、今回の政府の対応を批判した。

こうした懸念は、米国政府も共有するところであった。2015年11月にマニラで行われた米豪首脳会談では、オバマ大統領からターンブル首相に対して、「事前に伝えられるべきであった」と不快感が直接伝えられた。港湾の経営・管理は

地方政府の管轄であり、連邦政府が介入することはできないが、経営権譲渡に伴う安全保障上のリスクが検討されず、またダーウィンに安全保障上の権益を持つ米国に対して事前に情報提供がなかったことは、ターンブル政権の戦略的判断のミスであると評価されてもやむを得ないであろう。

　一方で、オーストラリア政府は 2015 年 11 月、中国企業に対する巨大牧場の売却を認めない決定を下した。巨大牧場を所有するのは S.キッドマンで、同社は国内に総面積 10 万㎢もの牧場を保有、運営している。その創業家が同年 4 月に売却方針を発表し、複数の中国企業が買収を目指していた。

　オーストラリア政府はこれに対して、同社の外国企業への売却を「安全保障上の問題がある」として却下した。同社が保有する南オーストラリア州の牧場が、オーストラリア軍のウーメラ兵器実験場内に位置するというのがその理由とされた。キッドマンはこれを受けて、同実験場に近い農地を売却計画から外すなどとしたが、政府の方針に変更はなかった。ダーウィン港リース問題をめぐって政府の対応を批判する声が内外から聞こえるなかで、今回については慎重な判断を下したものと思われる。

ターンブル外交の始動

　ターンブルは 2015 年 11 月、インドネシア、ドイツ、トルコ、フィリピン、マレーシアの五カ国を約 10 日間の日程で訪問した。そのうち後半のトルコ、フィリピン、マレーシアは国際会議出席のための訪問で、インドネシアとドイツについてはターンブル首相が訪問先としてあえて選んだ国であり、ターンブルの外交姿勢の一端を窺い知ることができよう。

　東南アジアの大国インドネシアは、外交、安全保障、経済などさまざまな面においてオーストラリアにとって重要な国家でありながら、アボット政権時代にオーストラリア情報機関によるインドネシア大統領盗聴疑惑、オーストラリア人麻薬密輸犯への死刑執行、密航船対策などで関係が冷え込んでいた。ターンブル首相は今回の訪問を通じて、まずは貿易・通商を軸に関係修復を計り、両国の戦略的協力関係構築の糸口をつかもうとしていると言えるだろう。ターンブル首相はジョコ・ウィドド大統領と首脳会談を行い、オーストラリアからの投資拡大や通商

第9章　南西太平洋

関係の強化で合意した。さらにテロ・過激派対策として、両国の情報交換を進めていくことも確認している。2015年11月中旬にはロブ・オーストラリア貿易・投資相らが300人を超えるビジネス使節団を率いてインドネシアを訪問し、首脳会談で合意した経済関係拡大のフォローアップを行った。

　次の訪問先ドイツでは、メルケル首相と首脳会談を行い、豪独2プラス2（外務・防衛閣僚会合）を開催していくことで合意した。欧州大陸諸国ではドイツが唯一の相手国となる2プラス2によって、両国はテロ対策などの安全保障、難民対策、貿易、エネルギー政策など、様々な領域で協力を深めていくことが期待されている。さらにEUの中でも最も大きな影響力を持つドイツとの関係の進展は、オーストラリアの対欧州外交を強化していくにあたっては貴重な外交的資源となり得る。オーストラリアの対欧州外交の足場は、伝統的に英国であったが、その英国がEUからの離脱を検討しているなかで、対独関係に期待がかかっていると言えよう。

日豪関係

　ターンブル政権の誕生は、アボットとともに日豪を「特別な関係」へと発展させてきた安倍政権にとっては、日豪関係の将来について不透明感を抱かせるものであった。日豪の「特別な関係」が、新政権においても引き継がれるのかに大きな関心が集まっていた。ターンブル政権発足数日後に行われた日豪首脳電話会談、2015年9月のニューヨークでの日豪外相会談、さらには11月のアンタルヤ（トルコ）での日豪首脳会談でも、日本側はオーストラリアとの「特別な関係」を一層発展させていきたい旨の発言を繰り返し、ターンブル政権の反応を見極めようとしていた様子が窺える。

　日豪両政府は2015年11月、シドニーで第6回2プラス2を実施した。日本からは岸田外相と中谷防衛相、オーストラリアからはビショップ外相とペイン国防相が出席した。ターンブル政権が誕生して初めての2プラス2であり、日本側にとってはターンブル政権の対日姿勢をテストする重要な機会となった。

　会合後に発表された共同コミュニケによれば、防衛協力の強化は日豪両国にとって「優先事項」であるとし、具体例として共同訓練の強化、人員交流の促進、

−261−

人道支援・災害救援における協力の深化、海洋安全保障、平和維持活動などを挙げた。こうした日豪協力の可能性をひろげたものが、日本で成立した平和安全法制であり、オーストラリアは歓迎する姿勢を示した。

南シナ海情勢に対しては、双方は「強い懸念」を示し、現状を「威圧的もしくは一方的な行動」によって変更することに強く反対することを明言した。さらに関係当事者に対して緊張を高めるような「挑発的な行動」を自制し、国際法にしたがって紛争を平和的に解決するよう求めた。また国際法によってすべての国に「航行と飛行の自由」が与えられているとし、中国とASEAN諸国には南シナ海における行動規範を可能な限り早期に合意するよう求めている。

会合ではまた、パプア・ニューギニアなど太平洋島嶼国の経済的繁栄や平和と安定を支援するために、両国がとり得る共同戦略を策定する方針を固めた。南太平洋での日豪協力を強化することで、中国の進出拡大を阻止する狙いがある。共同戦略は2016年2月に開催された日豪外相会談にて「太平洋における協力のための日豪戦略(太平洋戦略)」として発表され、具体的には「効果的なガバナンス(説明責任、透明性および法の支配)」、「経済成長と持続可能な開発」、「安全保障・防衛協力(特に海洋安全保障および監視)」などを通じて支援するとした。海洋安全保障および監視は、中国の海洋進出を念頭に置いたものであると言える。

なお中谷防衛相は2プラス2会合に先立ち、オーストラリア防衛産業の拠点アデレードを訪問した。オーストラリア海軍の次期潜水艦選定の提案期限を2015年11月末に控えて、オーストラリア潜水艦企業ASCを視察したほか、ウェザリル南オーストリア州首相と会談した。中谷防衛相は記者会見で、地元の要望の強い「現地設計・建造・整備」を重視しつつ、日本の潜水艦技術の高さと日豪の戦略的関係の重要性を強調して、独仏との受注競争に競り勝つ意欲を示していた。

ターンブルは2015年12月中旬、首相として初めて訪日し、安倍首相との日豪首脳会談を行った。アボット政権期に安倍首相との間で、毎年の首脳の相互訪問が約束されており、オーストラリア側がそれを果たした形となった。深夜便で早朝の日本に到着し、同日の深夜便で帰国の途につくという0泊3日の強行日程であったが、首相就任後に中国よりも優先して日本に訪問することで、日本政府が抱くターンブル政権の「中国シフト」への警戒感を払拭する狙いがあったと思わ

−262−

第9章　南西太平洋

れる。日米豪3カ国の戦略的関係を重視する安倍政権としても、ターンブルの年内訪日は重要であると認識しており、安倍首相補佐官をオーストラリアに派遣し、ターンブル政権に年内の訪日を強く求めていた。

首脳会談の結果、両国は経済ならびに安全保障分野で協力・連携を深め、共通の価値と戦略的な利益に基づく日豪間の「特別な戦略的パートナーシップ」を再確認した。

経済分野については、日豪経済連携協定（EPA）、環太平洋パートナーシップ（TPP）協定などを踏まえて、経済関係のいっそうの強化を確認し、特にイノベーション（技術革新）分野での協力・連携を推進することで一致した。イノベーションは、脱資源依存型経済の構築を目指すターンブル政権が掲げるキーワードであり、同分野が主導する産業構造の多様化が政権の主要な政策課題となっている。

安全保障分野については、アジア太平洋地域の安定と平和のために重要な責任を持つ日豪両国が、協力をさらに加速させることで一致した。それに加えて日米豪、日豪印の3カ国の戦略的連携の重要性も確認した。南シナ海情勢については、中国の行動を念頭に置きつつ、「現状を変更しうるあらゆる威圧的もしくは一方的な行動に対する強い反対」を表明した。

また自衛隊とオーストラリア軍の運用や共同訓練の円滑化のための「訪問部隊地位協定」については、早期の交渉妥結を目指すことを確認した。この地位協定は、部隊が外国で活動する際の法的な取り扱いをあらかじめ決めておくもので、これによって共同訓練や災害派遣活動がやりやすくなる。

なお、ターンブル首相は首脳会談で、日本の捕鯨再開について「深く失望している」と懸念を表明した。南極海での調査捕鯨は「違法」とする国際司法裁判所の判断を受け、活動がいったんは中止されていたものの、日本は12月1日に調査船2隻を出港させていた。こうした状況の中で、ターンブル首相は捕鯨問題を首脳会談で取り上げざるを得なかったものの、首脳会談後の共同記者会見で「よき友人は意見の違いがある場合には、率直に語り合うものだ」と語り、この問題が日豪関係全般に悪影響を及ぼすものではないことを示唆した。

南シナ海問題

−263−

南シナ海での中国の行動に対するターンブル政権の姿勢はきわめて慎重である。南シナ海での「航行・飛行の自由」を尊重する立場から、「威圧的で一方的な行動」に強く反対し、中国に対して自制を求めつつ、米軍による「航行の自由」作戦については、それを支持するものの、オーストラリア軍の参加については明らかにせず、中国をいたずらに刺激することを避けようとしている。

　2015 年 12 月、BBC の報道によってオーストラリア空軍機が南シナ海で偵察飛行を行っていることが明らかになった。BBC ニュースでは、マレーシアのバターワース空軍基地から発進したと思われるオーストラリア空軍の P‐3 哨戒機「オライオン」が 11 月 25 日に、南シナ海・スプラトリー諸島付近を飛行し、同機の乗組員が「国際海洋法条約と国際民間航空条約に則り、オーストラリアの航空機が航行の自由の権利を行使している」と中国海軍に通告している模様が映像と音声付きで流されていた。

　ペイン国防相はこれに対して、オーストラリア空軍による活動は、航行の自由を確保するためにオーストラリア軍が 1980 年から展開している「ゲートウェイ作戦」の一環であると述べた。オーストラリアは米国の行動とはあくまでも距離を置く姿勢をとり、中国の反発を避けようとしていた。

　オーストラリアは米軍による「航行の自由」作戦を支持しつつも正式には参加しなかった。また米国が南シナ海に艦船を派遣した直後のタイミングにもかかわらず、中国海軍との軍事演習を予定通り実施した。オーストラリアはこうしたことを通じて、中国に一定の配慮をしたといえるだろう。しかし一方でオーストラリアは哨戒機による偵察活動を展開しており、事実上の作戦参加国でもあった。さらに友好国への親善訪問途上のオーストラリア・フリゲート艦や補給艦に可能な限り南シナ海を航行させており、「航行・飛行の自由」についての自らの立場を中国に明確に伝えようともしている。

国防白書を発表

　オーストラリア政府は 2016 年 2 月末、3 年ぶりに国防白書を発表した。2013年 9 月に誕生した保守系連合政権として初めての白書で、当初はアボット政権によって 2015 年に公表される予定だったが、2015 年秋の首相交代によって内容の

見直しが行われ、公表が遅れていた。

　今回の国防白書に通底する基本的な戦略認識は、第一に米国のプレゼンスの重要性である。アジア太平洋地域が経済的繁栄を続けるためには、秩序と安定の維持が不可欠である。過去70年以上にわたりそれを提供してきたのが米国であり、今後も米国の存在は「不可欠な要素」であるとしている。第二にグローバル時代の国益の捉え方についてである。オーストラリア本土への直接的な武力攻撃の可能性は低いものの、オーストラリアの国益は周辺の地域、そして世界と密接に結びついている。また国家だけでなくテロ集団などの非国家アクター、そしてそれらが複合したものが安全保障への脅威となる。本土防衛とならんで、地域・世界の安定、また非国家アクターからの脅威に備えることが急務となるとしている。第三に、時代の急激な変化に備えた行動の重要性である。前回の2013年国防白書で長期的なトレンドとして捉えていたものが、今や即時に対応を必要とするものになってしまっている。時代の急速な変化に対応できる体制を整えることが重要である。

　国防白書によれば、今後約20年間のオーストラリアの安全保障環境を考える際、主として6つの要素が重要だとしている。第一に挙げたのが、米国と中国の存在、そして米中関係の動向である。米国については、今後もこの地域の安定にとって不可欠な存在であり、「オーストラリアにとって最も重要な戦略パートナーであり続ける」とし、安全保障面では米国との同盟関係を強化していくと明言した。また中国は、アジア地域におけるプレゼンスを高めているが、「国防政策について透明性を確保することが、地域の安定にとって不可欠である」とした。南シナ海問題については、名指しを避ける一方で、「軍事的な目的で、人工建造物を使用することに反対する」と記している。

　第二に挙げたのが、ルールに基づく国際秩序への挑戦、もしくは反動である。グローバル化した世界においては、遠方の地域で発生した問題が容易に自国の安全や繁栄に影響を及ぼす。その典型的な例がISの台頭であるとしている。オーストラリアでも多くの若者がイスラム過激思想に傾倒し、「ホーム・グローン」テロの危険性が拡大しているという現状がある。その他、第3にテロの脅威、第4に近隣地域の国家の破綻、第5に軍備の近代化、第6にサイバー攻撃などの新

たな脅威を挙げている。

戦略的防衛目標として、三つを掲げている。第一にオーストラリアの本土防衛であり、オーストラリアに対する敵対国家もしくは非政府組織による攻撃、脅しを抑止、拒否、打破することである。第二に、海洋東南アジアならびに南太平洋を取り囲む地域の安全への関与である。「海洋」という用語を付けたのは、中国の海洋進出を意識してのものであると言えよう。そして第三に、インド太平洋地域の安定とルールに基づく世界秩序の維持への貢献としている。

日本に関しては、北東アジアの主要国であり、オーストラリアにとっては民主主義、市場経済、戦略的認識を共有するパートナーであるとしている。安保法制の整備を念頭に、アジア地域さらには国際の平和と安全のため積極的な貢献をしようとする日本の動きを歓迎している。

白書では、潜水艦の新規調達数を「12隻」とすることを明記した。そのほか、駆逐艦3隻、フリゲート艦9隻、海洋巡視船12隻など、主に海軍力の強化を念頭においた総額1,950億豪ドルの調達計画を立てている。潜水艦建造については、今後40年間をかけ「500億豪ドル」を超える資金で調達するとしている。国防予算総額は大幅に増額され、2020年度までにGDP比1.8%から2%に上昇し、兵員数についても58,000人から62,400人に増員する計画である。

なお政府は今回の白書公表にあたり、「国防産業政策綱領」を同時に発表した。これは軍事力の増強を景気刺激策の一つと捉え、兵器などの調達計画を国内産業政策、雇用政策に繋げようというものである。綱領では武器調達などに関するインフォメーションセンターの設立、官民合同の技術開発基金の創設などを謳っており、安全保障関連分野への国内産業の参画を促す狙いがある。

次期潜水艦SEA1000、フランスが受注

ターンブル首相は2016年4月26日、次期潜水艦SEA1000の共同開発の相手として、フランスの造船企業DCNSを選定したことを発表した。入札に参加した日本の防衛省・三菱重工業・川崎重工業からなる官民連合は受注を逃した。オーストラリア政府が2009年国防白書で、潜水艦導入計画を明らかにして以来の受注競争にようやく決着がつくこととなった。

第9章　南西太平洋

　日本がオーストラリアの次期潜水艦導入に関心を持つようになったのは、2012年9月に第二次安倍政権が誕生してからのことである。同政権は、オーストラリアとの潜水艦の技術協力を通じて、安全保障上の連携強化を狙っていた。2012年9月に行われた日豪防衛相会談では、装備技術協力を中心とした防衛協力を進める方針が早くも確認されている。

　2013年9月のアボット政権の誕生は、日豪の潜水艦協力の実現可能性を一気に高めることになった。対米同盟を重視し、日本を「アジアで最も親しい友人」と呼ぶアボット首相は、自らが主導して日本との潜水艦協力を積極的に進めようとしていった。一方、安倍政権は2014年4月、武器輸出三原則に代わる「防衛装備移転三原則」を閣議決定し、7月には日豪防衛装備品・技術移転協定を締結して、対豪潜水艦技術供与の制度的障害を取り除いていった。さらにオーストラリアでは9月、日本との技術協力ではなく、日本から潜水艦を調達する可能性まで報道されるようになっていた。

　オーストラリアの財界・労働界はこうした流れに強く反発する。日本からの調達となれば、国内建造による経済効果が期待できなくなるからである。資源ブームが去ったオーストラリアでは、雇用危機が深刻化しており、特に防衛産業が集中する南オーストラリア州の失業率は、国内最悪のレベルであった。総額500億豪ドル（約4兆4千億円）にものぼるオーストラリア史上最大のプロジェクトであり、国内経済、雇用に与える影響は大きいものがあった。

　2016年に予定されていた議会選挙が近くなればなるほど、経済効果を無視した決定は下しにくくなっていった。超緊縮財政をとった2014年度予算案の発表以降、アボット首相・保守連合への支持率は低調傾向が続いていった。経済効果を期待する国内世論からの反対を押し切り、日本との潜水艦協力を独断で進めることはもはや不可能になっていった。オーストラリア政府が2015年2月、ハイブリッド型による共同開発構想や競争入札形式（「国際競争評価手続き」）による調達先選定を言い出したのには、こうした国内の反発に配慮したものと考えてよかろう。政府は外国のパートナー候補として潜水艦の建造実績のある日本、ドイツ、フランスを挙げた。こうしたなかで2015年9月、アボット首相が失脚し、ターンブル政権が誕生した。

−267−

日本は現地建造という点で、ドイツ・フランスに対して優位に立つことはできなかった。日本は当初、「最高機密の結晶」といわれる潜水艦技術の流出を懸念し、最初の1‐2隻を日本国内で建造し、徐々に現地建造比率を高める案を検討していた。それに対し、独企業ティッセンクルップ・マリン・システムズ（TKMS）は100％の現地建造を、仏DCNSは一隻目を除いて現地で建造すると主張していた。加えて、ドイツ・フランスともに自国提案によって、どれほどの雇用が創出されるかをアピールしていたのである。このようななかで日本も2015年11月の事業計画提出の直前になり、1隻目から現地で建造する方針を打ち出したが、現地企業に委託する割合はドイツ・フランスより低くなると伝えられていた。日本は最後まで、技術流出という懸念を払拭させることができなかったと言えよう。

　フランスの受注を発表する記者会見は、ターンブル政権が何を最も重視して結論を出したのかを示唆するものであった。ターンブル首相は、造船企業が集中するアデレードを発表の場として選んだ。そして彼は会見で、この決定により「1,100名の国内雇用を持続させるとともに、サプライチェーンを通じて、さらに1,700名の国内雇用を生み出す」ことを強調したのである。

上下両院ダブル解散、7月に総選挙実施

　ターンブル首相は2016年4月19日、5月初旬の2016年度予算案の発表後、上下両院のダブル解散に踏み切ることを発表した。29年ぶりのダブル解散・総選挙で、投票日は7月2日に予定されている。オーストラリア下院では3年任期をほぼ満了して選挙が行われることが多く、それにあわせて任期6年の上院の半数改選も実施されてきた。しかし今回は、上下両院すべての議席が対象となるダブル解散選挙となる。

　オーストラリアの連邦首相は、憲法の規定により、上院が2回にわたって同一法案を否決した場合は、上下両院ダブル解散を連邦総督に求めることができるとされている。今回のダブル解散の引き金となったのが、建設業界の労組を監督する「オーストラリア建築・建設委員会」（ABCC）の再設置を柱とする労使関係法案であった。

　ターンブル政権によれば、経済改革のためには、同法案の通過は不可欠であり、

—268—

それを妨害する上院の責任は重大で、ダブル解散によって国民に信を問わざるを得ない。過激な行動を通じて労使交渉で圧倒的優位に立つ労組の存在は「経済成長のブレーキ」となっており、同法によって労使関係を改革して国際競争力の強化と生産性の向上を目指す。当然のことながら、労働党の支持母体である労組の組織力をいっそう弱体化させるという狙いもある。

　しかしターンブルのさらなる狙いは、上下両院のねじれ解消にある。下院とほぼ同等の立法権限を持つと言われるオーストラリア上院では現在、保守連合の議席数が過半数を割っており、予算案を含め法案成立がきわめて困難になっている。特に問題とされたのは、キャスティングボートを握る無所属ならびにミニ政党の議員の存在である。ターンブル政権はダブル解散の表明に先立ち、上院議員選挙制度改正法を成立させていた。同法によれば、得票数がわずかの候補者は事実上、当選できないことになる。ダブル解散総選挙によって、少数政党の保有する議席が一気に減る可能性が高く、議会運営がスムーズになることが期待されている。3‐4月の新聞各社世論調査によれば、「望ましい首相」としてはターンブル氏がショーテン労働党党首をリードしているものの、政党支持率では労働党が保守連合に猛追している。早期に総選挙を実施し、ターンブル氏は長期安定政権を目指す。

ニュージーランド

国防白書の公表遅れる

　国防白書の発表が遅れている。ニュージーランド政府は 2015 年 5 月、新たな国防白書に向けた作業に取りかかることを表明し、2015 年内に完成させるとしていたが、作業が遅れている模様である。

　前回の国防白書は 2010 年に発行されており、新国防白書は過去 5 年間の安全保障環境の変化を反映させた上で、今後約 25 年間を展望したものになる。ニュージーランド政府が、米国の軍事プレゼンス、そして台頭する中国の存在、米中関係の動向をどのように評価するかに注目が集まっている。

南シナ海問題で中国に自制を求める

ニュージーランド政府は南シナ海問題に関連して、中国に自制を求めている。ただし同国にとっては中国が最大の貿易相手国であり、対立の双方の当事者に自制を求めるスタンスをとっている。

日本・ニュージーランド防衛相会談が2015年11月、マレーシアのクアラルンプールで開催され、海洋安全保障、ならびに安全保障環境の認識に関する意見交換を行った。南シナ海の問題について、中谷防衛相から、力による現状変更の取り組みに反対し、法の支配を通じて、問題の平和的解決を図り、それよって地域の安定を確保することが重要だとの発言があった。ブラウンリー防衛相はこれに対して、「責任ある大国としての振る舞いをすべきである」と述べ、中国に限らず、米国も含めた大国がこの問題で自制すべきとの見解を示した。

また2016年2月にシドニーで開催されたニュージーランド・オーストラリア首脳会談で発表された共同声明において、両国は、南シナ海での中国による人工島建設や地対空ミサイルの配備を念頭に、「埋め立てや軍事化を中止するようすべての当事者に呼びかける」とし、関係当事国に緊張緩和に向けた行動をとるよう求めた。

キー首相が訪中

キー首相は2016年4月、中国を訪問し、習近平国家主席、李克強首相らとの会談を行った。今回の訪問には、約40名のニュージーランド企業の幹部も同行している。キー首相は、2008年に締結された中国・ニュージーランド自由貿易協定を踏まえ、両国の貿易関係をさらに発展させるために、中国によるニュージーランド農産品への特別セーフガードを撤廃することなどを求めた。

南西太平洋

第7回太平洋・島サミット開催

第7回太平洋・島サミット（PALM7）が、2015年5月に福島県いわき市で開催された。日本と南太平洋の島嶼国14カ国を含む17カ国の政府首脳が一堂に会し、防災、気候変動、環境、人的交流、持続可能な開発、海洋・漁業、貿易・投資・観光の七つの分野について議論を行った。

第 9 章　南西太平洋

　安倍首相は開会式の基調演説で、民主主義、人権の尊重、法の下の平等を誓い合い、力による威嚇や力の行使とは無縁の「太平洋市民社会」の確立を提唱した。また太平洋島嶼国の自立的発展を促すために、今後 3 年間で 550 億円以上の財政支援を行うことを表明した。

　今回の太平洋・島サミットには 9 年ぶりにフィジーが復帰した。フィジーでは 2006 年に軍事クーデタが発生し、それを理由に日本政府はサミットへの招待を見合わせていた。しかしフィジーが 2014 年 9 月に民政復帰を果たしたことを理由に、日本政府はバイニマラマ・フィジー首相を招待した。サミットを機会に日・フィジー首脳会談を開催し、日本が防災対策として約 9 億円の支援をすることで一致した。

PIF首脳会議開催

　第 46 回太平洋諸島フォーラム（PIF）首脳会議が 2015 年 9 月、パプア・ニューギニアの首都ポートモレスビーで開催された。同フォーラムはオーストラリア、ニュージーランド、パプア・ニューギニア、フィジーなど南西太平洋の 16 カ国・地域が加盟する、地域協力機構である。

　今回の首脳会議では、市民社会の役割、漁業問題、地球温暖化、情報通信技術などが議題となったが、年末にパリで開催される気候変動枠組み条約第 21 回締約国会議（COP21）を控えて、地球温暖化対策が焦点となった。海面上昇の脅威にさらされるキリバスなどが、より徹底した対策の必要性を訴えた。会議後の共同声明では、COP21 が温暖化を食い止める最後のチャンスであると訴えていた。

　フィジーはこの首脳会議を機に、PIF への復帰が認められたものの、バイニマラマ・フィジー首相は首脳会議への出席を拒否し、外相が代理出席した。フィジーは軍事クーデタを受け、2009 年に PIF から参加資格停止の処分を受けていたが、民政復帰を機に今回の首脳会議への出席が認められた。しかしバイニマラマ首相は、現在の PIF が太平洋の利益を代表しておらず、オーストラリアとニュージーランドの不当な影響下にあるとして、両国がメンバーとして残っている限り、構成メンバーに復帰しない意向を示している。

（竹田 いさみ・永野 隆行）

コラム 外交と食事：オセアニア
料理今昔物語
食文化をめぐる歴史的背景と新たな文化外交戦略

　2016 年 2 月、環太平洋パートナーシップ（TPP）協定は長年にわたる協議の末、ニュージーランド（NZ）で調印式が行われた。同式に関して日本のメディアをにぎわせたのは、代表として参加した髙鳥修一内閣府副大臣による NZ 産の「ブルーチーズは美味しかった」発言である。TPP によりブルーチーズの関税が半減されることに危機感をもつ国内農家の気持ちに無頓着であるという批判ではあったが、奇しくもこのことが NZ 産のワインやチーズのレベルの高さを日本国内に知らしめることになった。

　オセアニアは広大な海域で採れた海の幸やヤシの実やタロイモなどにも恵まれており、住民たちもその豊かで新鮮な食事を享受してきた。そのため、料理の技法もココナッツ・ミルクを混ぜる程度のシンプルなものばかりで、宮廷料理のような繊細で高度な技法を駆使した料理は発達しなかった。とはいえ、食文化の中に植民地時代の影響が色濃く残っている。フィジーでは、砂糖のプランテーションのため、インド系の労働移民が多数移住した。その結果、カレーを中心としたインド料理が持ち込まれ、フィジーの代表料理となった。また、英仏共同統治を経て独立したバヌアツでは、フランス料理の文化が受け継がれた。焼きたてのフランスパンのにおいが漂い、神戸牛にも勝るとも劣らないバヌアツビーフのステーキも食すことができるなど、舌の肥えた欧米旅行者たちの食欲も満足させている。

　さて、世界的にも料理音痴で有名な英国の系譜を引き継いだオーストラリアでも、近年料理に対する意識の変化が見られる。シドニーオリンピック以降、国際会議などの誘致を進め、観光客の増加に力を入れるようになった。政府は、料理の品質向上に目をつけ、積極的に欧米各地の有力シェフを国内レストランへ招聘するようになった。国内に多くの移民を抱える多文化国家であることもあり、都市部では国際色豊かなレストランを数多く目にすることができる。この動きは隣国 NZ にも影響を与えた。オークランド周辺には上質のワインを提供するワイナリーが次々と誕生し、そのワインに合うチーズなどの乳製品や牡蠣をはじめとしたシーフード料理が提供されるようになった。

　両国が実施している観光促進のための食文化の向上は、グローバル社会を生き残るために新たな形での文化外交戦略を示したものと言える。髙鳥副大臣の言葉は彼らの目指す目標が成功していることを世界に伝えることに一役買ったと言えるのかもしれない。

黒崎　岳大
（国際機関太平洋諸島センター副所長／早稲田大学非常勤講師）

略語表
年　表
（2015年4月〜2016年3月）

ACM	Alliance Coordination Mechanism	同盟調整メカニズム
ADB	Asia Development Bank	アジア開発銀行
ADIZ	Air Defense Identification Zone	防衛識別圏
ADMM	ASEAN Defense Ministers Meeting	ASEAN 国防相会議
AIIB	Asian Infrastructure Investment Bank	アジアインフラ投資銀行
APEC	Asia-Pacific Economic Cooperation	アジア太平洋経済協力
ARF	ASEAN Regional Forum	ASEAN 地域フォーラム
ASC	Australian Submarine Corporation	オーストラリア潜水艦企業体
ASG	Abu Sayyaf Group	アブ・サヤフ・グループ
ASPI	Australian Strategic Policy Institute	オーストラリア戦略政策研究所
AUSMIN	Australia-United States Ministerial Consultations	米豪外務・防衛相会談
ASEAN	Association of Southeast Asian Nations	東南アジア諸国連合
BRICS	Brazil, Russia, India, China, South Africa	ブラジル、ロシア、インド、中国、南アフリカ（新興 5 カ国）
CBM	Confidence Building Measures	信頼醸成措置
CICA	Conference on Interaction and Confidence-Building Measures in Asia	アジア相互協力信頼醸成措置会議
CIS	Commonwealth of Independent States	独立国家共同体
COC	(South China Sea) Code of Conduct	（南シナ海）行動規範
CSIS	Center for Strategic and International Studies	戦略国際問題研究センター
CSTO	Collective Security Treaty Organization	集団安全保障条約機構
CTBT	Comprehensive Nuclear Test Ban Treaty	包括的核実験禁止条約
DARPA	Defense Advanced Research Projects Agency	防衛高等研究計画局（米国）
DCS	Direct Commercial Sales	民間取引
DII	Defense Innovation Initiative	防衛イノベーション・イニシアティブ
DOC	Declaration on the Conduct (of parties in the South China Sea)	（南シナ海）行動宣言
DSS	Defense Security Service	国防保全部（米国）

略　語　表

DTTI	Defense Technology and Trade Initiative	防衛技術・貿易イニシアティブ
EAS	East Asia Summit	東アジア首脳会議
ECFA	Economic Cooperation Framework Agreement	両岸経済協力枠組み合意(中台)
EDCA	Enhanced Defense Cooperation Agreement	防衛協力強化協定
EEZ	Exclusive Economic Zone	排他的経済水域
EPA	Economic Partnership Agreement	経済連携協定
ETIM	Eastern Turkistan Islamic Movement	東トルキスタン・イスラム運動
EU	European Union	ヨーロッパ連合
EWG	Experts' Working Group	専門家会合
FATA	Federally Administered Tribal Areas	連邦直轄部族地域
FMF	Foreign Military Financing	対外軍事融資（米国）
FMS	Foreign Military Sales	有償軍事援助（米国）
FTA	Free Trade Agreement	自由貿易協定
GDP	Gross Domestic Product	国内総生産
GPS	Global Positioning System	全地球測位システム
GSOMIA	General Security of Military Information Agreement	軍事情報包括保護協定
HA/DR	Humanitarian Assistance / Disaster Relief	人道支援・災害救援
ICBM	Inter-Continental Ballistic Missile	大陸間弾道ミサイル
IMF	International Monetary Fund	国際通貨基金
IS	"Islamic State"	「イスラム国」
ISAF	International Security Assistance Force	国際治安支援部隊
ISR	Intelligence, Surveillance and Reconnaissance	情報・監視・偵察
JICA	Japan International Cooperation Agency	国際協力機構
KAMD	Korean Anti-Missile Defense	韓国型ミサイル防衛システム
LAC	Line of Actual Control	実効支配線
LCS	Littoral Combat Ship	沿岸戦闘艦
LNG	Liquefied Natural Gas	液化天然ガス

LoC	Line of Control	カシミール管理ライン（インド・パキスタン）
LRASM	Long Range Anti-Ship Missile	長距離対艦ミサイル
LRRDPP	Long – Range Research and Development Planning Program	長期研究開発計画プログラム
MD	Missile Defense	ミサイル防衛
MDA	Maritime Domain Awareness	海洋領域認識
MERS	Middle East Respiratory Syndrome	中東呼吸器症候群
MILF	Moro Islamic Liberation Front	モロ・イスラム解放戦線
MQM	Muttahida Qaumi Movement	統一民族運動
NATO	North Atlantic Treaty Organization	北大西洋条約機構
NDA	National Democratic Alliance	国民民主連盟
NGO	Non-Governmental Organization	非政府組織
NISP	National Industrial Security Program	国家産業保全計画
NLD	National League for Democracy	国民民主連盟（ミャンマー）
NPT	Treaty on the Non-Proliferation of Nuclear Weapons	核兵器不拡散条約
NSC	National Security Council	国家安全保障会議
NSS	National Security Strategy	国家安全保障戦略
OBOR	One Belt One Road	一帯一路
OCO	Overseas Contingency Operations	海外緊急作戦
ODA	Official Development Assistance	政府開発援助
OSCE	Organization for Security and Cooperation in Europe	欧州安全保障協力機構
PALM	Pacific Islands Leaders Meeting	太平洋・島サミット
PIF	Pacific Islands Forum	太平洋諸島フォーラム
PKO	Peacekeeping Operations	平和維持活動
RCEP	Regional Comprehensive Economic Partnership	東アジア地域包括的経済連携
RIMPAC	Rim of the Pacific Exercise	環太平洋合同演習
SAARC	South Asian Association for Regional Cooperation	南アジア地域協力連合

略 語 表

SCO	Shanghai Cooperation Organization	上海協力機構
SCM	Security Consultative Meeting	安全保障協議会議（米韓）
SCWG	Space Cooperating Working Group	宇宙協力ワーキング・グループ（日米）
SLBM	Submarine-Launched Ballistic Missile	潜水艦発射弾道ミサイル
SNS	Social Networking Service	ソーシャルネットワーキングサービス
SSA	Space Situational Awareness	宇宙状況監視
TAPI	Turkmenistan-Afghanistan-Pakistan-India Natural Gas Pipeline	天然ガスパイプライン（トルクメニスタン、アフガニスタン、パキスタン、インド）
THAAD	Terminal High Altitude Area Defense missile	ターミナル段階高高度防衛ミサイル
TPA	Trade Promotion Authority	貿易促進権限（米国）
TPP	Trans-Pacific Partnership	環太平洋パートナーシップ協定
TTIP	Transatlantic Trade and Investment Partnership	環大西洋貿易投資連携協定
TTP	Tehrik-i-Taliban Pakistan	パキスタン・タリバン運動（パキスタン）
UAV	Unmanned Aerial Vehicle	無人航空機
UNAMA	United Nations Assistance Mission in Afghanistan	国連アフガニスタン支援ミッション
UNCLOS	United Nations Convention on the Law of the Sea	国連海洋法条約
UNMISS	United Nations Mission in the Republic of South Sudan	国連南スーダン共和国ミッション
VFA	Visiting Forces Agreement	訪問軍地位協定（米・フィリピン）
VKS	Russian Space Forces	ロシア航空宇宙軍
WMD	Weapons of Mass Destruction	大量破壊兵器

年表（2015 年 4 月〜 2016 年 3 月）

日本	各国・国際情勢
2015年4月	**2015年4月**
8日　天皇皇后両陛下、慰霊で戦後初のパラオをご訪問。	2日　米欧を含む 6 カ国とイランが、スイス・ローザンヌで、イラン核問題の最終解決への枠組みに合意。
17日　安倍首相、翁長雄志沖縄県知事と初の会談。	3日　中国最高人民検察院、周永康・前党政治局常務委員を収賄などの疑いで起訴。建国以降初めての政治局常務委員経験者の汚職での起訴。
22日　安倍首相、アジア・アフリカ会議（バンドン会議）60 周年記念首脳会議で演説。	
22日　安倍首相、ジャカルタで習近平国家主席と会談。関係改善で一致。	11日　オバマ米大統領、ラウル・カストロ・キューバ国家評議会議長とパナマで 1961 年の断交後初の首脳会談。大使館の早期設置などを含む国交正常化交渉を加速する方針を確認。
25日　22日に首相官邸で、発見された小型無人機（ドローン）に関して、福井県の無職の男を逮捕。	
27日　日米両政府、外務・防衛担当閣僚による日米安全保障協議会（2プラス2）で、新たな「日米防衛協力のための指針（ガイドライン）」を決定。	15日　中国主導で設立するアジアインフラ投資銀行（AIIB）の創設メンバーが 57 カ国で確定。
	20-30日　米比合同軍事演習「バリカタン」実施。オーストラリア軍が初参加。
28日　安倍首相、オバマ米大統領とワシントンで日米首脳会談。	26-28日　第 26 回 ASEAN 首脳会議がマレーシア・クアラルンプールで開催。議長声明で中国への懸念を表明。
29日　安倍首相、米議会上下両院合同会議で演説。日本の首相として初。	
29-30日　第 17 回日中韓三カ国環境大臣会合が北京で開催。「PM2.5」などの大気汚染対策での協力関係構築を確認。	30日　ネパールでマグニチュード 7.8 の地震発生。近隣国を含め死者 5,900人以上。
5月	**5月**
2日　岸田外相、日本の外相としてキューバを初訪問。政府開発援助（ODA）拡大を表明。	7日　英国総選挙、キャメロン首相の率いる保守党が 331 議席、単独過半数を獲得。
5日　4日に訪中した日中友好議員連盟の高村正彦会長が、共産党序列 3位の張徳江・全国人民代表大会委員長と会談。	9日　北朝鮮、日本海へ向けて潜水艦発射型弾道ミサイルの試験発射。

日本		各国・国際情勢	
12日	米軍、CV-22「オスプレイ」を2021年までに横田基地へ10機配備する計画を発表。	22日	国連本部で開催された核兵器不拡散条約（NPT）再検討会議が、最終文書案をめぐって決裂し、閉幕。
18日	国家安全保障会議（NSC）、オーストラリアの次期潜水艦の共同開発として「そうりゅう」型潜水艦の技術提供の方針を決定。	26日	中国政府、国防白書「中国の軍事戦略」を発表。海軍力強化戦略を表明。
21日	日本政府、「イスラム国」(IS) による日本人人質事件の検証委員会の報告を発表。	29日	シンガポールのリー・シェンロン首相、日中韓の歴史問題をめぐる対立に苦言。
23日	日韓財務対話、東京で開催。2年半ぶり6回目。二国間の経済的・金融的協力強化について合意。	29日	米国務省、キューバへのテロ支援国家指定解除の発効を発表。
26日	衆議院本会議において、平和安全法制関連法案が審議入り。	30日	英国際問題研究所（IISS）主催の、アジア安全保障会議（シャングリラ・ダイアローグ）、シンガポールで開催。カーター米国防長官が、「東南アジア海洋安全保障イニシアティブ」を提唱。
30日	通算で第5回目の日米豪防衛相会談。中谷防衛相、カーター米国防長官、アンドリューズ豪国防大臣、中国の南シナ海での岩礁埋め立て活動に対して、深刻な懸念を表明。	31日	中国人民解放軍の孫健国・副参謀長、アジア安全保障会議（シャングリラ・ダイアローグ）の講演の中で、南シナ海での岩礁埋め立てに関して、「主権の範囲内」と明言。

6月

6月

日本		各国・国際情勢	
4日	安倍首相、アキノ・フィリピン大統領と東京で会談。中国の南シナ海における岩礁埋め立て活動に関して「深刻な懸念を共有する」との共同宣言を発表。	2日	韓国保健福祉省、MERS（中東呼吸器症候群）感染者に初の死者が発生と発表。
6日	3年2カ月ぶりに、北京で第5回日中財務対話。信頼関係の強化とアジアのインフラ整備推進で一致。	2日	カーター米国防長官、インドを訪問。米国防長官として初めてインド海軍の作戦司令部を視察。
10日	防衛省内局と自衛隊幕僚監部の対等な立場を明確化する改正防衛省設置法、参議院本会議で賛成多数で可決。	8日	7日からドイツのエルマウで開催された先進7カ国首脳会議G7サミット）の首脳宣言で、「現状変更を試みる一方的な行動にも強く反対」という文言を明記。中国の東・南シナ海における動きに懸念表明。

日本	各国・国際情勢
17日 選挙年齢を 18 歳以上に引き下げる改正公職選挙法、参議院本会議において全会一致で可決。2016年夏の参院選から適用。	11日 中国天津市第一中級人民法院、周永康・前党政治局常務委員に対し無期懲役の判決。
19日 日中両政府、偶発的衝突を防ぐための「海空連絡メカニズム」について、防衛当局者の課長級協議を北京で開催。	29日 AIIB が北京で設立協定調印式開催。創設メンバー 57 カ国のうち、フィリピン、マレーシア、タイ、クウェート、ポーランド、デンマークの 7 カ国が署名を見送り。日米は不参加。
22日 日韓国交正常化 50 周年、両国で祝賀行事。	
23日 海上自衛隊、フィリピン軍とスプラトリー（南沙）諸島近くで P‐3C 哨戒機を用いた初の共同訓練。	

7月

7月

4日 皇太子ご夫妻、トンガ王国ご訪問。	1日 オバマ米大統領、1961年の国交断絶以来54年ぶりにキューバとの国交回復を発表。それに伴い、両国首都での大使館再開の合意を正式発表。
4日 日・メコン首脳会議が東京で開催。7,500 億円規模の政府開発援助（ODA）の実施を表明。	
5日 端島炭鉱(通称：軍艦島)を含む「明治日本の産業革命遺産」が世界遺産に登録。	7日 ベトナムの最高指導者、グエン・フー・チョン・ベトナム共産党中央委員会書記長が、初の訪米。オバマ米大統領とホワイトハウスで会談し、経済協力を中心にした関係発展で一致。
7日 国家安全保障会議（NSC）および閣議で、ソマリア沖・アデン沖における海賊対処活動の 6 回目の 1 年間延長を決定。	13日 欧州連合 (EU) のユーロ圏 19 カ国の首脳会議が、ギリシャへの金融支援再開で原則合意。
16日 平和安全法制関連法案が、衆議院本会議で可決。	14日 イラン核問題をめぐる協議で、米欧を含む 6 カ国とイランは、イランの核開発の制限と対イラン制裁の段階的解除などで最終合意。
16-18日 谷内正太郎国家安全保障局長が、楊潔篪国務委員の招待で訪中。楊潔篪国務委員、李克強首相と会談。首脳レベルの対話の重要性を確認。	24日 トルコ軍、トルコ・シリア国境沿いの IS の拠点 3 カ所を初の空爆。
28日 鳥取と島根、徳島と高知の選挙区を統合する「2 合区」と10増10減の改正公職選挙法衆院本会議で成立。	30日 中国共産党政治局会議、郭伯雄・前中央軍事委員会副主席を収賄容疑で党籍剥奪処分。2014 年 6 月に党籍剥奪処分を下され、2015 年 3 月に死去した徐才厚・前中央軍事委員会副主席に続く摘発。

年　表

日本	各国・国際情勢
8月	**8月**
6日　広島市で「原爆死没者慰霊式・平和祈念式」。過去最多の100カ国とEUの代表が参列。	17日　タイ・バンコクの中心部で、爆破テロ事件が発生。死者20名。
14日　戦後70年の首相談話を閣議決定。安倍首相、歴史問題に関し、歴代内閣の立場は揺るぎないと強調する一方、積極的平和主義に基づく未来志向メッセージを発信。「謝罪を続ける宿命を次世代に背負わせない」とも発言。	20日　北朝鮮軍、南北朝鮮の軍事境界線付近の韓国側非武装地帯に砲撃し、韓国側が応戦。北朝鮮は、韓国が非武装地帯（DMZ）で実施中の大音量宣伝放送の中断を要求。
15日　政府主催の全国戦没者追悼会で、天皇陛下が追悼式のお言葉で初めて「さきの大戦に対する深い反省」に言及。	22日　中国・天津の化学物質保管倉庫で火災が発生し、消火作業中に爆発。
22日　メドヴェージェフ・ロシア首相、北方領土の択捉島を訪問し、外国からの投資を促す方針を表明。それに対して、岸田外相が、アファナシエフ・駐日ロシア大使に抗議。	25日　韓国と北朝鮮、南北高官協議で合意。北朝鮮が「遺憾」を表明し、韓国がDMZでの宣伝放送を中断。
9月	26日　韓国大統領府（青瓦台）、朴槿恵大統領が中国の「中国人民抗日戦争・反ファシズム戦争勝利70周年記念式典」への出席を発表。
14日　翁長雄志沖縄県知事、普天間飛行場の名護市辺野古への移設問題に関連して、仲井眞弘多前知事の移設先埋め立て承認の取り消しを表明。	**9月**
15日　安倍首相、東京でグエン・フー・チョン共産党書記長と会談。両国の連携強化を確認し、中国への「深刻な懸念」を表明。	3日　中国、北京の天安門広場で「中国人民抗日戦争・反ファシズム戦争勝利70周年記念式典」を開催。プーチン大統領、朴槿恵大統領、潘基文国連事務総長など計31カ国から出席。
28日　安倍首相、プーチン・ロシア大統領と会談。平和条約締結へ向けた交渉について、2013年4月の日露共同声明に基づく交渉継続を確認。	9日　EUのユンカー欧州委員長、EU加盟国のうち22カ国に対して、中東からの難民12万人の追加受け入れ義務付け計画を発表。
29日　安倍首相、第70回国連総会において一般討論演説。シリア難民対策に8.1億ドルの支援を表明。	14日　豪与党の自由党が緊急党首選。トニー・アボット首相が、マルコム・ターンブル通信相に敗れ、辞任。15日、ターンブル氏が新首相に就任。

日本
30日　平和安全法制関連法案公布。

10月

1日　防衛装備庁、防衛省の外局として発足。

7日　第3次安倍内閣発足。閣僚ら9人が留任。

12日　岸田外相、ザリフ・イラン外相と会談。両国間での投資協定締結で合意。

13日　岸田外相、ローハニ・イラン大統領を表敬。今後の協力拡大を確認。

13日　翁長雄志沖縄県知事、普天間基地移設問題で辺野古埋め立ての承認取り消し。防衛省が不服申請申し立て。

17日　日本政府、国連総会第一委員会に核軍縮決議案を提出。

18日　平成27年度自衛隊観艦式。仏・印・韓が初参加。

20日　中谷防衛相、韓民求・韓国国防相とソウルで会談。北朝鮮問題について、日韓・日米韓の連携を確認。

22-　安倍首相、モンゴル及び中央アジ
28日　ア歴訪。

各国・国際情勢
25日　オバマ米大統領、中国の習近平国家主席とホワイトハウスで首脳会談。サイバー対策に関するハイレベル会合の年内開催および今後年2回開催で合意。

10月

5日　アメリカ・アトランタでおこなわれたTPP（環太平洋パートナーシップ）協定閣僚会合で、TPP交渉が大筋合意。

10日　北朝鮮、朝鮮労働党創建70周年で、平壌の金日成広場で軍事パレード。移動式大陸間弾道ミサイルなどを誇示。

15日　国連総会で非常任理事国に日本を含む5カ国を選出。日本の選出は11回目。

16日　米国公式訪問中の朴槿恵大統領、オバマ大統領と会談。「北朝鮮に関する共同声明」を発表。オバマ大統領、11月にソウルで開催の日中韓・日韓首脳会談を前に、日韓の歴史問題の歩み寄りを促す。

26-　中国共産党第18期中央委員会第
29日　5回会議が開催。「第13次5カ年長期計画の建議」を採択。

27日　米海軍第7艦隊、南シナ海で「航行の自由」作戦を開始。イージス駆逐艦「ラッセン」が航行。

29日　オランダ・ハーグの常設仲裁裁判所（PCA）、フィリピンが仲裁を求めた南シナ海の領有権問題に関して、PCAに管轄権があるとし、仲裁手続きの継続を表明。

年　表

日本	各国・国際情勢

日本

11月

1日　3年半ぶりに日中韓首脳会談がソウルで再開。安倍首相、李克強首相、朴槿恵大統領と会談。

2日　ソウルで3年半ぶりの日韓首脳会談開催。安倍・朴両首脳の政権発足後初の会談。慰安婦問題に関する協議の継続を確認。

4日　中谷防衛相、マレーシアで開催された第3回 ASEAN 国防相会議（ADMM プラス）に参加。

4日　中谷防衛相、ベトナムでフン・クアン・タイン国防相と会談。

15日　安倍首相、トルコで開催された主要20カ国・地域（G20）首脳会議で、プーチン・ロシア大統領と会談。プーチン大統領の来日と日露首脳会談の来年以降先送りで一致。

17日　沖縄県、普天間飛行場の名護市辺野古への移設をめぐり、県による埋め立て承認取り消し処分に対する国の是正勧告を拒否。

19日　安倍首相、フィリピン・マニラでアキノ・フィリピン大統領と会談。防衛装備品・技術移転に関する協定締結で大筋合意。

12月

8日　日本政府、海外でのテロ情報の収集や分析をおこなう「国際テロ情報ユニット」を創設。

12日　安倍首相、モディ・インド首相とニューデリーで会談。原子力発電所に関する技術などの輸出を可能にする原子力協定締結で原則合意。

各国・国際情勢

11月

4日　拡大 ASEAN 国防相会議（ADMM プラス）がマレーシア・クアラルンプールで開催。共同宣言に南シナ海問題に触れるかどうかをめぐり採択が見送り。

7日　中国の習近平国家主席と台湾の馬英九総統が、シンガポールで分断以降初の中台首脳会談。両岸関係の平和と発展を確認。

11日　民政移管後初めておこなわれたミャンマーの総選挙で、アウン・サン・スー・チー氏が率いる野党・国民民主連盟（NLD）が勝利。

13日　フランスのパリ中心部で同時多発テロ発生。

18-19日　フィリピン・マニラでAPEC首脳会議が開催。南シナ海問題は議論せず。

20-21日　第27回 ASEAN 首脳会議がマレーシア・クアラルンプールで開催。

22日　マレーシア・クアラルンプールで第10回東アジア首脳会議（EAS）開催。議長声明で海洋の安全保障や航行の自由などを強調。

22日　韓国の金泳三元大統領が死去。

12月

1日　ドイツ、フランスの要請を受け、ISへの軍事作戦参加を閣議決定。

12日　11月30日からフランス・パリで開催された第21回気候変動枠組条約会議（COP21）で、2020年度以降の温暖化対策の国際的枠組みを定めた「パリ協定」が成立。

日本	各国・国際情勢
17日 ソウル地方裁判所、産経新聞前ソウル支局長に無罪判決。朴槿恵大統領への名誉毀損罪を認定せず。	17日 国連安保理、発足以来初の財務相会合を開催。ISの資金源遮断決議を全会一致で可決。
17日 日本政府、東京でインドネシアとASEAN加盟国初の外務・防衛閣僚協議を開催。防衛装備品・技術移転協定締結に向けた交渉の開始で合意。	25日 モディ・インド首相、パキスタンを事前予告なしに訪問。パキスタンのシャリフ首相と会談。12年ぶりの印首相のパキスタン訪問。
18日 安倍首相、東京でターンブル・オーストラリア首相と会談。	
28日 岸田外務大臣と尹炳世・韓国外交部長官が日韓外相会談を実施。共同記者会見において、慰安婦問題に関する合意を発表。	

2016年1月	2016年1月
4日 日本共産党、天皇陛下ご臨席の通常国会開会式に初の出席。	2日 中国、南シナ海のスプラトリー（南沙）諸島の人工島に、民間航空機を着陸。
26-30日 天皇皇后両陛下、フィリピンご訪問。ラグナ州の「比島戦没者の碑」を訪れ、戦没者の追悼などをされる。	3日 サウジアラビア、シーア派聖職者の処刑に抗議するイラン人群衆による在イランサウジ大使館襲撃を受け、イランと関係断絶。
28日 日本のTPP加盟担当の甘利経済再生相、違法献金疑惑をめぐる責任を取り辞任。	6日 北朝鮮が核実験。北朝鮮は「水爆実験」と主張。
29日 北朝鮮の長距離弾道ミサイル発射の可能性に対して、中谷防衛相が破壊措置命令を発令。	10日 米軍、B-52戦略爆撃機を韓国に派遣。韓国軍のF-15K戦闘機などと共に低空飛行し北朝鮮を牽制。
	16日 台湾総統選で、野党・民進党の蔡英文主席が与党・国民党の朱立倫主席を大差で破り、初の女性総統へ。
	16日 AIIB、開業式典を開催。

年　表

日本	各国・国際情勢
2月	**2月**
4日　安倍首相、ロンドンで開催された「シリア危機に関する支援会合」で、シリア・イラクおよび周辺国に対する約3億5,000万米ドルの支援を表明。	1日　米大統領選の予備選挙が開始。
	1日　世界保健機関（WHO）、ジカ熱に関して、「国際的な公衆衛生上の緊急事態」を宣言。
5日　消費税の軽減税率法案が閣議決定。	7日　北朝鮮、「人工衛星」と称する長距離弾道ミサイルを発射。
19日　「1票の格差」を是正するために、衆院議長の諮問機関「衆院選挙制度に関する調査会」が提出した議員定数を現行の475から10議席削減する答申に対し、与野党9党が受け入れを表明。	12日　カトリック教会のフランシスコ法王と、ロシア正教会のキリル総主教がキューバで会談。1054年の分裂以降初。
	16日　ブトロス・ガリ元国連事務総長が死去。
19日　日本政府、臨時閣議で、北朝鮮への独自制裁強化措置を決定。大半を即日発動。	21日　シリアの首都ダマスカスと中部のホムスで連続爆弾テロ発生。ISが犯行声明。
26日　民主党、維新の党が、3月の両党の合流について正式合意。	
3月	**3月**
22日　安倍首相が本部長を務める、政府の「まち・ひと・しごと創生本部」が、中央省庁の地方移転に向けて、数年以内に文化庁を京都府に「全面的移転」することを決定。	3日　北朝鮮、日本海に向け「短距離発射体」6発を発射。
	9日　米戦略軍、ステルス戦略爆撃機B－2のアジア太平洋地域配備を決定。北朝鮮を牽制する狙い。
26日　北海道新幹線が開業。	21日　北朝鮮、「短距離発射体」を5発発射。
27日　民主党と維新の党が合流し、民進党が発足。衆参合わせて156人が参加。	22日　ベルギーのブリュッセルで同時テロ。ISが犯行声明。
29日　平和安全法制施行。限定的な集団的自衛権の行使が可能に。	30日　国民民主連盟（NLD）が推薦したティン・チョー氏、ミャンマー大統領に就任。アウン・サン・スー・チー氏は外相などを含む4つの閣僚を兼務（2016年4月7日、スー・チー氏が新設の国家顧問に就任）。

【執筆者一覧】

展望
　西原正（平和・安全保障研究所理事長）
焦点1
　古賀慶（南洋工科大学助教）
焦点2
　津上俊哉（津上工作室代表）
焦点3
　吉崎達彦（株式会社双日総合研究所 チーフエコノミスト）
焦点4
　西山淳一（公益財団法人未来工学研究所研究参与）

第1章　日本
　小谷哲男（日本国際問題研究所主任研究員／平和・安全保障研究所研究委員）、
　［コラム］上田秀明（元駐オーストラリア・駐ポーランド大使、元香港総領事）
第2章　米国
　福田毅（国立国会図書館調査員）、［コラム］辰巳由紀（スティムソン・センター主任研究員／キヤノングローバル戦略研究所主任研究員）
第3章　中国
　浅野亮（同志社大学教授／平和・安全保障研究所研究員）、佐々木智弘（防衛大学校准教授）、田中修（日中産学官交流機構特別研究員）、松田康博（東京大学教授）、三船恵美（駒澤大学教授）、小原凡司（東京財団研究員兼政策プロデューサー）、［コラム］渡辺紫乃（上智大学准教授）
第4章　ロシア
　袴田茂樹（新潟県立大学教授／平和・安全保障研究所研究委員）、名越健郎（拓殖大学海外事情研究所教授）、上野俊彦（上智大学教授）、小泉悠（未来工学研究所政策調査分析センター研究員）、田畑伸一郎（北海道大学教授）［コラム］河東哲夫（Japan and World Trends 代表）
第5章　朝鮮半島
　伊豆見元（東京国際大学教授／平和・安全保障研究所研究委員）、瀬下政行（公安調査庁）、平田悟（防衛省）、［コラム］相馬弘尚（横浜税関総務部長、前在韓国大使館公使）
第6章　東南アジア
　福田保（東洋英和女学院大学准教授）、［コラム］湯澤武（法政大学教授）
第7章　南アジア
　広瀬崇子（専修大学教授／平和・安全保障研究所理事）、伊藤融（防衛大学校准教授）、清水潤（元陸上自衛隊調査学校／平和・安全保障研究所研究委員会顧

問）、宮田律（一般社団法人・現代イスラム研究センター理事長／平和・安全保障研究所研究委員）、［コラム］広瀬崇子
第8章　中央アジア
　宮田律（一般社団法人・現代イスラム研究センター理事長／平和・安全保障研究所研究委員）［コラム］宮田律
第9章　南西太平洋
　竹田いさみ（獨協大学教授）、永野隆行（獨協大学教授）、［コラム］黒崎岳大（国際機関太平洋諸島センター副所長／早稲田大学非常勤講師）

（敬称略、五十音順）

あとがき

　本年報は、一般財団法人　平和・安全保障研究所がアジア太平洋地域の安全保障環境の動向を分析する第38回目のものである。本号が扱う期間は2015年4月から2016年の3月までを基準としているが、実際には各地域や出来事の展開を見て、この期間の前後にも言及していることが多い。

　本年報の各「焦点」および各章は、それぞれの分野の専門家に執筆を依頼し、全体の監修は当研究所理事長が行った。また各章に設けた1ページのコラムでは、今回は「外交と食事」をテーマとして各国・地域において外交を進めていくうえでの食事の果たす役割を取り上げた。ご協力いただいた執筆者の顔ぶれは、上に示したとおりである。各執筆者の努力に対して、厚くお礼を申し上げる。

　なおこの年報とは別に、当研究所のホームページでは、現在の政治・安全保障問題に関する諸論評をRIPS' Eye として掲載している。併せてURL（http://www.rips.or.jp）よりご覧いただければ幸いである。

2016年7月

一般財団法人 平和・安全保障研究所

会長　山本正已

Graduate School of International Politics, Economics and Communication

青山学院大学 大学院
国際政治経済学研究科

(国際政治学専攻) (国際経済学専攻) (国際コミュニケーション専攻)

常に国際社会の最前線を見据えた、実践的なプログラムを展開する3つの専攻です。

アカデミック・リターン入試

20年以上の実務経験をもつ方を対象とする、筆記試験の一切無い入試です。

Point.1 4コース制の導入
「安全保障コース」「グローバルガバナンスコース」「国際経済コース」「国際コミュニケーションコース」の4コースを設けています。

Point.2 キャンパスは青山・表参道
青山キャンパスは霞が関や大手町などから近く、都心にありながら緑豊かなキャンパスです。

Point.3 世界トップクラスの教授陣
本研究科では世界の第一線で活躍する研究者と、官公庁など現場の最前線にいる実務経験者が担当します。

☎ TEL 03-3409-9523　〒150-8366　東京都渋谷区渋谷4-4-25
HP www.aoyama.ac.jp/faculty/graduate_sipec/　青山学院大学 学務部教務課 国際政治経済学研究科担当

東京外国語大学大学院総合国際学研究科
博士課程前期国際協力専攻

国際協力専修コース

- 国際協力専修コースは、世界の政治、経済、社会、文化についての専門知識と、外国語の運用能力を具え、官公庁、国際的な機関・団体、企業などで活躍できる人材の養成を目的としています。国際協力論とそれに関連する社会科学の理論に加えて、本学における地域研究や言語研究をもとにしたカリキュラムが用意されています。また、国際協力・開発援助の現場で活躍している経験豊富な客員教授・准教授（国際協力機構・日本貿易振興機構アジア経済研究所・日本銀行金融研究所）が、本学の専任教員とともに教育・指導を行います。

平和構築・紛争予防コース

- この分野における日本初の研究教育組織として、平和構築・紛争予防専修コース（Peace and Conflict Studies）は、世界各地の紛争を多角的な観点・手法から専門的に研究し、紛争の解決と予防、そして平和構築の諸条件や方法を探求することを目的とします。日本および国際社会において「平和構築・紛争予防」に貢献できる国際的な専門家の育成を目指し、全授業を英語で行います。

東京外国語大学総務企画課広報係
〒183-0003 東京都府中市朝日町 3-11-1
TEL:042-330-5151　FAX: 042-330-5140
http://www.tufs.ac.jp/

良心を手腕に運用する人物の養成

新島襄が1875年の京都の地で同志社英学校を開校したのが始まりです。以来140年にわたり「キリスト教主義」「自由主義」「国際主義」を教育理念とし、建学の精神による「良心」に満たされた人物の養成に努めています。

―― 今出川校地・京田辺校地 - 2つの知の拠点 - ――

今出川校地は文系学部の拠点、京田辺校地は理系及び文理融合系を中心として、学修環境の整備・充実を図っています。

今出川校地
■神学部　■文学部　■社会学部　■法学部
■経済学部　■商学部　■政策学部
■グローバル地域文化学部

京田辺校地
■文化情報学部　■理工学部　■生命医科学部
■スポーツ健康科学部　■心理学部
■グローバル・コミュニケーション学部

Go, go, go in peace. Be strong! Mysterious Hand guide you!

行け、行け、心安らかに行きなさい。
力強くありなさい。見えざる御手の導きを ── 新島襄

同志社大学　広報課
〒602-8580　京都市上京区今出川通烏丸東入　TEL.075-251-3120
http://www.doshisha.ac.jp/

西原正監修

探るアジアのパワーバランス
連携進める日米豪印

年報［アジアの安全保障 2016－2017］

発　行	平成28年7月29日
編　集	一般財団法人　平和・安全保障研究所
	〒107－0052　東京都港区赤坂1－1－12
	明産溜池ビルディング8階
	TEL 03－3560－3288（代表）
	http://www.rips.or.jp/
担　当	安富　淳
装　丁	キタスタジオ
発行所	朝雲新聞社
	〒160－0002　東京都新宿区四谷坂町12－20
	KKビル3F
	TEL 03－3225－3841　FAX 03－3225－3831
	振替 00190－4－17600
	http://www.asagumo-news.com
印　刷	シナノ

乱丁、落丁本はお取り替え致します。
定価はカバーに表示してあります。
ISBN978－4－7509－4038－0 C3031
Ⓒ 無断転載を禁ず